U0164431

活學空間60載
HKU SPACE校友的見證

HKUSPACE
香港大學專業進修學院
HKU School of Professional and Continuing Education

活學空間 60 載 ─ HKU SPACE 校友的見證

出版　　　：香港大學專業進修學院

主撰　　　：馮小娟　何敏盈

編輯製作：灼見名家傳媒有限公司

發行　　　：香港聯合書刊物流有限公司

　　　　　　香港新界大埔汀麗路 36 號中華商務印刷大廈 3 字樓

印刷　　　：利高印刷有限公司

出版日期：2017 年 8 月初版

定價　　　：港幣 \$128

國際書號：978-988-98442-7-1

圖書分類：教育、人物

編輯委員會

楊健明教授 （主席）

陳達文博士

何永釗教授

林超英先生

林家禮博士

文灼非先生

免責聲明：

出版社已盡力確保內容正確無誤，

本書只供參考用途。

HKU SPACE

HKU SPACE 校友會

行政長官林鄭月娥女士

香港大學專業進修學院
《活學空間60載—HKU SPACE 校友的見證》

秀幹成棟
桃李盈門

行政長官林鄭月娥

李國章教授

教育是推動社會發展的重要支柱，而普及教育的成功，「師傳」、「書傳」同樣不可或缺。學院能藉60周年之慶，把學院發展歷程及校友們的成果編輯成書，實可讓大眾對學院有更深更廣的認識。

在我擔任香港大學校務委員會主席之前，我曾任香港中文大學校長及教育統籌局局長，見證了香港教育發展的多項里程碑，專業及持續教育可以說是與大學的本科課程相輔相成，對提升社會競爭力及個人學養，起着關鍵的作用。

在1952年，祈士域高等教育報告書指出，「提倡校外進修，可防微杜漸，以免大學畢業生與社會疏離，與廣大市民的思想脫節。」同時，報告書亦希望，「透過進修及暑期課程，為從事行政、教學、醫療、農業及其他工作的人增加和更新知識，並為他們提供思考、學習和研究學問的機會。」

香港大學於是開始研究持續教育發展，並落實透過成立校外課程部（即香港大學專業進修學院的前身）作為大學的延伸，為廣大市民提供優質的持續教育。當年的舉措獲得當時的大學及理工教育資助委員會肯定，並確認港大為當年全港唯一把持續教育納入使命之中的本地大學。事實上，學院是東南亞地區首間提供具大學水平課程的持續教育學院。60年來，香港大學專業進修學院已為逾260多萬人次提供優質教育，學院能有今天的成就，全賴先賢的高瞻遠矚，以及繼承者的努力不懈。

本人相信，憑藉學院穩健的基礎及清晰的目標，定能在香港、中國內地及亞太區的持續教育領域，繼續擔當領導角色，培育更多的社會棟樑。

李國章
香港大學校務委員會主席

馬斐森教授

今年為香港大學專業進修學院成立60周年紀念，本人謹代表大學衷心致賀。

學院是香港大學一員，於1957年成立，早年名稱為香港大學校外課程部。創立之時，社會上只有少數教育機構兼顧成人教育服務，然而大學早已對學院寄予厚望，當年港大校長賴廉士爵士在恭賀其成立時指出，「若能作妥善安排及多方發展，將能惠及社會各個階層及界別；並把知識廣為傳揚。」

事實上，校外課程部首年報讀人次已達330，首10年累積人次更逾10萬，成績驕人。收生初期，所辦課程以文科為主，及後與時並進，開辦與大學本科互為補足的課程，如專業資格備試課程、提供行業新知的短期課程、用以陶冶性情的藝術課程，以及一些大學本科未有提供的學科課程；當中如法律及中醫藥等課程，均於學院萌芽，繼而成為大學本科課程，再於大學體制內茁壯成長，為學生開拓全新的專業階梯。

60年過去，學院一直致力推動專業及持續教育向前，由往昔的細小規模發展至今天的龐大架構，服務遍及本港、中國內地及亞太區，成就卓越。

本人相信，憑藉前賢拓立的穩健基礎，以及社會各界予以鼎力支持，學院未來將會繼續在持續教育界擔當領導角色，與大眾一起開創更美好明天。

馬斐森
香港大學校長

陳坤耀教授

我與香港大學專業進修學院的淵源，要從大約50年前説起。還記得1969年，當年剛於香港大學畢業的我，甫出校門再回來已換了個身份，成為當時仍名為港大校外課程部的正式員工，由學生變成了教員；由接受知識培育轉而啟迪他人，過程是相當難忘的，學院説得上是引領我加入教育學術界的伯樂。

還記得擔任學部課程主任之時，負責經濟學和專業管理課程的我，需要包辦所有與課程相關的大大小小行政及管理工作，包括課程發展、導師招聘、招生、巡課、宣傳推廣、跑專業團體了解行業最新的人才需求、尋找合作伙伴等。當時不少政府官員及工商界人士前來上課。

那時更適逢其會，遇上剛學成歸來的李國寶，來信説有興趣教管理學課程。我非常高興有機會聘請他任教學院課程，為學院添了一員高學歷又取得專業資格的講師。事實上，學院於過去60年，亦吸引過不少學術權威和專業先進如錢穆、牟宗三、饒宗頤與王無邪在學院授課。他們傾囊相授各家所學，令學院增光不少。

霎眼間數十年寒暑，緣份又再次領我回到學院。回想學院從只有數個課程、數名員工，發展至今天有數以千計的課程、一群傾注心力的教職員，以及數以百萬計的報讀人次，我有幸為此見證學院發展，並替是部記錄學院發展及校友成長的書籍撰寫序言，實在是一個難能可貴的機緣。

學院有今天的成績，全賴社會各界人士的鼎力支持。我亦感謝是部紀念書籍的編輯委員會傾力參與，令是書得以面世，讓大眾可以更深入了解，學院如何陪伴及輔助社會成長。

陳坤耀
香港大學專業進修學院董事局主席

李經文教授

我加入香港大學專業進修學院時間不算太長，但我與香港高等教育界關係匪淺，過去一直關注學院發展。香港是一個高速發展的知識型社會，對人才的需求瞬息萬變。學院作為地區上持續及終身教育的領導者，過去數十年來一直高瞻遠矚，提供最緊貼時代需要的課程。

回看50、60年代，當時香港的大學尚未有提供法律相關課程，學院已率先引入英國倫敦大學的法學課程；繼而隨着知識傳播的普及和公營圖書館的設立，開辦全港首個圖書館理課程；隨後鑑於香港公營房屋發展，但管理人才及系統卻仍未成熟，故開辦嶄新的房屋管理課程，以舒緩相關人才不足的問題；屆社會經濟急速增長之時，部分家庭企業亦發展得更具規模，對企業管理知識需求因而上升，學院遂快速回應開辦專業管理課程。

其後，學院亦因應社會的不同需要創下多個先河，包括開辦全港首間提供副學位課程的香港大學附屬學院。另外，為配合本港中醫藥發展，開辦全港首個中醫藥學實務證書課程及中醫實務課程等，當時不少醫護人員，包括當時任職醫管局的高永文醫生報讀，更孕育出他與我們校友會的一段情。

未來，學院將會秉承前人打下的基礎，配合大數據時代，伴隨國家一帶一路的機遇，繼續努力為社會服務，培育更多人才，開創更多個60年。

本人希望藉此機會，再一次衷心感謝各界的支持，讓學院擁有今天的佳績。惟受篇幅所限，是書只能涵蓋60名校友。我們期望，未來可以在其他方面，與校友及社會各界作更緊密的聯繫，一同為社會揭開更美好的一頁。

李經文
香港大學專業進修學院院長

林家禮博士

本人十分榮幸，可以參與《活學空間60載》編輯委員會工作，獲邀擔任召集人，着實有點受寵若驚。回看當年，由修讀法律相關課程至獲選為傑出校友，到今天擔任校友會會長，多年來一步一步深入去認識學院的美與善。

學院在港辦學數十年，不但為社會注入具有專業知識人才，開拓了學員的眼界，更切實地以知識滋養了大眾身心靈。學院的課程種類繁多，有關注學習精進的、有關於事業進階的，亦有修身養性陶冶性情的課程，任君選擇；上課的時間亦甚具彈性，讓有志學習的人都可以找到所想所學的，共同以知識、專業推進本港各行各業向前發展。

作為校友會會長，見證到剛滿10周歲的校友會，成員人數已達20多萬。而校友會的成員，最初以渴望在專業或事業上升階的專業或初出社會工作的人士為主；隨着學院的附屬學院成立，讓校友會增加了不少年輕的新血；及至近年，社會開始着重精神上的富足，校友會的成員背景亦趨多元化。

見微知著，從本書中的校友分享、校友會成員的遞增速度及組成的變化等，足以反映學院過去數十年，如何深入社會，服務廣大的市民。本人深信，憑藉校友們的力量，將可在未來協助社會及學院更上一層樓。

林家禮
香港大學專業進修學院校友會會長

高永文醫生

香港作為國際大都會，放眼世界，緊貼時代發展步伐，終身學習是不可或缺的一環。

首次踏入學院的時候，大約是在20年前，香港正歷經中西醫療的蛻變階段。當時仍在醫院管理局任職的我，得悉香港將大力發展中醫藥，作為資深西醫亦不可故步自封，故毅然走進學院，一口氣修讀六個中醫藥課程。在年半的修業期內，每星期三次的課堂，我從未缺席。縱然下班趕上課，過程不輕鬆，但對我日後推動香港中醫藥發展，有關鍵性的作用。

在機緣巧合下，我成為了校友會的創會委員，為校友會的發展略盡了點綿力，當年每個為校友謀福利的晚間會議，現時仍然記憶猶新。事實上，能在學院發展的歷史長河中參與一、二，實在是本人的榮幸。

本人在此祝願學院有更美好的發展，以協助更多的市民大眾，迎接未來的機遇與挑戰。

高永文
香港大學專業進修學院傑出校友

目錄

（以上校友按姓氏筆畫順序排列）

前言

走過光輝60年

終身學習概念的起源

上世紀五、六十年代，香港輕工業和製造業發展蓬勃，經濟進入繁榮期，既對專業人才需求愈益殷切，亦為持續及終身教育思潮拉開序幕。1972年，聯合國教育、科學及文化組織（UNESCO）發表了一份名為 *Learning to Be* 的報告，當中提到：「每個人都應該終身學習。終身教育的概念是學習型社會的要旨。」（Every individual must be in a position to keep learning throughout his life. The idea of lifelong education is the keystone of the learning society.）1996年，UNESCO在 *Learning: The Treasure Within* 報告中點題：「終身學習是開啟廿一世紀的鑰匙」（The concept of learning throughout life is the key that gives access to the twenty-first century）。自此，終身學習的概念廣泛滲透全球，被列為重要教育政策之一。

1997年香港特別行政區成立，特區政府大力推行教育改革，首次在1998年的施政報告中提到終身學習，鼓勵院校積極提供更多持續教育課程，培育人才，造福社會。教育統籌委員會在1999年出台的教育制度檢討文件，更以《終身學習，自強不息》為題，並在往後的報告書指出：「終身學習是香港迫切需要」，「讓每個人都能夠終身學習，是香港持續發展的關鍵條件」，推動香港蛻變成終身學習的社會。

由學前班、幼稚園、小學、初中、高中以至大學，每個人按部就班走過每一級學習階梯，然後以知識回饋社會。在過去的觀念上，這是學業圓滿、事業啟航的階段；但時至今天，學習與工作之間的分界線已經變得模糊。畢業並不是學習的終點，持續追求知識才是王道。

走過 60 年光輝歲月

香港大學專業進修學院（HKU SPACE）前身是香港大學校外課程部（DEMS），創校於1957年，是香港歷史最悠久的專上院校之一，一直致力提供多元化的優質專上教育，為不同階層社會人士創造學習機會，在終身學習社會中扮演着舉足輕重角色。

HKU SPACE 與香港社會及大眾市民一起成長，在過去60年寫下了一頁又一頁光輝歷史，足堪回味。

1957 年

1957 年 5 月 21 日，香港大學校董會正式通過成立香港大學校外課程部，是當時社會上少數提供工餘進修的教育機構，首年報讀課程人次為 330。當時的港大校長賴廉士爵士（Sir Lindsay Ride）發賀辭：「若能作妥善及多方發展，將能覆蓋社會各個階層及界別；並把知識由少數人的手中發揚開去。」

Sir Lindsay Ride
Fifth Vice-Chancellor, 1949-1964

1965 年

DEMS 於中環僑商大廈開設首間市區教學中心，開辦多元的成人進修課程，標誌着學部走入社群。在第二個十年，累積報讀人次衝破 10 萬。

1992 年

DEMS 舉行「成人禮」，正式成為香港大學體制內的學院，並易名為「香港大學專業進修學院」。在此前一年，累積報讀人次已突破 50 萬。

1996 年

HKU SPACE 正式享有完全的財政獨立，並於 3 年後註冊成為非牟利擔保有限公司。

1998 年

學院踏進第四個十年，開始投入中醫藥專業發展，開設中醫臨床中心及中藥房。

2000 年

香港大學附屬學院（CC）成立，是全港首間提供全日制副學位課程的專上教育院校。

2001 年

學院再創先河，開辦營養學治療及教研中心，為學生提供實習機會，更為大眾提供專業的營養諮詢服務。

2003 年

國際學院（前稱國際學位課程中心）成立，與英國、澳洲等海外大學合辦多個全日制學位課程，為 CC 畢業同學開創多元升學之路。

2004 年

HKU SPACE 累積報讀人次逾 150 萬，遂決定成立校友會，促進校友之間及校友與學院之間的聯繫，憑着「學以為人」的信念，向社會各界推廣終身學習的精神。

2006 年

香港大學專業進修學院保良局何鴻燊社區書院成立，為中學畢業生提供更多副學位課程。

2007 年

學院踏入第五個十年，九龍西校園正式啟用，而累積報讀人次升至 200 萬。同年確立學院制，轄下學院包括：港大附屬學院、香港大學專業進修學院保良局何鴻燊社區書院、國際學院、金融商業學院、人文及法律學院、生命科學及科技學院。

2010 年

HKU SPACE 中國商業學院在北京註冊成立，以專業、前瞻、實用及實效的 4P 獨特教學理念，協助內地培育品學兼備、擁有國際視野及開放思維的一流商界人才。

2014 年

設立香港大學專業進修學院榮譽院士，以表揚對學院及社會有重要建樹、具備終身學習精神的傑出人士。

2017 年

累積報讀人次超越 262 萬，展望未來，再創高峰。

課程設計走在時代最前線

HKU SPACE 一直走在香港教育最前線，致力發展成人持續教育及專業訓練課程。在過去 60 年，隨着社會發展所需，創辦了多個劃時代先驅課程，對專上教育及香港社會發展影響至深。

法律課程

50 年代以前，有志從事法律專業人士的唯一出路是赴笈英國進修。DEMS 成立首年，成為全港首間開辦法律課程的教育機構；1964 年，與倫敦大學合辦首個於香港就讀的法律學位課程，成為透過校外課程取得學士學位的先驅。

圖書館學課程

香港首間公共圖書館於 1962 年在大會堂正式啟用，而 DEMS 早於 1960 年已推出全港首個圖書館學課程，教授圖書館技巧、圖書編目及分類；至 1964 年，更與香港圖書館協會合辦全港首個圖書館學證書課程。

房屋管理課程

50 年代的石硤尾寮屋區大火後，政府開始興建大量公營房屋。為應付房屋管理人才的大量需求，政府在 1963 年與 DEMS 合作推行房屋管理訓練計劃；後來發展成房屋管理證書課程，是香港房屋管理課程的先驅。

管理學課程

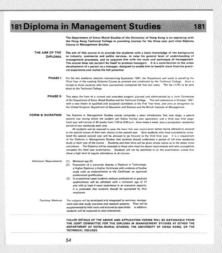

60 年代末至 70 年代初，香港經濟起飛，商貿活動漸趨頻繁，企業管理求才若渴。DEMS 遂於 1968 年開辦全港首個管理學文憑課程，首屆同學大部分為政府部門及大型企業的管理人員。

醫務化驗課程

70年代一宗嚴重醫療事故,促使政府
決定增加醫務化驗師人手,以防類似
悲劇再次上演。DEMS配合政府策略,
開辦醫務化驗技術證書課程,是香港
同類課程的先驅。

中醫藥學課程

90年代以前,香港沒有針對中醫師的正規訓練。直至DEMS在1991
年開辦基礎醫學證書課程,才將中醫學課程帶入專上教育。

營養學課程

90年代末以前,香港的營養師都是在海外受訓回港執業的。鑑於本地
一直面對註冊營養師不足的問題,HKU SPACE便與英國阿爾斯特大學
(University of Ulster)合辦全港以至是全東南亞首個營養學深造文憑
課程。

以上先驅課程及其他經典課程,本書第二部分將有詳細介紹。

把教學帶進社群

HKU SPACE今天於港九不同地區設有10個教學中心,便利各區有志
進修的人士。回顧60年來的發展過程,殊不簡單。

1957-1964年

在1957年創校時,學院大部分課程皆於香港大學校園內授課。不過,
為實踐將教與學帶進社群的目標及減少學員舟車勞頓之苦,學部積極於
交通便利的市區內尋覓可借用的空間,而位於雪廠街的西洋會所及葛量
洪師範學院就是首兩個學院借用的授課地點。

1965-1978 年

首間教學中心位於中環心臟地帶的僑商大廈，在
1965 年正式啟用。兩年後因該中心不敷應用，學部
便把教學中心移師至德輔道中環球大廈（現為南洋商
業銀行大廈）；新教學中心擁有 7 個講堂、3 個畫室、
1 個音樂室及 1 個圖書館，可同時容納 300 名學生。

1978-1997 年

學部再遷址至永安中心，中心面
積逾 15000 平方呎，可容納的學
生人數倍增。數年後，再遷至自
置物業上環信德中心，總教學面
積超過 2 萬平方呎。1994 年，北角城教學中心正式啟用。

1997 年 - 現在

1997 年，學院將信德中心出售，遷往金鐘教學中心，與北角城教學中心同
時服務市民。期後，學院先後於統一中心、北角、九龍灣及美孚等地區開設
教學中心，以配合不同人士需要。時至今天，學院辦公室及教學中心的總樓
面面積合共約 70 萬平方呎，擁有 163 個課室，可同時容納約 12000 名學生。

活學空間 60 載

2017 年，HKU SPACE 踏入鑽禧。在這個別具意義的時刻，《活學空間
60 載— HKU SPACE 校友的見證》隆重面世。書中介紹了在不同時代推出
的先驅課程及學院成長階段，透過其背景歷史反映該時代的社會和教育發
展，以見證兩者息息相連的關係。60 位校友分享了他們與 HKU SPACE 結
緣的故事，歷屆主席、院長和校友會會長帶領學院跨越一個又一個里程碑；
畢業同學通過學習步入成功殿堂，繼而貢獻社會。

《活學空間 60 載》的出版，是 HKU SPACE、也是香港教育界的盛事。

HKU SPACE

發展里程碑

陳坤耀：
與 HKU SPACE 的
半世紀緣份

現任香港大學專業進修學院董事局主席、香港大學香港人文社會研究所傑出院士、深圳市前海創新研究院院長。英國牛津大學博士、香港大學文學士及社會科學碩士。香港大學、公開大學、英國 Plymouth University 榮譽博士。早年任教於香港大學經濟系。1979-1995 年出任香港大學亞洲研究中心主任。1986年被任命為講座教授。1991-1992 年為委任立法局議員，1992-1997 年任行政局議員。1995-2007 年任嶺南大學校長，將嶺南打造成獨特的博雅大學。學術上是研究新興工業化經濟體系的先行者。任消費者委員會主席時，率先在香港推廣競爭政策。獲英帝國司令勳章、香港特區政府金紫荊星章，亦是太平紳士。

1967 年，陳坤耀畢業於香港大學文學院，正好遇上香港發生「五月風暴」，社會及經濟遭受嚴重衝擊，就業情況極差，更遑論找一份適合經濟系出身的工作，他便決定在港大繼續升學念碩士。

兩年後，緣份讓他加入了香港大學校外課程部。

2013 年，校外課程部已易名為專業進修學院，他應邀再度加盟，出任學院董事局主席。

今天，他驀然回首，原來已相隔了接近半世紀。

當千里馬遇上伯樂

陳坤耀說：「當年是 1969 年，我只有 20 歲出頭。校外課程部的副總監兼高級導師 Joe England 很賞識我，聘請我為助理導師。」

當時校外課程部的架構很簡單，來來去去只有五、六名導師，另加幾位文職人員。助理導師職銜普通，工作擔子卻十分沉重，「我除了要負責所有管理學及經濟學的課程設計外，教學、巡課、宣傳推廣、尋找合作夥伴，以至招聘導師，統統都要包辦。」陳坤耀形容自己是「全天候一腳踢」，白天在辦公室處理文件，晚上到各教學中心授課、巡課。「當時的教學中心位於德輔道中舊環球大廈，也有零星分布於永安中心、告羅士打行及其他大廈。每晚跑來跑去，體力支出並不少。」

陳坤耀表示，他每天都要超時工作，十分勞累，但他不只沒有絲毫怨言，更認為這是理所當然的。「做學術工作就要有 24 小時工作的心理準備。不論是上班或下班，我的腦袋都在認真思考問題。」

培養專才的基地，孕育學術的搖籃

陳坤耀憶述，當時的港大校外課程部有兩大重要功能。第一，它與不同界別的商會及學會合作無間，為各界培訓專業精英。第二，雖然校外課程部本身不能頒授學位，但它在香港大學的系統上卻扮演着重要角色，一些重要學系成立之前，都會在校外課程部孕育試行，其中最引人注目、成績最突出者，可數法律、圖書館學和管理學課程。

「1960 年代以前，香港本土並沒有正式法律學科，有志當律師或從事相關行業人士，只能求諸海外大學。校外課程部有鑑於此，遂於 1964 年與倫敦大學合作開辦全港第一個法律課程，提供更方便的學習及入行途徑，讓他們在香港修畢課程，再赴英國參加相關考試。當時任教的 Professor D. Evans，以兩年時間將整個課程進一步完善，剛好在我加入那年帶入大學，香港大學法律學系才正式成立，他也順理成章出任學院教授。」

法律課程在校外課程部孕育五年，1969 年正式轉移到香港大學。直至 90 年代，校外課程部與倫敦大學進一步合作開辦法律證書課程，才有法律學院的誕生。

配合利民政策，回應社會需求

圖書館學也是校外課程部其中一個先驅課程，始辦於 1960 年。陳坤耀說：「回顧 1960 年代之前的香港，市民若要借閱圖書，只能到一些志願團體、社區中心開設的小型圖書館，但資源所限，藏書自然不豐。因此，香港政府便決定以兩年時間，籌備在 1962 年於大會堂設立全港第一個公共圖書館。」

校外課程部作為服務社會的機構，馬上回應政府政策，設計及開辦合適課程，培訓圖書館學人才，為香港文化發展做好準備。

「政府計劃逐步在不同社區設置公共圖書館，圖書管理員的需求愈來愈大，這學科的發展也愈來愈快。」

培植管理人才，提高香港競爭力

60 年代末至 70 年代初期，香港經濟開始起飛，由製造業主導轉型至服務業再發展為金融中心，商界對管理人才需求甚殷，但大學課程之中卻缺乏商業及管理相關的學科。

陳坤耀解釋：「在當時英國學制之下，管理並不是一門正式學科，只兼容於其他學系之內。但校外課程部卻認為香港的不同界別如會計、市場、經濟，以至政府部門，都迫切渴求管理方面的精英，在我加盟之前一年便開辦了首個管理學文憑課程（Diploma in Management Studies，DMS），是香港第一個相等於工商管理碩士的課程，供擁有學士學位進修管理學的人士報讀。」

當時，香港政府吸納了許多華人公務員，其中不乏出任中、高級職位

者，這些官員為了要取得本地認可資格，相繼成為校外課程部的學員。當然，除了公務員外，在職商界人士報讀者更多。

「校外課程部一直積極與政府部門及社會上各行各業接觸，了解及回應他們的需要。當時的管理課程包括：房屋、醫院、公共關係、人力資源，都是由雙方合作設計而成的。」

師資優秀，學員熱誠

既有課程和學員，自然要有講師。陳坤耀表示自己會負責教授部分科目，例如：香港經濟理論（Hong Kong Economy）、人力資源管理（Personnel Management）等；至於在聘請講師方面，則比想像中順利，他笑着解釋：「不說不知，原來很多人對講學都有興趣，我們收到很多申請函。李國寶就是當時其中一位講師，他在英國完成學業回港，在東亞銀行擔任首席會計師，但他對教學很有興趣，便申請成為我們的兼職講師。他教授的季節課程叫管理信息（Management Information），在當年屬於頗新的科目。他的教學態度十分認真。」李國寶總共教了兩至三季。緣份亦讓他倆自始成為好朋友。

師資優秀，課程完整，自然可以吸引不少人士報讀，較為人熟悉的學生有港大專業進修學院前董事局主席陳達文、已故影星狄娜。「當時的學生人數很多，來自不同行業，甚至大學講師也常常來聽課，他們都非常好學。」

緣份使然，有散有聚

然而天下筵席無不散。陳坤耀在校外課程部工作了一年，便轉到港大經濟系當助理講師，三年後赴英繼續深造。他說：「我自問不適合任職於商界，命運巧妙地安排我在動盪的年份畢業，讓我初嘗學術工作人生。在校外課程部工作，對我來說是寶貴的經驗，也是深刻而難忘的回憶。」

在英國牛津大學取得博士學位後，陳坤耀展開他的學術事業，回到港大任教。1979 至 1995 年，他擔任香港大學亞洲研究中心主任。1995 年，他被委任嶺南大學校長，在校內積極推動博雅教育理念；至 2007 年，陳坤耀教授功成身退，告別嶺大。數年後，緣份讓他回到前身是校外課程部的港大專業進修學院（HKU SPACE）。

陳教授笑着解釋：「我離開嶺大後，梁智鴻醫生便開始游說我加入港大校務委員會，但我一直婉拒。直至 2013 年某次大夥兒飯聚，席間梁醫生再次向我提出邀請，我大概是太高興、多喝了兩杯酒，馬上就答應：『好吧！』梁醫生飯後說，當晚最開心就是成功邀得我加盟。」

原以為作為校務委員會成員只需要每月開一次例會而已，但陳教授卻接到港大教務長的來電：「校委員有兩個工作要請你負責。第一是管理專業進修學院；第二是校園發展計劃。」

就是這樣，陳教授便正式成為港大專業進修學院董事局主席。「既然答應了就要做；既然要做，我就希望做到最好。作為主席，並非要控制學院的日常運作，而是要優化它的管治、策略及架構。」

到任後，陳教授先對各總監的分工作出合理化調整，取消了不必要的職位，並重新整固了一些小型工作單位，減省學院的非必要支出。「學院以自負盈虧模式運作，學費來自社會大眾，應要用得其所。將架構梳理好，能提升院務運作效率。」

持續教育，終身教育，始終不變

據調查資料顯示，香港就學人口正逐年遞減，這情況將持續至 2022 年方見改善。所有教育機構都要面對學生人數減少的現實，HKU SPACE 也不能幸免。

陳教授表示：「未來幾年，我們在維持課程及師資質量之餘，更要做好成本控制。這是極具挑戰的任務。但這並不代表我們要裁減現有資源，而是要更好地利用，以達到最佳的效果。在這個議題上，我與李經文院長的想法都是一致的。」

事實上，香港人口老化愈趨迅速，現時，每八個香港人就有一名是 65 歲或以上的長者；不足 20 年後，每四個香港居民就有一位是長者。陳教授對此有另一層次的看法：「學院的理念是服務社會，提供成人教育、持續教育及終身教育，這方向從來未變。長者數目增加，既是我們的機遇，也為我們服務社會創造更大的空間，我們將繼續做好自己的角色。」

陳教授進一步表示：「我與管理層的另一共識，就是發展中國市場，我們希望可以吸引更多國內兼讀學生，培訓更多行政管理專才，甚至期望可以在國內開辦 HKU SPACE 校園。」

半世紀時空，再續未了緣

人生匆匆數十載，時空更替之間就是一生。1969 年，陳坤耀第一次服務港大校外課程部，擔任導師。2013 年，他回到長大了 44 年的專業進修學院，出任主席，下一個任期將於 2019 年屆滿，前後剛好相距半世紀時空。陳教授對此有何感想呢？

「梁醫生找我加入時，我根本沒有想過要進 HKU SPACE。直至上任了，我認真想了一下，這真的很奇妙。40 多年以後的今天，我竟然重新接觸同一機構。我不是教徒，但相信緣份，大概是命運認為我服務一年是不足夠的，所以安排我再續未了緣。現在的 HKU SPACE 比從前的校外課程部組織更加嚴謹，團隊精神很好，服務精神很高——總而言之，感覺很好，但喜悦過後，便要迎戰未來。」

陳達文：
與母校的
藍寶石之約

服務政府 32 載，曾任文化署署長、影視及娛樂事務管理處處長、副憲制事務司、勞工處處長、屋宇地政署署長。獲頒香港大學名譽社會科學博士、香港演藝學院榮譽院士、香港教育大學榮譽院士、香港大學專業進修學院榮譽院士及香港大學名譽院士。現為聯合國教科文組織香港協會會長、彼得德魯克管理學院主席、香港管理專業協會高等管理發展院實務教授、明德學院校務委員會委員、香港大學專業進修學院董事局高級顧問、香港教育大學基金會委員、仁人家園（中國）榮譽主席、國際培幼會香港董事、香港基督教服務處副主席、聖基道兒童院及香港愛德基金會董事、香港兒童合唱團榮譽會長。2015 年獲世界傑出華人獎。2013 年獲香港藝術發展局終身成就獎。2008 年獲中華慈善獎全國優秀慈善工作者。2003 年獲銀紫荊星章。

1970 年，他是香港大學校外課程部的學生，畢業後便與它結下不解之緣。

2000—2004 年，他出任香港大學專業進修學院董事局主席。

2004 年，校友會成立。三年後，他出任副會長。2009 年，他接任會長。多年來，他盡心盡力推廣會務。

今天,他仍然是學院的董事局成員、董事局高級顧問及校友會理事,難怪他被稱為「超級大義工」。

他是陳達文博士。

陳博士笑説:「自 1972 年完成管理學文憑課程後,我便開始為母校服務,至今剛好 45 年,這可算是我一生最長的義工生涯。」按照西方傳統,45 年是藍寶石周年紀念,象徵誠意。陳博士對母校的無私付出,讓人肅然起敬。

財政獨立,靈活管理教學資源

香港大學校外課程部創立於 1957 年,當時屬於香港大學的持續教育部門,管理委員會主席必然是大學裏的教授,系統架構比較簡單。1992 年,香港大學校外課程部正式易名為香港大學專業進修學院(HKU SPACE),並組成法人團體,成立董事局,擁有獨立財政權,在推行管治及發展上可以更加靈活。

1999 年,HKU SPACE 改組為非牟利擔保有限公司。陳達文博士於 2000—2004 年出任董事局主席,對學院發展建樹良多。

不説不知,陳博士原來是校外課程部年代管理學文憑課程的高材生,退休前一直在政府部門擔任高級管理層,堪稱是管理高手。他説:「在我接任主席時,HKU SPACE 已是一所財政獨立的院校,自負盈虧,所以必須做好資源管理。在管理層面來説,學院有兩大重要資產:一是教學資源,也就是講師;二是教室。」

自置物業,打造優越學習環境

陳博士解釋,學院主要提供在職專業進修教育,學員都是下班以後來上課的,所以教學中心一定要交通方便,位於港鐵沿線更佳,這對於講師及學員都是好安排。

「此外，在 HKU SPACE 進修的在職人士大多服務於大公司或跨國企業，在甲級寫字樓上班，工作環境優質，所以對學習環境也有頗高要求，除了要有完善的設施，裝修格調也要中上等、燈光要舒適、洗手間要絕對衛生潔淨。因此，教室配套也很重要。」他認為，租地方的話，在管理方面十分被動，既要承受約滿加租的壓力，也不能在裝修上花太多金錢，以免租約期滿時徒然浪費。

陳博士進一步說，除了教室問題，學院面對的另一個挑戰是，社會上有不同教育機構提供培訓課程，HKU SPACE 要如何突圍而

出呢？他提出，管理學大師 Michael Porter 其中一個重要理論是「與眾不同」（Competition by Differentiation），意思是，企業的服務或產品必須具備與眾不同的特色，才有致勝的機會。這個理論同樣適用於 HKU SPACE，優越教室絕對是吸引和保留導師及學生的條件之一。

綜合以上各點，當時的院長楊健明教授及董事局成員得出一致的結論——自置物業。陳博士補充：「80年代時，香港大學出資購置信德中心不同樓層面積作為校外課程部的教學中心，十多年後售出獲利。既有前例借鏡，HKU SPACE 又可靈活運用資金，大家自然不會反對。」

在陳博士前後五年任期內，HKU SPACE 先後購置了北角城教學中心、港島東分校及統一教學中心，建設了優良的教學場地。

以人為本，珍視講師貢獻付出

硬件縱好，也須軟件的配合，才能達到最佳效果。作為教育機構，講師質素十分重要，課程內容及編排也應配合社會需要。陳達文博士解釋，HKU SPACE 所開辦的課程均由講師團隊設計、管理和教授，這些優秀人才是學院的重要資產。問題是，導師只負責授課，常駐於教學中心，並不經常有機會與管理層碰面，要如何讓他們對學院產生歸屬感呢？

他援引「管理學之父」的哲學思想：「Peter Drucker 認為管理必須『以人為本』，凡與人相處，都要多考慮及照顧對方的心態和感受，才能最終達致一個運作健全的社會（functioning society）。在 HKU SPACE 服務多年，我一直努力與講師們建立良好關係，主動與他們多方面溝

通聯繫，讓他們明瞭學院的發展理念、方向和目標，了解終身學習的重要性，從而讓每一位講師都知道自己正背負着重要的使命──服務社會大眾，推動經濟發展。」

目標管理，組成龐大校友團隊

HKU SPACE 創校超過半世紀，累積超過 260 萬報讀人次，是香港持續教育界及專上學院中擁有最多學生人次的教育機構。2004 年，畢業同學李仲賢醫生發起，出錢出力推動校友會成立，至今超過十年。陳達文博士說明：「校友會不是同學會或舊生會，所以會員不只是同學，而是包括學院的所有講師及同事。」

校友會最初成立時，只收取象徵式會費，但參加人數並不理想。陳博士接任會長後，再度發揮他所學的管理專長，提出「目標管理」的理論，認為校友會成立目的非為賺錢，而是推廣持續進修，讓會員活出更豐盛人生，貢獻社會。

「我跟當時的院長楊健明教授商議，要實踐校友會的目標，就不能着眼於收入。校友會的營運支出必須要由 HKU SPACE 負擔，長遠來說，也不能期望校友會在將來可以財政獨立、自給自足，而必須附屬為 HKU SPACE 的一部分，校友會的員工亦由 HKU SPACE 支薪。」

最後，董事局與楊教授達成共識，以 HKU SPACE 作為社會上的成功企業，應以服務社會為大前提，所以願意承擔企業公民責任，支援校友會，如此既可以幫到學院，也可以裨益學員，更可以惠及社會。「我們決定取消會費制度，實施凡報讀課程者自動登記成為校友會會員的方法。一張報名表到底，既可節省行政費，也可有效壯大會員人數。」

根據 HKU SPACE 的數據庫，校友會現有會員 20 多萬。究竟這個龐大團隊可以如何參與社會公益呢？

認識社會，服務社會不遺餘力

陳博士表示，HKU SPACE 校友都是社會上的中堅分子，他們擁有自己的事業，仍不斷努力進修增值，是終身學習的模範，也是香港社會的精英。他們來自不同專業界別，而校友會就是一個平台，讓他們互相接觸聯絡，從而有機會認識不同行業及階層的情況，更深入了解社會，更多參與社會事務。

「前幾年，政府成立創業基金，推出創業貸款計劃，鼓勵年輕人創業。

校友會就想到，創業必須具備相關知識，例如何謂市場學、會計帳目分類，以及如何制訂目標等，便建議 HKU SPACE 開辦『昇級師友計劃』（Mentorship Scheme）創業培訓課程，在校友之間招募免費導師。」

這個師友計劃得到 HKU SPACE 內部普遍贊同，但因報讀人數不理想，當時只辦了一屆而已。「2016 年政府再推出青年發展基金，鼓

勵及支持年輕人創業，HKU SPACE 打算重新推出師友計劃。」

除了回應年輕人需要，校友會亦成立了義工團，積極推動校友關懷社會及照顧弱勢社群。義工服務包括：到傷患護養中心進行探訪，向院友提供協助及支援；參與社福機構舉辦的活動，幫助有需要人士；透過講座、小組討論等形式與新同學分享經驗及思維。

滴水成河，匯聚力量援助基層

「我們亦曾邀請校友之中修讀過中醫的註冊西醫，進行針灸義診，接受治療的病者都很高興。條件許可的話，在未來將會做得更廣泛。」陳博士說，希望推動不同專業校友參與義工服務，扶助草根階層，造福香港。

「接下來，我們將構思提供免費調解及仲裁服務，例如家事調解、父母調解等，我相信很多小家庭都需要這方面的輔助，但費用高昂，他們未必負擔得起，希望校友會可以盡一點力。」

陳博士為校友會效力多年，一直出心出力，思考如何鼓勵更多會員服務社會，同時讓會員有更多渠道幫助基層民眾。「參與義工的校友在服務以後的反應都很正面，對於能夠以己之力幫扶他人，是對個人價值的肯定，感覺歡喜又快樂。我希望，每一位同學都會以成為校友會會員為榮。」

施比受更為有福。帶着愛心、善心所走的人生路，必然特別豐盛、特別燦爛。

張永霖：
如何持續承擔
神聖的教育任務

太平紳士。香港大學專業進修學院及明德學院前主席。香港大學校務委員會前委員。現任中國聯合網絡通信（香港）股份公司、香港興業國際集團及蘇富比拍賣公司獨立非執行董事。曾任英國大東電報局執行董事、中國泰康人壽保險股份有限公司獨立非執行董事、亞洲電視主席、香港電訊行政總裁及國泰航空公司副董事總經理。1989-1990 年獲前香港總督衛奕信邀請，全職借調進入香港政府中央政策組工作。1998 及 1999 連續兩年獲 *Telecom Asia* 雜誌選為亞洲最佳電訊行政總裁。1999 年獲 DHL/《南華早報》評選為年度香港最佳行政人員。現為教育、文化與藝術熱心工作者。

張永霖出身商界，曾擔任香港電訊的行政總裁，然而教育也是他人生中的一大事功。

當時他正擔任香港大學校務委員會委員，2004 年應邀接陳達文博士的棒，擔任管理委員會主席，並將之重新命名為董事局，同時力邀陳博士留任局內。當時他認為，HKU SPACE 教學成功，學生眾多，已是健康且成功的機構，自己的工作有三個重點。第一，2000 年，HKU SPACE 開始開辦副學士課程，從此不是只有成年人課程、持續進修課程，而是參與培養年輕學子。「HKU SPACE 雖然自負盈

虧，但不牟利。教育這個任務是很神聖、很重要的，有很大的社會使命。有些人才華本不出眾，但經過正確的教育方式琢磨，潛能就會爆發。」

他認為 HKU SPACE 一件份內工作，是推動副學士在香港廣為認受，以配合教育政策發展。「我一直認為 HKU SPACE 教副學士，是全香港教得最好。」他笑說：「有一段時間甚至有過萬學生。」香港副學士課程至今已有 16 年歷史，HKU SPACE 亦開辦了大量的副學士和深造文憑，他覺得日後最好可以開辦大學課程，以利銜接。「不過，港大不容許 HKU SPACE 頒授港大學位，我覺得也合情合理。」

與香港大學保持更好關係

第二，他希望自己任內，HKU SPACE 與港大關係更好。「我常跟同事說，HKU SPACE 成就輝煌，既是因為我們努力，也有一部分是因為港大名銜響亮。」他每個月主動約見時任港大校長徐立之，與他溝通 HKU SPACE 能如何配合港大。「其實我不必主動這樣做，但我樂意。」第三，他希望全職與兼職同事可以更多溝通，同心辦好課程。「當時已有超過 1000 位全職同事、3000 多位兼職導師，我希望大家都有上進心和責任感。」

2006 年，保良局何鴻燊社區書院成立，選址是保良局使用的一塊土地，由政府以協約方式批出。書院大廈由保良局與 HKU SPACE 分別承擔一半建築開支。當時張永霖與保良局商討落實兩項安排。第一項是未雨綢繆，考慮 HKU SPACE 與保良局的 25 年期合約屆滿後，若不繼續合作營運保良局何鴻燊社區書院，相關安排如何。第二，雙方同意書院傍晚 5 點後，租給 HKU SPACE 用作上課，直到合約結束，保良局在租金上優待 HKU SPACE。書院因就近銅鑼灣，後來一直廣受 HKU SPACE 學生歡迎，課室亦能地

盡其用,夜間不至空置。他説:「理清這些事情,可以免卻將來許多糾紛。」

改革薪酬制度 讓 ICB 獨立

張永霖亦改革了 HKU SPACE 的薪酬制度,讓員工多勞多得。因 HKU SPACE 自負盈虧,9 成半的員工均以合約制聘請。HKU SPACE 營業狀況不好,員工也可能會失去工作,張永霖為了持續發展,引入表現管理制度(Performance Management System,PMS)。自此,學院表現、個人表現會左右升遷、薪酬與年終花紅。此外,HKU SPACE 本來有多達 11 個部門,張永霖精簡為 3 個,方便管理。他坦言機構改變,總是有人歡喜有人愁。「我們固然要設法減輕改變對人的影響,但是總會有人不開心,這不是機構不前進的理由。」

另一番改革是將中國商業學院(Institute of China Business)獨立成一個部門。當年張永霖在董事局動議提升其地位,專設副院長管理,免除隸屬於其他副院長帶來的不必要掣肘。結果幾年之內,「學院各方面的表現,包括收生,都大有進步。」

張永霖慶幸在自己任內,HKU SPACE 的業績和管理都「有所交代」。其實他也是 HKU SPACE 的校友,念的正正是管理。他曾在校外課程部兼讀兩年管理文憑(Diploma in Management Studies),並獲得 Tom Martyn-Johns Memorial Prize 學術獎。他總結管理概念時,引述現代管理學之父 Peter Drucker 的理論:"management should be taught as a liberal art"——管理和教授管理課程，都應該有博雅的精神。「我寄望將來明德學院可以實踐這個概念。」

終身學習典範：別總想着彌補以前的遺憾

張永霖笑説自己工作成績還可以，但年輕時不是好學生。「我讀香港大學時，經歷其實相當不愉快。」時維 1968—1971 年，他覺得當時大學教學管理鬆散，不負責任。「有教授的教學方式居然和中學一樣，上課要我們對着一本 20 多年前在印度出版的教科書，標出重點，聽他逐行朗讀。我很失望，不禁覺得這個制度根本不想培養我們成為人才。」他回想當時適逢六七暴動後不久，而他念的是政治科學，議題或許比較敏感。「一年級時還要考試才能升班，到了二年級，連考試都不需要，等三年級考試及格便順利過關。」二年級時，他曾因為「參與學生運動」，被教授召見訓話，威脅不讓他畢業。「但我只是

辦體育活動,做 Sports Association 的 President,竟也被他恐嚇。」
他覺得當時的殖民地教育雖然願意培養精英,卻並非以全民教育為目
標。大學生涯不愉快,他卻領悟到力爭上游必須靠自己。「就算進入
一個機構工作,80% 仍是靠自己培養自己。」畢業後他好學不倦,
期許成為一個有才學的人。

「畢業之後我非常勤奮,40 多年來我看了許多書。以前是為了裝備自
己,現在則純是出於興趣,每天看書三至五小時。」他打了個比喻:看
書如同運動,每人動機不同,有些人為健康,有些人為體型,但這些都
不重要,只要願意運動就好。「讀書也是一樣,最重要有動機,動機是
什麼並不重要。」

有了動機,就要編排時間學習。「以前我做 CEO,每天的日程秘書都
已經編排好。晚上回到家,我也照樣編排自己的時間,處理好優先順序,
否則會很浪費。」

學習什麼，他也自有洞見。「首先，不要只想着彌補以前的遺憾。很多人覺得小時候沒有機會學樂器、學外語，退休以後便應該去學——但如果處理得不好，這就會變成一個大陷阱，因為事倍功半。比如學一種新的外語，想想看：自己的記憶力已經沒有以前好，又沒有那個語言環境，到頭來可能只是自己騙自己，浪費時間。」

退休後鑽研有基礎的學問

我們也未必應該寄望自己多才多藝。「要小心自己的虛榮心，尤其是聰明的人，很容易會受這種目標吸引。『多才多藝』是異數，雜而不精更加常見。我非常小心，不想掉入這些陷阱。」他覺得學習只應專注於兩、三個範疇；就退休者而言，最好鑽研本來已經有基礎的學問。「一個人很難在多個範疇上都是大學問家。若要追求這種名譽，恐怕難免會有些範疇浪得虛名。」

張永霖如今每天做的，是深化已經熟悉的兩種語言：中文和英文。他笑說：「單這兩樣已經夠忙壞人！深化語言學習是非常艱難的，每天都要用功。」白先勇的《台北人》，他讀完中文原文、英文譯本，還讀歐陽子《王謝堂前的燕子》，深入了解小說，連白先勇本人都訝異於他的認真。

他批評自己總是嚴厲，自覺很多方面未盡如意。「出色的通才，難過出色的專才。」他說以前的大學問家，學識既廣且博，現在他只看中英文的經典書籍，已不禁喟嘆人生苦短。「所以很實際地，我會問自己，時間應該如何去用。有一種說法是，沒有 100 年歷史以上的書，不要去碰。許多流行、暢銷的書籍，其實水平不高。」又感嘆：「我已經 68 歲了，就算體力、樣貌年輕，實際上我永遠也不會比現在年輕一日。我會想：以前浪費的時間，可以如何彌補。以前做錯過的，如何做得稍微好些。我很羨慕天資聰穎的人——我不認為自己聰明，愈懂得多，我愈發覺自己懂得太少。但有時天資聰穎的人，未必一輩子都很努力，學習的熱情可能會在制度中漸漸磨蝕。」

李鍔：
創建「空間」

太平紳士，現任香港聯合國教科文組織協會副會長（教育）、香港管理學會執行董事高級顧問。1992-1995 年香港大學專業進修學院院長兼教授，1987-1991 年香港大學校外課程部總監兼教授。香港高等院校持續教育聯盟創辦主席。倫敦大學哲學博士、金斯頓（Kingston）大學榮譽教育學博士、利茲都會（Leeds Metropolitan）大學及牛津布魯克斯（Oxford Brookes）大學榮譽博士、香港大學榮譽文學士及文學碩士。曾任香港城市大學專上學院高級顧問、香港理工大學校長高級顧問、職業訓練局執行董事、南昆士蘭大學副校長。

香港大學校外課程部創立於 1957 年；30 年後，誕生了第一位華人總監，並由提供兼讀制短期課程逐漸發展至與海外大學合辦學位課程。

1992 年，香港大學校外課程部易名香港大學專業進修學院。

李鍔教授在他 9 年任期內，不僅見證了以上各個重要階段，更是樹立這些里程碑的關鍵人物。回望這些年，他表示既具挑戰，也有很大的得着。

受業於斯，授學於斯，校外課程部首位華人總監

1960 年，李鍔考進香港大學歷史系，三年後獲頒榮譽文學士，接着修畢教育文憑及碩士課程。1966 年，他負笈英國倫敦大學亞非學院（The School of Oriental & African Studies，University of London，SOAS）；兩年後取得哲學博士，回到香港大學任教於歷史系。1976 至 1985 年，李鍔出任香港大學文學院院長，之後再赴澳洲國立大學（Australian National University）做了兩年高級研究員；期間，他知悉香港大學校外課程部招聘人選接任 Roger Williams 總監一職，便越洋申請。當時，包括黃麗松校長在內的香港大學校務委員會經過幾輪嚴格篩選，在 1986 年下旬通過人事任命，李鍔成為香港大學校外課程部第一位華人總監，在翌年 1 月正式上任後，再獲委任為教授。

加強專業，提升水平，創海外大學學位先河

香港大學校外課程部創辦於 1956 年，一直以英國傳統的成人教育（adult education）平台形式為社會服務。李教授解釋：「成教的主要對象是二次機會學生（second chance learner），特點是平民化，為成人提供所需知識的學習渠道。」

直至李教授接任總監時，這個營運模式經過了 30 年洗禮，李教授認為部門應要與時並進，在意識形態上作出適當改變。「當時校外課程部由大學教育資助委員會出資營運，資源充足，我們應該可以發展得更好更完善，在既有的基礎上，強化兩大領域：第一是專業知識，第二是學術水平，以達到推行成人教育及培訓專業人才的目標。」

方向及目標清晰，下一步就是實踐。由於校外課程部師資架構簡單，除李教授外，只有 16 位導師及兩位高級導師，每個人都有自己管轄的學科範圍。李教授不希望加重同事工作負擔，便身體力行，親自尋找發展空間。「在專業板塊上，我們積極與政府部門及專業組織和學會合作，包括房屋署及會計、銀行、運輸、測量等界別，為他們培訓

專業人才，這是雙向得益的項目。在提升水平方面，我們主動與海外大學機構聯絡，尋求合作空間，第一間答應與我們合辦會計學位課程的是位於澳洲柏斯的科廷大學（Curtin University），開創了香港人通過校外課程可以取得海外大學學位的先河。」

使命轉移、民主議決、轉型建議過三關

在當時香港教育界，校外課程部與海外大學合作開辦學位課程是一件歷史大事，並不是李鍔一個人説了算。事實上，這個新政策不僅得不到一致的掌聲，甚至被很多人批評為使命轉移（mission drift），當中包括他的下屬，但李教授堅持這是正確的方向，所以便付諸民主程序，開會決定，過程可謂是闖關大考驗。

他説：「第一關是以 Brian Morton 為主席的校外課程部管理委員會，當時的會員有陳祖澤和陳達文，都同意這項計劃，儘管內部仍有同事投反對票，但最後還是通過了。第二關是以 Gordon Redding 為首的港大行政部，他們不同意，我執意要做，雙方面談了三、四次，各自表述，沒有結果，我便向當時的王賡武校長建議交由校務委員會表決，這是第三關。在會上，我堅持這做法可以提升校外課程部的專業和水平，起初反對聲音甚多，我努力進行游説工作，爭取支持，最後以大比數通過議案。」

千里之行，始於足下。李教授表示，能夠走出開辦學位課程的第一步，對鞏固校外課程部的專業形象及提升學術水平來説，是重要的里程碑。

嚴選質優學府，建立國際網絡

關卡既已打通，接下來就是與其他海外大學談合作。倫敦大學享譽國際，李鍔教授又是該校博士畢業生，自然是不二之選。他説：「合作主要分為管理和課程兩個大方向。管理方面，校外課程部向倫大收

取行政費，為他們在香港招收海外學生；課程方面，先為原有的倫大
校外法律課程增值，除了繼續聘請香港本地律師授課，又聘請了 Bill
Howarth 及英國其他大學法律系教授來港任教，並與倫大法律系合辦
法學專業證書（Postgraduate Certificate in Laws，PCLL）課程，
這也是一個重要突破。」

接着就是與倫敦政治經濟學院（London School of Economics and Political Science，LSE）合辦經濟學學士（Bachelor of Science in Economics，BSc Econ.）學位課程。李鍔教授笑着表示：「另外就是電腦科學士，當時這個課程叫數學（Mathematics）學士學位，我便向他們的系主任建議將學科改名為 Computer Studies，這對學生更具吸引力。他們考慮了一年時間，最終接納了我的提議。」

李教授形容當時「最賺錢」的項目，就是與倫大的合作，其次就是與加拿大註冊會計師協會（Certified General Accountants Association of Canada，CGA）合辦的會計課程。

時機成熟，正式轉型，成立專業進修學院

自 1987 年至 1992 年，香港大學校外課程部經歷五年再成長期後，李鍔教授認為高水平的專業課程已經發展成熟，成人教育理念亦已深化為持續教育，便將校外課程部門正式易名為香港大學專業進修學院。

李教授說：「我先想好了英文名稱及簡稱（HKU School of Professional and Continuing Education，HKU SPACE），再與趙令揚（香港大學中文系前系主任）及各同事商議中文譯名。」

1992 年 1 月，學院的成立典禮在黃麗松堂正式舉行。李教授憶述：「倫敦大學校長 Stewart Sutherland、新南威爾斯大學候任校長 John Niland 專程來港出席典禮，對我們來說是一份尊重。畢竟，這兩間大學一直是我們的重要合作夥伴，角色舉足輕重。」

隨着名字及架構的轉變，學院在大學及社會上所扮演的角色更加重要，在推動學術發展的空間亦更大更廣。李教授解釋：「我們的專業地位提升了，在學術上的認受性更高，尋找合作夥伴更得心應手，除了與本地專業機構及海外大學的合作機會大大增加外，也開始開辦研究生課程。」

上樓工程：由窩居「柴房」至鈕魯詩樓至徐展堂樓

工欲善其事，必先利其器。員工能否有良好工作效率，除了要有良好資源的配合外，工作環境也有很大影響。

李鍔第一天上任總監時，校外課程部的總辦公室位於港大本部大樓地下樓層，面積很小，連會議室也沒有，只能在走廊開會，他形容："Conference room is the corridor leading to the toilet.（會議室就是通往洗手間的通道）" 天氣潮濕時，易見牆身發霉，地庫工作區更是沒有窗戶，李教授謔稱之為「柴房」。為了為同事爭取較佳工作環境，他便書面向大學申請遷入鈕魯詩樓，經過一輪程序後，終於在1990年獲批半層樓面面積。

後來，李教授得悉慈善家及藝術文物收藏家徐展堂博士捐款在港大校園內興建兩層藝術展覽廳，靈機一觸，致電王賡武校長："Can I borrow the air on top of the T. T. Tsui Building?（我可否借用徐展堂樓上方的空間）" 王校長考慮了幾秒鐘，便說可以。興建及統籌工作分別由港大建築系的劉秀成及工程學院的張佑啟主持，資金則由大學暫時借出，校外課程部逐年償還。徐展堂樓在1996年11月正式啟用。

除了總部環境的改善，李教授在任內又為學院購置了北角城教學中心。他說：「我在1987年上任時，Roger Williams 在任時購置位於信德中心九樓的教學中心剛剛落成使用。隨着學務發展，我們需要更大的教學面積，便向銀行借貸在北角置業，經校務委員會審批通過後，就成事了。」

回顧九年「空間」，細數得着與感想

在李鍔教授九年任內，香港大學校外課程部轉型至專業進修學院，由成人教育機構發展至專業及持續教育中心，由提供兼讀制短期課程至與海外大學合辦學位課程，他不僅見證了各個發展階段，更是樹立這些里程碑的關鍵人物。回望這些年，他表示既具挑戰，也有很大的得着。

「毫無疑問，難度最高的工作，就是說服港大管理部門讓我們與海外大學合辦學位課程。至於最大的收穫，就是我與同事之間建立了深厚的情誼。我仍記得，最後一天與他們共事的日子，當天下班後，大家

一起吃飯、唱卡拉 OK 為我送別；臨別時，更一起高唱 HKU SPACE
『飲歌』《男兒當自強》，當時的情景，至今難忘。其實，由 1987
年開始，每逢我的生日，大家都會為我慶祝，今年已經是第 30 年，
從未間斷過，全部舊同事必定出席，這份心意令我很感動，也很不好
意思。五年前，我決定將慶生形式略作改變，凡年份尾數是五或零，
便由我作東回請大家。」

有人說，人生每 10 年為一個周期，朋友圈也是如此。李鍔能夠擁有
經歷 30 年而不變的友誼，相信他的內心比誰都富有。

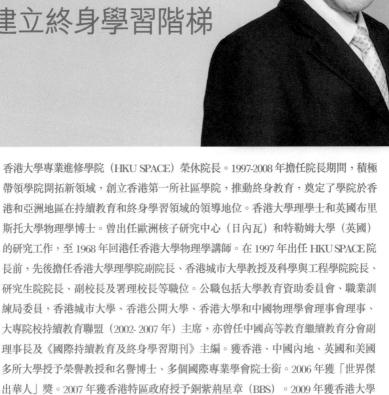

楊健明：

擴大持續進修空間
建立終身學習階梯

香港大學專業進修學院（HKU SPACE）榮休院長。1997-2008 年擔任院長期間，積極帶領學院開拓新領域，創立香港第一所社區學院，推動終身教育，奠定了學院於香港和亞洲地區在持續教育和終身學習領域的領導地位。香港大學理學士和英國布里斯托大學物理學博士。曾出任歐洲核子研究中心（日內瓦）和特勒姆大學（英國）的研究工作，至 1968 年回港任香港大學物理學講師。在 1997 年出任 HKU SPACE 院長前，先後擔任香港大學理學院副院長、香港城市大學教授及科學與工程學院院長、研究生院院長、副校長及署理校長等職位。公職包括大學教育資助委員會、職業訓練局委員，香港城市大學、香港公開大學、香港大學和中國物理學會理事會理事、大專院校持續教育聯盟（2002- 2007 年）主席，亦曾任中國高等教育繼續教育分會副理事長及《國際持續教育及終身學習期刊》主編。獲香港、中國內地、英國和美國多所大學授予榮譽教授和名譽博士、多個國際專業學會院士銜。2006 年獲「世界傑出華人」獎。2007 年獲香港特區政府授予銅紫荊星章（BBS）。2009 年獲香港大學頒授大學名譽院士和理學院傑出校友獎。2012 年獲授予榮譽聖約翰爵士銜。2015 年獲 HKU SPACE 頒榮譽院士。發表論文及文章 300 餘篇，內容涵蓋天體物理學、高等教育和終身學習等領域。

楊健明教授投身教育事業 40 年，在 2008 年榮休。回望過去，他認為最具意義的就是在香港大學專業進修學院的工作。十年歲月，晃眼而過；得失喜憂，沒有遺憾。

大學提倡終身學習，學院擔當重要使命

1996 年底，楊健明教授正於城市大學任副校長，當時香港大學正為香港大學專業進修學院（HKU SPACE）物色院長，認為楊教授對發展新課程及新學系有豐富經驗，便向他招手。楊教授說：「自李鍔教授在 1995 年卸任院長後，港大一直找不到合適人選繼任。他們游說我加盟，但我因在城大仍有職務在身，所以待至 1998 年 2 月 1 日才正式上任。」

由香港大學理學院副院長至香港城市大學副校長，楊教授一直留意中外教育的發展。他說：「終身學習的概念在歐美國家十分普及，香港仍稍嫌滯後。HKU SPACE 在持續教育方面做得很好，而且有牢固基礎，我希望可以在此基礎上進一步推廣終身學習，為香港教育的發展出點力，所以便決定加入 HKU SPACE 。」

楊教授認為，大學應提供全面的教育，他解釋：「大學的使命是以教育、科研及貢獻社會作為三大核心。但在一般的概念上，大學教育就是提供本科和研究生學位課程，並不明確包括持續教育及終身學習的部分。」

就職院長後，楊教授向當時的香港大學校長鄭耀宗教授提出，大學的教育使命應明確包括提供終身學習機會。2001 年，此理念首先被納入了 HKU SPACE 的使命宣言：「學院致力於提倡終身學習，為香港邁向學習型社會，及市民追求生活質素作出貢獻。」2003 年，香港大學教務委員會亦通過了楊教授的提議，將此目標列為大學使命之一：「為社會人士開拓終身學習的機會」，而此部分工作則由 HKU SPACE 肩負及實踐。至目前為止，港大仍然是香港唯一一所大學將開拓終身學習機會寫入使命之中。楊教授表示，香港大學與 HKU SPACE 攜手推動香港教育的發展，可收相輔相成之效。

引入學術質素保證機制，實踐提供優質教育使命

1999 年，HKU SPACE 轉為非牟利有限擔保公司，財政系統獨立於

香港大學,使學院運作更加靈活。楊健明教授舉例說:「過去,學院的財務及校務皆受大學規管限制,以致擴充教學面積和增聘導師的步伐趕不上報讀人數。即使申請者具備入學條件,也因為我們的地方有限、導師不足而無法給予位置。學院公司化後, HKU SPACE 擁有自己的財政、人事、公關、資訊科技等部門,資源調配更具彈性,可以採取更快捷及主動的策略回應社會人士求學的需求。」

據 HKU SPACE 數據顯示,在楊教授管理及領導學院期間,學生人數不斷激增,由 1997─98 年度的 69,000 人次(相等於全日制 12,000 人),大幅增至 2005─06 年度的 110,000 人次(相等於全日制 21,000 人),增幅接近 8 成;認證課程由 162 個飆升至 410 個;至於教學中心,則由兩個增加至最高峰時 13 個。

楊教授推動學院發展不遺餘力,令他至感驕傲的是,HKU SPACE 在 2000 年設立學術質素保證機制,以明確制度和程序保證及提升教學質素。他表示,這機制一般只在大學本部推行,在持續教育機構引入,HKU SPACE 是先行者。「雖然課程數目大幅增加,但學院沒有犧牲教學質素,無論在課程設計或實際教學上,均有嚴格的審核及監察。大學教育資助委員會於 2002/03 年度公布的『教與學質素保證過程檢討』,高度評價 HKU SPACE 的質素保證機制為『典範』。」

香港大學附屬學院成立,高等教育邁向新紀元

過去數十年,香港快速發展成為知識型經濟體系。教育統籌委員會在 1999 年 9 月《教育制度檢討》中指出,由於每年的大學入學率無法配合知識型經濟發展,建議開辦像外國的副學位課程,以培養更多高學歷人才。行政長官在翌年年底提出政策目標,期望在 10 年內讓高等教育的普及率達到 60%,鼓勵教育團體提供專業文憑及副學位課程。

HKU SPACE 一直與香港社會發展同車同軌，馬上回應政府訴求。楊健明教授憶述：「在 2000 年 3 月 14 日港大校慶日當天，校長鄭耀宗教授與我一起在記者招待會上宣布在新學年成立全港第一間社區學院──香港大學附屬學院，以優質為目標，為中學畢業生提供副學士學位及高級文憑課程。」香港高等教育發展在這一天揭開了新一頁。

楊教授曾經擔任香港城市大學學術副校長，對於開辦全日制課程有清晰方向，他認為最重要是解決三大問題：教室、講師及課程設計。「HKU SPACE 教學中心遍布各地區，大部分教室只在晚上使用，白天都是空置的，海富中心地點方便，環境亦佳，是理想創校地點。」

師資方面，因全日制授課有別於兼職講學，HKU SPACE 重新招聘了數十位教學精英。「其實，籌備過程中，最耗精力和時間的是課程設計，我們不但要編寫合適而系統性強的教學綱領，更須考慮到學生日後會升讀正規大學，所以兩者學制必須相若，課程體系也應完美銜接。我經常會與鄭校長聯絡溝通，並在課程規劃完成後，送交港大教務委員會審核通過，絲毫不能馬虎。」

由於 HKU SPACE 具備資源上的優勢，因此由籌備至招生，只花了半年時間便正式開課。「社區學院是香港教育的新元素。為了讓更多同學和老師了解和認識它的性質和理念，我便親身去到不同的中學做解說，反應出乎意料地好。第一年的學額是 740 名，結果我們收到 6,600 個申請。」

致力發展社區學院，提供多元升學途徑

香港大學附屬學院在 2000 年 9 月正式開學，但楊教授認為，海富教學中心作為校址並非長久之計，全日制學生到商業中心上課也不是最理想的安排。幸好，政府亦意識到自資院校在教育產業的重要，於是透過撥地及免息貸款支持建校開支。

「2003 年，HKU SPACE 獲批九龍灣地段作為興建校舍之用，至 2007 年 2 月正式落成啟用，同學得以在更佳環境學習。」

為回應社會對高等教育的需求，HKU SPACE 在香港大學附屬學院成立之後，再與保良局於 2006 年合辦香港大學專業進修學院保良局何鴻燊社區書院，為年輕人提供多元化的升學途徑。

楊教授表示，繼 HKU SPACE 之後，其他院校亦陸續開辦副學士課程。政府的 10 年願景，教育界只用了 5 年時間便已超額完成。在 2005 年，香港高等教育的參與率已達 66%，即專上教育學位數目達到 60,000 個左右，當中 5000 多個乃由 HKU SPACE 提供。

除了致力推動香港專上教育，HKU SPACE 更於 2005 年落戶蘇州，在江蘇省興辦全國唯一中外合作的高職院校——蘇州港大思培學院（HKU SPACE Global College，Suzhou），將香港大學的專業課程和辦學模式引進國內。楊教授說：「內地經濟飛躍發展，對人力資源的質與量要求不斷提升，故持續教育漸成氣候。香港在這方面可以扮演窗口角色，協助內地掌握國際教育潮流及資訊。」

建立校友溝通平台，學以為人服務社會

香港大學專業進修學院於 1956 年創校，至 2004 年已錄得超過 140 萬學生人次。楊教授時任院長，覺得尋回數十年失散的校友，意義深遠，便全力支持李仲賢醫生成立校友會的建議。「李醫生曾在

HKU SPACE 修讀音樂欣賞,既是我們的校友,也是終身學習的表表者。」

經過多月籌備後,HKU SPACE 校友會於 2004 年 3 月 11 日舉行正式就職典職,李仲賢醫生就任第一屆校友會主席。

校友會以「學以為人」作座右銘。楊教授解釋:「『為』有兩個讀音、兩重意義:一,學以為(粵 4 聲,音圍)人,學習如何成為一個有用

的人；二，學以為（粵 6 聲，音胃）人，學習如何為社會、為他人作出貢獻。」

對於校友會的成立，楊教授認為它可以與學院發揮互補作用。「HKU SPACE 以辦學為工作重心，以提供卓越教育及推廣終身學習為理念。校友會的宗旨則更廣更闊，除了增進校友之間的友好關係，也團結校友一起支援學院工作，更會透過不同類型活動及義工服務，深入幫助社會各階層。」截至 2017 年 6 月， HKU SPACE 校友會會員人數已突破 24 萬，是學院不可分割的架構。

十年心繫學院，成績璀璨輝煌

楊教授於 1997 至 2008 年擔任 HKU SPACE 院長期間，積極帶領學院開拓新領域，奠定了學院在香港及亞洲區內的領導地位。在他 10 年任期內，持續教育獲社會廣泛接受，HKU SPACE 課程的認受性不斷提高。他分析：「根據統計資料，在 90 年代末期，香港約有 20% 在職人士接受持續教育，這數字慢慢增加至超過 30%，大約相等於 140—150 萬人，而 HKU SPACE 黃金年期的報讀人次是 11 萬，約佔了 8%。」

「學院委託獨立公司，每兩年為香港所有提供持續教育的學院進行一次形象調查，了解一般人對各大專上院校的印象。調查以十多個標準做評分計算，HKU SPACE 在大部分指標上一直排在首位。」楊教授對於這張成績表頗為滿意，但表示調查結果只用作內部參考之用，不會對外公布。

《管子》談為政之道：「十年之計，莫如樹木；終身之計，莫如樹人。」十年規劃可以種成大樹，培育人才則是終身之事。楊教授十年孜孜不倦，帶領學院與香港高等教育跨進一個嶄新時代，更成功將終身學習的理念鞏固為大學教育的核心部分，協助香港發展成為真正以學習為本的社會。

李焯芬：
無為而無不治
One SPACE
One Family

香港大學專業進修學院前院長。現為特區政府策略發展委員會會員、珠海學院校監兼校董會副主席、香港福慧慈善基金會會長、香港中華文化促進中心理事會主席、饒宗頤文化館管理委員會主席、香港大學饒宗頤學術館館長。1972年獲加拿大西安大略大學博士學位，主修岩土工程。曾任教西安大略大學及多倫多大學；2000-2008年任香港大學副校長。2006年獲西安大略大學頒授榮譽理學博士。2005年獲香港特區政府頒授銀紫荊星章、獲美國富布爾特傑出學人獎（Fulbright Distinguished Scholar）。2003年獲香港特區政府委任為太平紳士。2013年獲香港特區政府頒授金紫荊星章。曾發表國際學報論文270餘篇，專著9冊。

李焯芬教授於2008年接任香港大學專業進修學院院長一職，至2015年交棒。在8年任期內，李教授確立了中國商業學院，協助內地培育企業領袖；向傑出學者頒授榮譽院士銜，推動終身學習精神；提倡「一個『空間』，一個家」理念，提升學院凝聚力。

課程多元化，學員三大類

自1957年創校以來，香港大學專業進修學院（HKU SPACE）一直秉持服務社會、推廣持續教育以至終身教育的使命。為配合社會一直

向前發展的步伐，HKU SPACE 不斷更新和優化課程內容，並因應不同專業界別需求開辦新課程，吸引不同年齡、興趣及要求的人士踴躍報讀，60 年來已累積超過 260 萬人次學員。

李焯芬教授表示，HKU SPACE 的課程可分為三大類別：第一，培訓專業人才；第二，培養心靈、充實人生；第三，大專教育。他解釋：「第一類學員的年齡在 30 歲前後，他們正值人生黃金期，為個人事業努力打拼，然後結婚、生兒育女，建立自己的人生。這些朋友在大學時主修法律、會計、建築、財務分析等學科，畢業後到社會上工作，希望考取相關專業資格，在業界奠定專業地位。HKU SPACE 在專業人才培訓的層面上，一直不遺餘力。」

「第二類是 50、60 歲或以上的學員，他們接近或已屆退休年齡，在事業上取得了一定成就，也就是俗語所謂的『已上岸』。他們逐漸步入人生穩定期，不再需要為生活奔波和擔憂，轉而追求豐盛人生，重拾或重新發展自己的興趣，有人喜歡繪畫、音樂、書法，甚至是詞學，也有人喜歡修習佛學，這些課程不能為你在工作上帶來豐厚收入，卻是你心靈的港灣，充實你的人生。」HKU SPACE 致力推動終身學習，其中一個辦學宗旨就是「寓學於樂，修身進學」。

李教授繼續解釋：「第三類是處於成長期、年齡在 20 歲前後的學員。十多年前，政府推出全新教育政策，要求增加高中畢業生接受專上教育的人數比例，在 10 年內，由 18% 提升至 60%。香港大學為配合政府政策，在 2000 年成立了香港大學附屬學院，及後又有保良局何鴻燊社區書院的誕生，目的就是為每年二、三萬名高中畢業生提供副學士學位。」

成立中國商業學院，推廣教育無遠弗屆

香港是國際金融中心，對金融知識渴求甚殷。HKU SPACE 為回應社會需求，在專業培訓人才的層面上，佔了很大比例是與財經相關，例如

特許金融分析師課程（Chartered Financial Analyst），HKU SPACE 在香港做得很成功，後來漸漸發覺中國內地也有這方面的需要，便朝向這個方向發展。

李焯芬教授説：「中國大陸在 70、80 年代實行改革開放，港商及台商紛紛到珠江三角洲設廠，內地的製造業開始蓬勃起來，不過，工業發展也需要其他的配套，例如出口服務、銀行信貸、法律諮詢等，這些方面的專才是企業的重要資源。HKU SPACE 前瞻內地有這種需求，於是便與內地大學合作做培訓。」

香港教育機構到內地提供持續進修課程，HKU SPACE 堪稱是先行者，早期的合作夥伴有清華大學、復旦大學、中山大學，後來亦以獨立教育單位到內地辦課程，並邀請香港金融界的知名人士、銀行家、有經驗的專家到內地為同學現身説法。為更好地滿足中國經濟的發展，HKU SPACE 在 2010 年 2 月正式成立中國商業學院（ICB），致力培養內地新生代成為擁有國際視野和開放思維的企業領袖。

頒授榮譽院士銜，向終身學習者致敬

「60 年代時，香港政府有計劃地提升華人高級公務員的管理技巧和經驗，但在當時的教育系統上，尚未有工商管理碩士學位課程，香港大學校外課程部便成為先行者，開辦了管理學文憑課程（Diploma in Management Studies，DMS），是當年獨一無二的高級課程，吸引了很多政府高級公務員前來報讀。HKU SPACE 董事局前主席陳達文博士就是最早期的畢業生之一，也可以稱為香港本土第一代接受管理學訓練的精英。」

李教授表示，HKU SPACE 在教育界屹立超過半世紀，數十年來為政府及專業機構培訓了很多精英，他們不但學習成績優異，在事業上也很有成就，對學院、社會及其界別皆建樹良多，於是便有了榮譽院士

的誕生，藉以表揚這些傑出人士。首屆榮譽院士頒授典禮在 2014 年
11 月舉行，共有三位傑出人士獲頒殊榮，包括陳達文博士、李曾超
群博士及郭文緯先生。

李教授解釋，榮譽院士未必在 HKU SPACE 上過課，但卻要達到三
個標準：第一，是終身學習的典範；第二，對社會有貢獻；第三，對

HKU SPACE 有貢獻。「陳博士退休後成為『大義工』，從事很多公益事務，擔任顧問及榮譽主席等義務公職，目前也是 HKU SPACE 的高級顧問。李曾超群博士則是烹飪高手，在接近 80 歲高齡時，仍在積極學習，修讀中醫課程。她有一套自己的學習及記憶方法，上課和考試都很認真，是『活到老，學到老』的好榜樣。郭文緯是香港廉政公署前副廉政專員兼執行處首長，退休後為不同院校及機構主導反貪腐課程，世界上超過 40 個國家曾派員來香港取經，透過他的課程學習反貪經驗。」

社會不斷變遷，每個人都要不斷更新自己，才能與時並進。李焯芬教授認為，要與時代接軌，在學校所吸收的知識未必夠用，所以在職進修很重要。他希望透過這些傑出榮譽院士，能夠更有效地傳揚終身學習的精神。

古老智慧現代管理，無為則無不治

2008 年李焯芬教授接任院長一職時，HKU SPACE 已經發展成為財政獨立的教育團體，既非由政府資助，也不是由香港大學出資營運，但學院每年收生名額數以萬計，某些年度更錄得超過 10 萬人。李教授表示，這些驕人數字都是有賴導師和同事共同努力創造出來的成績。身為院長，李教授是如何推動團隊不斷向前，讓學院能長久站在教育界的領先地位呢？

「HKU SPACE 每一位同事都很用功，完全有才幹和能力將工作做好。因此，最有效的管治方法，就是不作無謂干預，給予同事最大空間發揮專長。舉例說，我們到內地辦學，但因為中港兩地制度有差異之處，同事要到內地做『開荒牛』，過程絕不輕鬆。作為學院的管理人，就要盡力為他們解決疑難，清除路障，讓他們知道背後有強大後盾作支援，可以放心去做，完全沒有後顧之憂。」

不過，香港機構到內地辦學着實不容易。除了要辦理登記註冊、處理稅務事宜外，最大的挑戰是向內地政府單位爭取 HKU SPACE 課程資格的認可。李教授說，「我們要與內地教育部門、中聯辦等單位聯繫和溝通，這都是對耐性、精神和時間的考驗。」

凝聚團隊向心力，提倡一個「空間」一個家

HKU SPACE 的學員中，有很大比例是在職人士。為方便他們下班後上課，教學中心都選址在交通便利的港鐵沿線，例如金鐘、北角、九龍灣、美孚等車站附近，免卻同學舟車勞頓之苦。

「有一段時期，有十個以上的教學中心都位於交通樞紐之上，換句話説，HKU SPACE 超過 1000 位全職導師也散布在這些中心授課。HKU SPACE 總部則位於香港大學徐展堂樓。導師與行政同事各有各忙，鮮有交流。我便想到要把大家聯絡起來。」李教授憶述。

工作地點相異，拉遠了同事之間的距離，容易造成聯繫和溝通不足，削弱了 HKU SPACE 的凝聚力。李教授便提倡 One Space One

Family（一個「空間」，一個家）的理念，鼓勵同事成立教職員聯會，不同部門同事派出代表組成一個委員會，由委員會籌辦活動，讓大家可以聚在一起聯誼，除了娛樂活動，也做社會公益服務。

「HKU SPACE 其中一個重要有形資產是教室，可以善用，解決最傷腦筋的活動場地問題。我們會邀請成功人士為大家開設不同題目的講座。很多同事也會自發開辦興趣班，傳授小知識，例如自製唇膏、咖啡拉花、瑜伽技巧等，這些都是屬於在職學習的範疇。」李教授既是院長，也是這個「家」的家長，自然是積極參與者。

人生四它，以勇氣換取自在

李焯芬教授是虔誠佛弟子，身體力行慈悲喜捨，擅長將佛法活用於工作及生活。在 HKU SPACE 擔任院長前後共八年，他如何應付無數

的大小難題呢？他說：「佛學中有『四它』心法，是解決人生困境的哲學。」

「四它」即是：面對它，接受它，處理它，放下它。李教授解釋：「當問題出現了，我們便要勇於『面對它』，不逃避，不畏懼；與其怨天尤人，倒不如認真檢討是否自己有不足或缺點，便能夠坦然『接受它』。再想辦法解決問題，『處理它』。最後，不管是已經處理、暫時不能處理或永遠無法處理，一定要『放下它』，心中不再罣礙。」

不管是要清除工作上的阻力或是解決生活上的困擾，李教授一直謹守「四它」。不論處於哪一種狀況，他內心都能輕安自在。

簡福飴：
校友會成立，
造就與學院及社會
的三贏局面

現職簡福飴地產顧問及調解事務所主任、新昌管理集團非執行董事。2007-2009年香港大學專業進修學院校友會會長。香港高等法院認可大律師、香港測量師學會創會會長、英國特許仲裁師學會資深會員。曾任華懋集團董事、恒基陽光資產管理公司主席、萊坊測量師行（原簡福飴測量師行）主任測量師。第六及七屆全國政協委員、第八至十屆全國人民代表、香港特別行政區臨時立法會議員。

2004年，香港大學專業進修學院 HKU SPACE 校友會成立，簡福飴是第一屆副會長，當時會員人數約共300。2007年，簡先生接任會長一職；翌年，會員人數比最初翻了266倍達至8萬。

現為退休大律師的簡福飴，原來在90年代已是 HKU SPACE 學生，他說：「不是賣花讚花香，HKU SPACE 不但是大學校外課程部的先行者，也是當中辦得最好的。」

匯聚同儕，積極支持校友會成立

2003年，當時的院長楊健明教授向簡福飴提起成立 HKU SPACE

校友會，簡福飴馬上表示贊同：「我與楊教授一直是好朋友，深知他為人務實，做事認真，對工作充滿熱忱；我既是校友之一，自然全力支持。」

談到校友會委員組成，簡福飴向楊教授建議：「我贊成推舉李仲賢醫生做會長，雖然他年事已高，但專業資歷及社會地位都很優秀，我樂意擔任他的副手，協助他推行校友事務。」

由李仲賢醫生帶領，以及一群熱心校友的努力推動下，專誠為HKU SPACE畢業生、同學及教職員的校友會於2004年3月11日正式誕生。李醫生眾望所歸成為會長。

作為大律師及校友會副會長，簡福飴聯同翁靜晶律師及其他事務委員合作草擬校友會憲章及條款，並由楊家聲先生（2015年接任校友會會長）撰寫使命：「建立校友間積極、持久的友好關係，並且將這種精神拓展至校友會及整個學院。校友會亦致力推動成人教育及終身學習至全香港。」

簡福飴表示，他們首個目標是擴大會員人數，匯聚力量，為學院助力，為社會服務。

簡化程序，會員人數百倍增長

校友會成立三年後，在2007年10月舉行換屆大會，簡福飴接任會長，陳達文成為副會長。

「HKU SPACE自創校至2004年，估計累積報讀人次約有六、七十萬，但校友會成立第一年，只有300會員，這個比例實在太低，着實令大家有點遺憾。於是，如何增加會員人數，成為了當時的最大挑戰。」

經過檢討研究，校友會修訂了入會章程，取消普通會員入會費用，鼓勵更多畢業生參加；另一方面，採用自動入會制度，凡新報讀

HKU SPACE 課程者，可在報名表上剔選自動成為校友會會員，毋須另行申請。簡福飴說：「有賴副會長及各委員的推動，會員人數在 2008 年飆升至 8 萬人，共翻了 266 倍，數字令人鼓舞。」

學以為人，扶掖後進造福社會

為增進會員之間的溝通及感情，校友會平均每年舉辦約 30 項活動，校友周就是年度的「重頭戲」，會包羅不同類型的活動，例如講座、工作坊、親子工作坊、旅遊及義工服務等，全部都很受歡迎。簡福飴介紹：「創辦初期，翁靜晶律師為我們穿針引線，到澳門特區訪問當時的行政長官何厚鏵，深入認識當地的政情和社會狀況。2008 年時，我們第一次舉辦大型音樂會，超過 200 人參加，大部分表演者是校友；

楊健明教授是音樂發燒友，也是表演嘉賓之一；我也負責了一個項目。」

除了作為聯絡平台，校友會的另一個宗旨是支援學院推動教育。簡福飴說：「校友會有一個座右銘——學以為人（We learn to serve），意思就是，我們學習的最終目的就是為了貢獻。舉例說，我們每年都會邀請一些傑出校友擔任全日制同學的導師，分享他們在所屬界別的工作經驗、心得及當中的苦與樂，讓同學多了解心目中理想行業的實際狀況。這個計劃既可讓同學得

益，也為未來社會精英做好心理準備。」

會員人數眾多，找尋活動場地是否一個頭痛問題呢？「校友會屬於學院一部分，講座、工作坊等活動可借用學院的教室，但由於教室能容納的人數有限，所以我們盡量可以多搞活動，讓不同會員有機會參與。」

反映行業實況，協助學院回應社會訴求

HKU SPACE 校友會創會至今超過 10 年，現已累計逾 20 萬會員人數。簡福飴深信，這對於實踐校友會宗旨將更有效率。他說：「校友會會員遍布各個行業。作為前會長，我建議校友會設立一個學術小組，收集來自不同界別會員提供的資訊，了解各行各業所需的人才及

知識，並向學院反映，以便學院可以設計最適切的課程。」

簡福飴覺得，學術小組這項工作對於母校是一種回饋，對於社會也有重要意義，因為開辦的課程並不囿於會員報讀，而是公開招生。「校友會提出建議，學院開辦的課程可滿足行業需求，學生完成課程後既可自我得益，也可在行業作出貢獻。這是一個三贏局面。」

學習，在於實踐目標，也在於圓夢

目前 HKU SPACE 開辦的課程超過 1,000 個，吸引不少社會人士報讀。簡福飴認為，每個人對於學習的需求都不同，有人為了個人增值而進修，也有人的出發點只為滿足一個願望，因此，學術性課程及短期興趣班同樣重要。以他自己為例，就曾經以不同理由修讀過兩個 HKU SPACE 課程。

「1999 年，我參加了 HKU SPACE 與倫敦大學法律系合辦的倫敦大學 LLB 終期考試的溫習班，這是一個兩星期的密集課程，由倫大法律系教授親身來港授課。完成課程後，我通過了考試，然後入 HKU SPACE 修讀法律專業證書課程，取得大律師資格，迎接我人生的第二個專業。」簡福飴解釋，他報讀這個課程是以目標為本，因為要應付考試，所以有必要學習。

另外，他又旁聽過一個藝術歌曲欣賞課程。他憶述：「當年講課的導師是我的好朋友，我對課程的內容也有興趣，所以便去聽課，也算是對朋友的支持。」

簡福飴繼續解釋：「老實說，短期課程涵蓋的內容有限，有時可能只學到入門知識，但並不代表它沒有價值。社會上有很多人因為不同理由而犧牲了自己的夢想或興趣，例如有人喜歡音樂欣賞，但因為它未必可以帶來豐盛收入，所以被迫放棄。當時間、經濟許可，他便會回到教室，即使只是上幾節課，也算是滿足了心中一個願望。」

他建議，學術小組也可集合會員的學習興趣，向學院表達，再由學院研究開課是否可行。「例如我對中國古代哲學思想一直很有興趣，但又無法花太多時間學習，假如 HKU SPACE 開辦這個科目的短期課程，我就是現成的學生，也可讓我圓了一個學習心願。」

經典課程與
故校
事友

經典課程與

故校
事友

六十

年代

法律學課程──
體現法制價值與精神

1964年，香港大學校外課程部（簡稱
DEMS，香港大學專業進修學院 HKU
SPACE 前身）推出的倫敦大學校外法律
學士學位（University of London's external
Bachelor of Law，LLB）課程，得到政府
大力支持，成為透過校外進修取得學士學
位的先驅。幾位自海外聘請到 DEMS 的教
授後來加入香港大學，協助成立法律學系，
使 DEMS 成為全港第一個法律學系的孕育地。
1991年，DEMS 開辦的 CPE 課程，為非法學本
科畢業生開通了踏上法律專業之路。

LLB 及 CPE 是 HKU SPACE 的重點課程，數十年來培育了
無數本地法律精英，在香港法學教育史寫下了重要篇章。

全港首個培訓律師的重鎮

50 年代以前的香港，民生困苦，對律師的需求不高，故本地根本沒有
念法律學的渠道。有志成為律師或大律師（訴訟律師）的香港大學畢業
生，必須遠赴英國牛津或倫敦進修。及至 DEMS 在 1957 年創校時開
始推出短期法律相關課程，便成為了全港首間教授法律課的教育機構。

隨着 60 年代起香港經濟活動漸趨頻繁，但律師數目與人口比例遠遠低
於其他國家及地區，政府認為有必要發展本地法學教育。香港大學迅速
回應政府建議及社會需求，教務委員會在 1964 年通過由 DEMS 開辦
LLB 課程，試行 5 年；倫大對此決定表示支持及歡迎，同意由港大為
倫大招收校外生，學生以 3 時間完成課程及考試合格者，可獲頒授

學士學位。同年 7 月，立法局財務委員會通過撥款資助 LLB 課程。

第一屆招生吸引了 194 位申請者，當中三成已擁有大學學位。經嚴格篩選後，最後收生 30 名。1964 年 10 月正式開課。除了邀得本地法律專家擔任兼職導師，DEMS 又從澳洲墨

London LL. B. External Degree

STAFF　Lecturers in Law: D.M.E. Evans, LLB. (Wales) B.C.L. (Oxon.) John Rear, M.A. (Oxon.) Barrister-at-Law. Vincent Shepherd, LL.M. (London)

THIS IS A PILOT SCHEME WHEREBY, THROUGH SPECIAL ARRANGEMENT WITH THE UNIVERSITY OF LONDON. QUALIFIED PERSONS MAY STUDY FOR THE LL. B. EXTERNAL DEGREE AFTER OFFICE HOURS AND OVER A SHORTER PERIOD OF TIME THAN HITHERTO POSSIBLE (THAT IS, OVER THREE YEARS INSTEAD OF 5). THE SCHEME HAS NOW ENTERED ITS 4TH YEAR BUT THERE WILL BE NO INTAKE FOR THE INTERMEDIATE YEAR. HOWEVER, A SCHEME OF REFRESHER STUDIES IS PLANNED FOR THOSE WHO HAVE FAILED THE INTERMEDIATE EXAMINATION RECENTLY. DETAILS ARE AVAILABLE ON APPLICATION.

SEPARATE COURSES ARE OFFERED FOR THOSE WISHING, INDEPENDENTLY, TO PREPARE FOR THIS INTERMEDIATE EXAMINATION. SEE UNDER GENERAL HEADING OF LAW.

PARTS I & II　Part I and Part II of the scheme will commence in October 1967 and terminate at the end of May. All who have passed the Intermediate Examination are eligible to join the Part I course and all who have passed the Part I Examination are eligible to join the Part II course.

It is intended that there should be a programme of 40 lectures and fortnightly tutorials on each subject. The following subjects will be offered:

LL.B. (London) Part I
(a) Law of Trusts
(b) Law of Tort
(c) Criminal Law
(d) Evidence

LL.B. (London) Part II
(a) Jurisprudence
(b) Succession
(c) Evidence
(d) International Law

LIBRARY　Special Library facilities are available for the use of students in the Extra-Mural Law Centre.

FEE　Course fee: $1,000.

APPLICATIONS　Applications are invited from those qualified to join Part I or Part II. Please contact Mr. John Chan, Tutor-in-charge, at the Extra-Mural Town Centre (Tel. 226529) as soon as possible and not later than September 23, 1967.

1967/68年度課程手冊

爾本大學及倫敦大學延聘了多位法律學講師，當中包括後來成為港大法律學系首位教授的 Professor Dafydd Evans。

翌年，位於中環僑商大廈的 DEMS 法學中心正式啟用。LLB 課程繼續收到大量報名表，反映法學教育有龐大需求，但學額有限，第二、三屆分別只收了 30 及 28 人。1969 年，這個試點課程完成使命，三屆共 88 位入讀同學中，最後有 15 名取得學士學位資格。港大法律學系在這年正式成立並招收首批學生，畢業同學銜接至香港大學法律專業證書（Postgraduate Certificate in Laws，PCLL）課程。1973 年，第一批擁有港大本科學位而具備法律專業資格的畢業生正式誕生。

CPE 法律課程提供卓越價值

儘管政府資助的試行計劃正式完結，但 DEMS 為了讓在職人士有機會進修法律學，仍然繼續開辦倫大 LLB 課程，並提供較大學習彈性，不硬性規定同學 3 年內完成。HKU SPACE 前首席課程主任 Mr Michael

Fisher 說：「LLB 至 今 已 超 過 50 年 歷史。自 60 年代 至 今，DEMS 以 至 HKU SPACE 一直與倫大保持良好合作關係。」

80 年代後期，DEMS 推出法律學文憑（Diploma in Legal Studies）課程，歡迎任何人士報讀，同學修畢一年獲頒證書，兩年獲授文憑。課程內容分為常規及專業兩個分流，完成後者的學員可成為合資格的法律行政人員（legal executive，

倫敦大學議會大樓

LE）。Mr Fisher 指出：「這個課程的特點是適合任何人士報讀，純為興趣者可選修常規課，以投身法律界為目標者則可報修專業課。」

1991 年，DEMS 增辦英國法律專業共同試（Common Professional Examination of England and Wales, CPE）課程，凡以優異成績取得 DEMS 法律學文憑的畢業生，可保證入讀；至於非法學本科畢業生則可透過此課程踏上法律專業之路。「CPE 是 HKU SPACE 與英國曼徹斯特都會大學（Manchester Metropolitan University, MMU）合辦的兩年兼讀課程，教學質素及學員成績受到嚴格管理和評核，在內由 HKU SPACE 與 MMU 負責，在外由律師管理局（Solicitors Regulation Authority）監管，以確保達到高質素專業水平。」Mr Fisher 憶述，CPE 每年限制收生 200 人，但第一屆收到 1300 份申請，競爭非常激烈。2016 年是 CPE 課程推出 25 周年紀念，見證了它的重大成功。

往後，CPE 課程經過擴展及調整，畢業生加修一年 LLB 後，便可獲

頒授法律學士學位，合符入讀 PCLL 的要求。「90 年代末以前的香港，執業律師大部分都是外籍駐港人士，少數由本地培訓，他們念的都是英國法律。但因應香港在 1997 年回歸中國，我們的 CPE 涵蓋了香港元素，包括：香港法律制度、香港土地法、國家憲法等。而我們在 MMU 的 LLB 課程中，亦包含兩科香港法律，教授香港法律程序及證據。」

法律學畢業生的出路

談到畢業生的出路，Mr Fisher 表示，約八成修畢 LLB 的人選擇留在原來行業發展，大部分 CPE 畢業同學則希望將來成為律師。

不管是倫大 LLB 或 MMU 的 CPE 畢業生，都必須經過 PCLL 的洗禮，才能取得執業律師資格。問題是，香港只有三間大學開辦 PCLL，學額僧多粥少，每年都有不少申請者被拒諸門外。「大約 10 年前開始，多了一批法律博士（Juris Doctor，JD）加入競爭行列，PCLL 學位更加供不應求。」

Mr Fisher 解釋，CPE 與 JD 皆是非法學本科畢業生投身法律界的途徑，但他還是較推許 CPE 課程。「前者包含的科目較多，但後者課程較為深入；此外就是念 JD 的費用遠比 CPE 貴得多。」他認為，法學教育不應是有錢人的專利。「我們一直堅持將學費維持在合理水平，目的是希望更多人能夠入學，這就是教育的使命。」

無論如何，Mr Fisher 指出，目前法律學畢業生在香港的就業情況十分理想。「根據法律學會歷年提供的實習合約與 CPE 畢業生數字顯示，前者總是比後者多，而兩者的差距就由海外回流的學生填補。雖然就業情況會隨社會及經濟變遷而有起有跌，但對於能完成 PCLL 課程的精英，他們想投身法律界，總是會如願的。」

林家禮：
終身學習
學以為人

香港數碼港董事局主席、澳大利亞國際基建及地產基金管理公司—麥格理基礎設施及有形資產（香港）有限公司之香港及東盟區非執行主席兼亞洲區首席顧問。持有多個學位及專業資格，包括加拿大渥太華大學科學及數學學士、系統科學碩士及工商管理碩士、英國曼徹斯特城市大學英國及香港法律深造文憑及法律榮譽學士學位、英國胡佛漢頓大學法律碩士學位、香港大學公共行政碩士及哲學博士學位等。香港高等法院律師、CEDR 認可調解員、香港仲裁師學會資深會員、香港董事學會資深會員、澳洲會計師公會榮譽資深會員及澳洲管理會計師公會資深會員。香港城市大學顧問委員會委員、清華大學經濟管理學院客座教授、香港中文大學管理系及香港浸會大學商學院兼任教授。世界中小企聯盟經濟及金融事務常任委員會主席、聯合國亞洲及太平洋經濟社會委員會工商諮詢理事會副主席、太平洋盆地經濟理事會理事、中國政協吉林省委員會委員、香港特別行政區創新、科技及再工業化委員會委員及教育人員專業操守議會委員。

「終身學習、學以為人──除了這一句，我真的想不到更有意思的寄語了。」

林家禮年幼時，祖父、父親已經殷切鼓勵他學習，「於是我很自然把學習當成一個崇高的、個人發展的目標。」在家身為長子，讀書時常做班

長，工作時亦參與公司管理。「我本是學習理科出身，畢業後加入了加拿大最大的電訊公司，當上管理見習生。我覺得自己力有不逮之處，不能只靠工作閱歷補償，應該要進修。加上東家行事受加拿大政府管制，所以我對相關的政策和監管也很有興趣。」於是，他在加拿大分別取得工商管理碩士和公共行政研究院文憑。

萬里長征 始於足下

回港後他加入香港電訊，更覺得需要擴闊知識面，尤其是香港經濟。於是他毅然入讀香港大學亞洲研究中心經濟發展方面的博士課程，研究香港的銀行、地產、航運等主要行業及其旗艦公司。不久，再次轉換跑道，到新加坡從事國際投資工作。「公司併購投資管理也要講法律，所以我又對法律萌生興趣。」

適逢香港大學專業進修學院（HKU SPACE）校友會前會長簡福飴大律師，都鼓勵他修讀 HKU SPACE 的法律專業共同試（CPE，Common Professional Examination）課程，他遂依言入讀。畢業之後，扶搖直上，繼續在 HKU SPACE 進修法律學士（The Bachelor of Laws，LLB），還考上了香港城市大學的法學專業證書（The Postgraduate Certificate in Laws，PCLL），再成為大律師，然後是高等法院的事務律師。

後來他開始支持和投資於許多香港及亞太區內公司，成為活躍的公司董事，便開始對會計有興趣，自修會計書籍。「多得在 HKU SPACE 進修過法律，我能夠、也樂意自學。」他憑豐富的會計知識，為多間公司承擔審計委員會主席的重任。今天他是澳洲會計師公會榮譽資深會員、澳洲管理會計師公會資深會員及亞太區榮譽主席。

不過，學習對事業的幫助，對林家禮而言，只是副產品，真正最有用的，是修養自己、充實知識。「人生的旅程可以很多姿多彩，如果不好好學習，有很多豐盛的體驗，就沒有機會享受得到。」

學習方法

林家禮説，書到用時方恨少，而學如逆水行舟，不進則退，所以一生不斷進修。我們特別請他分享了幾個有效終身學習的方法。

一、決心：「有一個自己需要學習的信念很重要。有信念，你就會想辦法去做。我從未停止進修。現在目標還有很多：會計、中醫、音樂、馬來語、日文等，這些在 HKU SPACE 都可以報讀，只可惜我未有時間。我們常説，你所想學的，在 HKU SPACE 總可以學。」

二、時間：「此外，就是時間管理。説起來容易，其實這事關生活態度、人生目標、你的文化與信念價值等等。年輕時我們用時間買錢，後來卻往往用錢買時間，可見時間多麼寶貴。一定要早點學懂優先順序，不那麼重要的事情，就不要去做了。」

三、興趣：「選擇有興趣的學習事半功倍，相反事倍功半。你學習時應該要覺得，有這麼多知識在眼前，實在是很值得珍惜的事。」

四、紀律：「以日來做結算單位，計算自己的進度。學習要『舖舖清』，不能一年做一次。每節課都要上、都要做筆記。我常常勉勵自己，今天功課今天做，明天還有新功課！」

五、健康：「最好戒掉影響身體健康的嗜好及養成生活上各種好習慣。」

六、身邊人：「找些志同道合的同學，組織一個學習小組，三至五個都可以，互相激勵、扶持、提點。有時候你在學習路上走快了，就牽着他們一起走；有時候朋友走得快了，也會帶動你進步。」

比朋友更重要的，是家庭。「尤其是與配偶要有共識，對方明白、支持你進修。」

貢獻到老

提到家庭，原來林家禮還有一個進修的動力：家中的孩子。「我想以身

作則，讓子侄、後輩都知道，要不斷努力學習，並非讀完書、出身了就完成任務，乃是要不斷增強實力，幫助社會發展。」

他修畢 HKU SPACE 的法律課程後，正是時機以法律幫助社會。他當過兩屆香港法律援助局成員，還有其中一個委員會的主席，帶領委員討論該局的獨立性質和有關議題。此外，又服務過律師紀律評審委員會。

「有了在 HKU SPACE 進修的經歷，日後我不懂什麼，便學習什麼，學完便在那方面作出新貢獻。」他在金融發展局、聯合交易所及貿易發展局其中一個諮詢小組、麥理浩爵士信託基金投資顧問委員會、教育局校舍分配委員會都曾有公職，2016 年中接任數碼港主席。「近年科技愈來愈主導生活，我成立了校友會社會企業網上學會，推動年輕人接觸數碼科技、把握數碼經濟的機會，創業和學習雙軌發展。」

「我眼見身邊的同學，都因為 HKU SPACE 而更事業有成，也很樂意回饋母校。例如我 CPE 的同學劉俊豪先生，便幫忙校友會擔任義務法律顧問。」他自己對 HKU SPACE 貢獻也不少。「我覺得 HKU SPACE 很偉大，讓我工作這麼忙碌也還可以進修，很感激。」所以當簡大狀和李仲賢醫生邀請林家禮加入校友會，他一口答應，擔任過委員、榮譽司庫、常務副會長，如今接棒成為會長，已服務校友會 12 年，曾推動設立獎學金和教育基金。HKU SPACE 有不少活動包括大型的紀念活動，他都樂意贊助、支持。

新經濟下的重要任務

身為校友會主席，他希望校友會能加深校友與母校的關係，一起幫助 HKU SPACE 承先啟後，推動新時代的經濟發展。「幾位前會長為

HKU SPACE 付出良多，我很認同他們的方向：加深母校和校友的關係、推動母校發展、幫助校友學習成長。不過時代改變，手法也需要與時俱進，校友會需要繼續建立校友數據庫，聯繫各方校友，在社交媒體上也要多和校友接觸。數碼年代已經來臨，我們也要與時俱進。」校友會亦將不斷與社會賢達、各大企業和傳媒接觸，爭取贊助，加強合作，保持聯繫。

對於 HKU SPACE 下一步的發展，林家禮亦自有洞見。「一帶一路是香港的新機會，我們都應該學習更多有關的商機和知識。在一帶一路計劃中，東南亞是第一站，也正位於香港的門戶，香港應該加深與東南亞的關係。」

另一個重要機會，則是建基於數碼科技和數碼經濟的新經濟。「很多香港人都不知道，香港其實有許多優勢：我們既是全世界最自由、最有競爭力的經濟體系，亦擁有全世界最好的電訊基建、最可靠的電力供應。我們的法治、資訊安全，全亞洲排名第一。要更好地把握新科技給我們的機會。此外，亦可以結合一帶一路的發展，為香港爭取成為一帶一路的交易、通訊、國際仲裁、投融資中樞和大數據中心。」

如何把握這些機會呢？林家禮說，當年香港優秀的主管人才，很多都非常渴求知識。「我記得當時的同學，都是非常有幹勁的主管級人馬。平常見面，你未必看得出他們原來晚晚進修！這是香港很值得自豪的一面。」來到今天，市民想把握好新經濟的機會，亦要充實自己。「不論是語言、專業服務等，HKU SPACE 都可以給香港人學習機會，參與推動一帶一路和新經濟。比如說，在東南亞有重要地位的閩南話，HKU SPACE 就有教授。」

HKU SPACE 提升香港人口質素

HKU SPACE 在全香港的教育層面，也正發揮不能取代的作用。林家禮就舉了一個普及教育的例子：HKU SPACE 歷年舉辦過不少都市病講座，他觀察到不少港人的健康知識水平因而提升。其實終身學習，本不限於

已有一定資歷的在職人士，他亦認為 HKU SPACE 未來可以更多幫助退休者與年輕人。「退休者除了學習新知識，更能以親身經驗、心得教授後輩。至於初出茅蘆的年輕人，可能在學時因為家境問題，未必可以全心學習，有了收入便可以到 HKU SPACE 進修，爭取更好的待遇、發展，乃至個人修養。」

林家禮認為 HKU SPACE 定位獨特，與香港的大專院校有互補關係。第一，HKU SPACE 課程多元化，可以填補不少大學的空隙。「就算大學如何革新，都離不開一些主要課程。HKU SPACE 卻可以因應社會要求、跟隨大環境變化，不斷推陳出新。」

第二，靈活。大學開辦課程需要訂明日期、學期、學生的畢業日期，難免受制於固定框架，HKU SPACE 的課程卻很有彈性，方便業餘進修者。「無論你喜歡全日學習、晚上、周末，或者只來上課一個小時，我們都歡迎。」

第三，豐儉由人。HKU SPACE 課程實惠，便利一般市民報讀，許多課程亦符合持續進修基金的要求。

最後，HKU SPACE 既開放又包容。大學畢竟有門檻，有些學系甚至令人感覺只有「尖子」才能入讀，HKU SPACE 則是有教無類。「而且，踏入校門第一天，我們便歡迎你成為 HKU SPACE 校友、大家庭的一分子，不需要等到畢業。説起學生，我們的國際化程度比起許多院校都高，東南亞、日、韓、美洲、歐洲、澳洲、中亞、非洲學生都有。他們都有正當工作，趁在香港生活的機會到 HKU SPACE 進修。」

林家禮相信，HKU SPACE 是可以持續發展的優秀教育機構。一方面，香港大學與 HKU SPACE 淵源深厚，是 HKU SPACE 的品牌和強大後盾。「同時 HKU SPACE 自身也很努力，例如當年管理層購置物業用於教學的英明理財決定、有效的管理文化，都有助 HKU SPACE 擁有可持續發展的堅實基礎。」

翁靜晶的法律苦旅：
意志是磨練出來的

2001 年成為執業律師。2000 年獲羅范椒芬女士頒發終身學習傑出學員獎
（Outstanding Student Award）。2001 年獲香港大學專業進修學院頒發終身學
習傑出學員獎（Outstanding Lifelong Learner Award of HKU SPACE）。2004
年成為香港聖約翰救傷隊港島總區支部高級副會長。

「HKU SPACE 的偉大之處在於，它給予本來沒有機會的人一個機會。」

HKU SPACE 法律文憑（Diploma in Legal Studies）所培訓的人才，
不乏像翁靜晶一樣，已有一定社會經驗。她說，比起首個學位就修讀
法律、一畢業便成為律師的少年人，年長者總多懂一點人情世故。「律
師面對的社會狀況，其實相當複雜，譬如離婚案件。如果年紀長一點、
工作經驗多一點，會更加能夠同情當事人的處境。當有工作經驗的人
希望轉行，HKU SPACE 就給了他們機會，為法律界貢獻這份同理心
和經驗。」

翁靜晶中三輟學，成為童星。與一代武術電影導演劉家良結婚之後，她
加入友邦保險公司（AIA），由經紀做到區域經理，業績排名全球第四位。
然而保險並非她的終身事業。80 年代，保險業有大公司倒閉，港人對保

險心生戒懼，不敢輕易投保。即使到了 90 年代，民眾一般仍忌諱生老病死，覺得買保險意頭不好。「即使客戶決定投保，還要通過驗身、冷靜期。如果他 19 個月內斷保，經紀就要賠償公司損失。我作為區域經理，不但要照顧自己的客戶，還要照顧下屬，一邊鞭策他們工作，另一邊舒緩他們的壓力，說服他們不要擔憂，但我自己卻也惶惶不可終日！」翁靜晶覺得自己就像上了一台停不了的跑步機，開始想重新思考前路。

其實她自小已對法律有興趣，亦崇拜父母的朋友鍾世傑律師。「鍾律師經常為民請命。我記得有一次，有人想跳樓自殺，點名要見鍾世傑律師，電視還直播整場會面。鍾律師果然說服了那人。那時候我覺得，哇，他真的好厲害。這件事一直銘刻在我心上。」

重返校園 無路可退

當時保險公司鼓勵經理考取美國壽險管理師資格，一共要考十張試卷，當中最困難的便是法律。「個個都說難考，很多人不合格，可是我竟然考了 90 幾分。」不久她在街上偶遇昔日相識的童星，對方已搖身成為執業律師。翁靜晶頓感好奇，想知道她在哪裏讀書，她卻三緘其口。輾轉之間，朋友才終於幫她打聽到 HKU SPACE 的法律文憑。

最難得是 AIA 樂意支持她修讀法律，讓她留薪、停職，「從今日起專心讀書，不必『跑數』」。條件只是若她有朝成為律師，會考慮重回 AIA工作。還有許多人在背後支持着她。「我丈夫患病，隨時需要針藥，一劑便要 20 萬元。我何來這許多 20 萬？當時我自己有一間小公司，伙記都很有義氣，甚至『跑數』來供我讀書。」

當時她已經 30 歲，兩個年幼女兒依賴她生活。她為了讀法律節衣縮食，兩個孩子的衣服，從來都不合身，可以由一歲穿到十歲；要吃鮮魚，總等到黃昏去街市挑別人挑剩的。「其實一樣是新鮮魚，有錢人吃早上的，我們吃黃昏的。」

可以在 HKU SPACE 讀書，她很開心，「課室前那道樓梯，我一邊走，

一邊從心裏面笑出來。」曾有法官問她，讀書辛苦嗎？她笑說自己很開心，法官不知道背後的辛酸故事，嘖嘖稱奇：「世間果然什麼人都有。」

不知這位法官是否曉得，翁靜晶的成績好得更是出奇？她曾有一科考獲 100 分，連自己都不敢相信，遂追問老師。「老師說：我除了答出標準答案，還加上額外分析，連案例的年份也一清二楚。我的書法也非常漂亮、整潔，所以給我 100 分。」100 分學生，至今她仍然是唯一。「而且日後最多也只是平紀錄罷！」她笑說。

法律文憑本來要讀兩年。考生兩年一共要考獲 100 分，才合資格進修法律專業共同試（CPEC，Common Professional Examination）證書。「老師說我已經夠分。不但滿分，還拿下了所有學術獎項，所以樂意幫我向律師公會申請豁免第二年，直接報讀 CPEC。」可是當時公會未敢隨便破例，她只好留讀第二年。這第二年的狀元又是她。

她來讀書之時，痛下決心。「如果我失敗，我就會前功盡廢！」她不想繼續做保險，也不想再演戲，重回校園對她是破斧沉舟的最後機會。老師講課，她不只筆錄，還會錄音，錄了還一聽再聽，「走路聽、等巴士聽。這樣你就不會只是聽，而是『悟』。所以上課我總是坐第一排。一來方便錄音，二來我一定不敢睡覺。第三，不會被認得我的、好奇的目光打擾。」周末她總是埋首整理筆記。到了考試前，別人在圖書館慌忙借書，她則只需重溫自己融會貫通的學習心得。

沒有退路，逼使她一早好好部署。「讀書考試是有策略的，步步為營，就像律師接案子。對方未曾出手，你已經想好下一步的對策，這樣才有勝算。」另一個出人意表的殺着：參考書專挑厚的看。她說：「厚，是因為它『尋』（粵語，亦古語，意指重複，引申為嘮叨）。尋，你才會明。」

法律文憑畢業，她繼續在 HKU SPACE 進修 CPEC。她憶述當時只有 60 個學生，盡皆精英，當中許多都有大學學位。「與文憑的同學不可同日而

語，我也有點壓力。」但是她勢如破竹，繼續考第一，同時發現平時「人跡罕至」的第一排座位，居然有人滿之患。原來大家都覺得，學翁靜晶坐第一排就會考第一。「於是我被迫大清早就來到課室，幸好後來有一位待我很好的清潔女工嬸嬸，樂意幫我留座。」

多災多難的考試季節

人考試，她考試，她成績比人好，卻總是禍從天降，而且禍不單行。「往往考試時節，丈夫的病便會復發。有一次，我早上要考試，丈夫卻病情危重，必須入院……那時孩子還小，只有我一個人有能力照顧他，我一定要先把他送到醫院，才能去考試。」CPE 的課程主管 Michael Fisher 特意為她在試場外預留車位，讓她不必費神到處「撲」車位，及時趕到。另一個要應試的早上，她正要出門，次女卻手持鉛筆，無意間刺傷她的眼睛。她一邊考試，眼睛腫如雞蛋，涕淚交流。「我讀書，真的有血有淚。」

翁靜晶有法律天賦，在港大卻也曾試過一科岌岌可危，就是法律會計。「考試之前，老師這樣教導我：會計不同法律，不要常常去想為什麼這是資產、那是負債，死記硬背便好了。萬一真的不合格，學校可以向律師會幫我求情，申請豁免這一科，因為我其他科目都考得很好，不過校方仍希望我盡力一試。」她受老師啟發，改變策略苦讀一個月，正式考試時考獲 82 分。

苦難似乎從未消磨她的意志？她說，意志是鍛煉出來的。苦難要面對，不要逃避，愈逃避愈痛苦。「你肯面對，就可以過渡。而且有些事我答應過自己要做到，我就要持守對自己的信諾。」

考得律師牌後，她讓兩個女兒幫她在兩難之間抉擇：要專注賺錢，還是維護公義？「我每年都會到文武廟許願，考到牌後當然也去，兩個女兒就在廟裏爭論起來。這一個說：要維護公義！另一個說：當然要賺錢！主張公義的問：如果有老婆婆含冤受屈，沒錢打官司，那媽媽要不要幫她？主張賺錢的一個想了想，最終改變主意。於是我們三個人就在文武廟裏，決志維護公義，然後手疊著手誓師。」

楊光：
我願助
HKU SPACE
雪中送炭

倫敦大學法學碩士，亦持有仲裁及爭議解決學以及建築學位。2016 年 11 月起
出任信和集團執行董事。註冊建築師，非執業大律師，英國特許仲裁學會資深
會員。從事建築、房地產及項目管理，曾於華懋集團、嘉華國際集團、九龍倉
集團等多家大機構出任要職。香港大學專業進修學院董事局委員。香港理工大
學兼任教授。曾任香港青年管弦樂團首席長笛手，亦擅長吹奏日本樂器尺八。

楊光擁有的香港大學建築學士學位，在 1970 年代足足要讀五年，資歷
相當於現在的建築碩士。如今他在商界身居高位，對老本行卻熱情不
減，手提電話裏仍然有過千張各地不同建築的照片。當年他參與過的建
築傑作，有香港高山劇場、澳洲國立海洋博物館、悉尼博物館、澳洲首
任總督府重建項目等。

當年讀了五年大學，畢業後他還是覺得「書到用時方恨少」。「我從事建
築工作時，發現每宗工程都必須要謹慎處理與承建商的合約。合約涉及許
多複雜事宜，例如如果工程延誤，承建商需要賠償時間及金錢損失。這些
合約問題涉及法律原則，業主未必看得懂，老闆未必看得懂，項目經理也
未必懂。我當時甚至請教過列顯倫大律師，其後卻仍然不太明白。」

於是他決定報讀香港大學專業進修學院（HKU SPACE）的法律專業共同試證書（CPE Certificate in Law）。建築師的工作與建造、保險、仲裁的相關法例特別有關連，他進修時發現研讀案例愈來愈有樂趣，更能學以致用。「我攻讀倫敦大學法學碩士學位時，便是主修保險法和國際仲裁的。」

後來他又在另一所本地院校進修仲裁及爭議解決學碩士課程（Master of Arts in Arbitration and Dispute Resolution），以優異成績畢業。他笑説，只因當時 HKU SPACE 沒有這門碩士課程，否則他必然首先考慮報讀 HKU SPACE。

第一名的讀書秘訣

楊光從 CPE 讀到碩士畢業，都樂在其中。兼職進修，考上第一名，還獲頒最佳論文獎，卻從來不需要捱更抵夜。

「我可以分享一下秘訣：當日的課業，即日看一次、兩次就可以，不需當日就深印腦海。考試前一至三個月，先複習最尾考的學科，至考試前數天才溫習第一科，然後每科順序重溫，這樣每科的記憶都會深刻。不必擔心最尾一科的表現，因為你已經溫習過，自然會有印象。」

「要讀好書，一定要睡好覺。因為睡覺的時候，腦袋會清理當日的 Beta-amyloid，並且會將當日學過的知識好好整理保存。」

近年科學家發現腦退化症病人的大腦，積聚了大量 Beta-amyloid，影響他們的腦部運作。睡覺正是清理這種物質的唯一辦法。「這是腦部運作的定律：不睡覺，就會失去當日所學，還會影響第二天考試的專注力。」

他溫習備試時，每天清晨 5 時起床，讀書至 7 時 45 分準時出門，無往而不利。非典型肺炎 2003 年襲港，他的老闆規定員工長短周工作，即是隔個周末便要上班。即使他只能於短周讀書，學業也未受影響。「我兼顧自如。考試如果在晚上舉行，我當日還會照常上班。」

楊光的體內流動着音樂因子，對尺八尤其鍾情。

HKU SPACE 所教的，他日後受用至深。「法學訓練能令人思考清晰，有邏輯、有條理。我在商場上不免遇過許多奇難雜症、棘手的人事及利益上的衝突。我受過法律訓練，思慮更為周全，亦更容易看透問題本質。」公司一應大小內外事務，他都能應付得井井有條，如今已位至集團執行董事。「我早有一個志向，就是希望有一天可以在加入商營機構的董事會。」他自覺事業發展，甚是得力於 HKU SPACE 與英國大學合辦的法學課程。

他笑說人生的另一大成就，是獲邀加入 HKU SPACE 董事局擔任委員。「我既為之謙卑，亦深感自豪。」

他說，成績稍遜的學生，HKU SPACE 樂於給他們第二次機會，這是企業公民責任的典範，而且 HKU SPACE 的教學工作亦卓有成效。「我曾經參與過 HKU SPACE 一項獎學金的遴選工作，發現參選學生都很有才華，口頭匯報時表現出色。他們只是二年級副學士學生，尚未有大學學位，但卻一點都不輸給大學畢業生！」他亦曾聘請表現出色的 HKU SPACE 畢業生加入他管理的公司，擔任管理實習生。

「比起錦上添花，我更樂意雪中送炭，這正是 HKU SPACE 的精神所在。」

尺八緣

楊光從未停止學習，只是如今已有了與當年不一樣的進修方向。「現在確實沒有太多時間上學了，不過我仍然會從事務學習一些新知識。每日我都抽時間看三份報紙。」工餘他還會鑽研日本樂器尺八與其他樂器合作的編曲技巧。

學習尺八，緣於早年鍾情日本武士劇。「武士劇常會播放一種特別的、如風呼嘯一般的樂器聲音，我非常受感動，覺得很有靈氣，後來才知道是尺八。」香港並無尺八老師，他一度求學無門。「許多樂器都可以自學，唯獨尺八，沒有老師指導，是無從入手的。長笛或其他樂器，有一套科學化的方法學習，尺八卻特別倚賴奏、聽相傳。要學得好，就必須專注聽老師如何演奏。」

後來他尋獲一張尺八唱片，越洋向唱片公司求助，適逢灌錄該唱片的國際演奏家 John Kaizan Neptune 來港參加香港藝術節，便順道教了他啟蒙的一課尺八，並從此結緣，曾經合作演出。

1980 年代，楊光到澳洲工作，Neptune 介紹定居澳洲的尺八大師 Riley Lee 給楊光認識。非日籍而取得尺八最高等級的「大師範」資格，這位美國音樂家是世界第一人。後來 Riley Lee 又引薦楊光跟他的同門師兄田嶋直士、師傅橫山勝也深造。

楊光介紹日本傳統的尺八教授方式：「交了入門費，老師不會坐定在那裏教你。他每月出遊到不同的地方授課，你就要跟着他走，早早在他門前排隊。有些同門就試過從東京一直跑到奈良、京都等地。日間幫忙打點教室的事務，晚間上課。老師教授任何一個學生之時，其他學生都可以在旁觀摩。有時學生太多，你排隊又排得後，老師沒有時間指導你，那就明天請早了。不過，如果某日只有你一人前來上課，那麼老師的所有授課時間，便都是你的了。」他珍惜在日本追隨橫山老師及田嶋老師學習尺八的經歷，感到終身受用。

他學有所成之後，不時在各種場地和院校公開演出。他曾為電影《消失的子彈》及《愛、尋、迷》配樂，演奏尺八及長笛，又曾與作曲家黎小田、泰迪羅賓、韋啟良、恭碩良等合作參與灌錄唱片。「音樂流動在我的血脈之中，對我來說非常重要。」

六十年代—法律學課程

房屋管理課程——
與香港房屋發展
息息相關

1969 年，香港大學校外課程部（簡稱
DEMS，香港大學專業進修學院 HKU
SPACE 前身）開辦第一個本土三年制
兼讀房屋管理證書課程（Certificate of
Housing Management），是香港房屋管
理課程的先驅。課程經歷接近半個世紀，
為香港培養了數以千計的房屋管理精英。

從房屋政策至本土專才訓練計劃

1953 年聖誕節，石硤尾寮屋區發生大火之後，政府決定展開一系列房
屋計劃，開始興建多層徙置大廈及廉租屋，分別安置災民及為中低收入
家庭提供居所，並設立徙置事務處統一管理。首批興建的一型、二型徙
廈，樓高七層，沒有升降機，不設獨立廚廁。

60 年代開始，徙置大廈向高空發展，以後相繼落成的三型至七型徙廈，
設施逐步改善。由四型開始，大廈設有升降機，單位內設獨立洗手間、
廚房及露台。隨着大量公營房屋相繼落成，房屋管理人才需求不斷增
加。然而，在當時若要成為專業房屋經理，只有兩個途徑：一是赴英國
接受相關專業培訓；二是修讀英國在港開辦的遙距課程，並通過英國專
業協會考試。前者不但成本高，所栽培人才數目也不足以應付需求；後
者課程內容並不完全切合香港公共房屋狀況。

政府認為兩個方案的效益都不高,便決定開拓第三條路——推行本土訓練計劃。1963 年,政府與 DEMS 合辦兩年制房屋管理訓練計劃,為房屋事務助理傳授專業知識。課程分兩部分:建築及房管專業範疇,由具備房屋經理專業資格的外籍駐港公務員進行內部教學;法律、會計、社會經濟等科目,則由 DEMS 負責。

為香港房屋管理發展揭開新篇章

計劃試行了幾屆,畢業生均有卓越表現,政府決意加強培訓,全面提升本土公務員在房屋管理上的專業水平,以後由 DEMS 提供一切培訓資源。於是,第一個本土三年制兼讀房屋管理證書課程(簡稱房管課程)在 1969 年正式開辦,是為香港房屋管理課程的先驅。

除了房屋事務助理外,徙置事務助理及主任也加入訓練行列,也有少數房屋協會及大型商業機構高級職員成為學員。至於政府的參與模式,則由共同授課轉移至合作設計課程。這個全新課程整合並完善了兩年制訓練計劃的內容,教學單元包括:建築、法律、會計、社會服務、政制與政府,大部分科目由香港大學教授負責任教。整個課程非常嚴謹,對學員要求甚高,畢業生堪稱通過「木人巷」的試煉,所以課程認受性十分高;開辦不久,已獲認可為等同於英國特許房屋經理學會(Chartered Institute of Housing)開辦的房屋管理文憑(Diploma in Housing Management)資歷。至此,專業房屋管理發展在香港打開了新篇頁。

成本土房屋管理精英孕育地

學員修畢房管課程,不僅成為管理專才,其領導技巧及個人修養也得到提升,可以在不同政府崗位上發揮更高效率。

1972 年,全港首批本土培訓的房屋管理精英誕生。同年,香港總督麥理浩爵士頒布「十年建屋計劃」,意味專業房屋經理的需求將不斷增加;與此同時,政府亦發出指引,凡房屋經理以上職級,必須具備專業資格。各助理級人員為登上晉升的階梯,紛紛報讀房管課程。課程學

額亦由第一屆 30 多名激增至 1975 年的 160 名。據統計，1975—1985 這十年內，超過 900 學員獲頒授畢業證書，但有不少人卻因未達水平而「名落孫山」。現任 HKU SPACE 人文及法律學院總監鄺子文教授表示，房管課程學額一直供不應求，在 90 年代時，申請者若沒有六年房管經驗，必然向隅。「我們每年只有百多個學額，最高峰時竟有 800 人申請。」

90 年代中之前，DEMS 仍是全港唯一院校提供房屋管理專業課程，一直與香港房屋同步發展。鄺教授説：「當時，在公營房屋管理的領域中，90% 都是我們的校友。」

課程與時並進，內容切合時宜

房管課程創辦時，主要為政府培養人才，所以課程內容皆為公務員度身訂造，以針對管理公營房屋為重點，例如：如何以公共服務形式進行管理、如何運用房屋管理財政預算、如何制訂房屋政策、香港整體房屋發展、社會福利策略等，由理論到實踐，由執行至決策，覆蓋全面，為學員日後晉升至更高職級時做好準備。不過，隨著公營房屋政策的轉變，自 90 年代末期開始，政府保送學習的公務員人數逐步減少，HKU SPACE 的收生對象轉為以私人市場為主，所以課程內容亦因應調整。

「公共服務相關的科目都取消了。現在除了房屋管理理論及技巧之外，財務管理單元也佔了很重比例，因為住戶每月繳交管理費，乘以全幢以至整個屋苑住戶數目，就變成一個龐大金額，房屋經理必須了解如何管好這筆錢；法律單元方面，現在要認識《建築物管理條例》及其他物業管理相關法例。」鄺教授解釋：「我們對房屋管理行業具有敏銳觸覺，一直密切留意香港房屋發展的趨勢，確保課程與時代接軌。我們可算是半個行業人。」

鄺教授表示，自 90 年代開始，HKU SPACE 大約每 5 年做一次課程內容檢討及修訂，務求切合當前社會現況需要。

房產市場轉型，新課程應時而生

「在 1997—2008 這十年，香港住宅項目幾乎停滯不動，房地產市場進入轉型期。政府方面，保送學員人數減少；私營方面，發展商開始興建商業樓宇及大型商場，自己管理。」新建設興起，自然要有相關管理人才的配合，於是新課程應運而生。

2003 年，HKU SPACE 與商場管理學會（Institute of Shopping Centre Management）合辦商場管理證書課程（Certificate in Shopping Centre Management），是為同類課程的先驅。鄺教授解釋：「購物中心與商場在概念上有所不同，前者是買東西的地點，後者除了可供購物外，也有食肆及其他設施，讓你可以在裏面消磨及消費一整天。」

校友遍布業界，堅守崗位發光發熱

鄺教授總結：「其實，HKU SPACE 的房地產系列課程涵蓋非常全面，由發展商買地、地產管理、土地測量、建築工程、建造業安全主任、地產代理牌照以至房屋管理，房屋管理又包括延伸課程如商場管理、設施管理及保安管理等，每一個階段的專業都有相關培訓課程。當然，整個系列當中，以房屋管理所佔比重最大。」

房屋管理人才的需求乃因應市場起落而增減。以目前來說，全港不同學院每年共提供 300 多個房屋管理課程學額；HKU SPACE 收生 200，約佔整體的六成。「以學生組合而言，從前我們的學生超過九成是公務員，現時則以私人企業職員為主。」

由 DEMS 至 HKU SPACE，房管課程經歷了差不多半世紀的歲月，共培育了約 5800 位專業精英。早期畢業生已完成使命，退休享晚年；近期畢業生則竭盡所學，謹守崗位。不管是服務於政府部門或私營機構，他們皆在業界發光發亮，為香港房屋管理發展寫下光輝一頁。「這個行業現有 4000 多位活躍從業員，相信當中有很大比例是我們的校友。」HKU SPACE 將繼續秉持服務社會的精神，為香港培訓更多房屋管理精英。

李敬志：
肩負房管使命
建立和諧社區

退休前是市建局收購及遷置組總監。曾在房屋署服務 34 載，離開前為高級助理署長。工商管理碩士。英國特許房屋經理學會（亞太分會）前主席、香港房屋經理註冊管理局前成員。香港公教婚姻輔導會主席、香港明愛理事會委員、醫院管理局明愛醫院管治委員會委員、天主教培聖中學、聖芳濟各書院及天水圍天主教小學校監。

1969 年，香港大學校外課程部（DEMS，香港大學專業進修學院 HKU SPACE 前身）開辦全港第一個三年制兼讀房屋管理證書課程。李敬志是第一屆畢業生，管理公共房屋逾 40 年。他說，房屋管理是廣泛的課題，包括房屋政策、樓宇管理、屋邨設施、屋宇維修、社會服務、環保治安、社區發展，做好房管工作，可以促進居民鄰里關係，推動屋邨發展，最後建造和諧社區。

李敬志 1967 年完成兩年預科班後，原本打算赴加拿大升讀大學，但因家境貧困，無法向領事館提交學費及生活費的財務證明，甚至連機票錢也要張羅籌謀，唯有打消出國念頭，留港找工作。他第一份工作是在中學當教師，負責教授英文科和歷史科。「雖然

我很喜歡教學，但批改習作卻比想像中費神。」

學期結束，李敬志決定另謀發展，結果成功進入前市政事務署屋宇建設處（Housing Division，Urban Services Department，簡稱屋建處）任二級房屋事務助理員。

力爭上游，成為全港首批房管專才

李敬志在 1968 年加入屋建處時，正值香港公共房屋向高空發展的起步階段，每幢廉租屋住戶數目大大增加。他解釋：「高空發展比橫向發展的房屋更複雜，更難管理。水渠及喉管由水平變成垂直於大廈內外牆，升降機被視為垂直行走的汽車，4 吋牆壁分隔了左鄰右里，天花地板連接上下層住戶，走廊是公用空間。」他認為，這些複雜設計會引起維修困難、噪音及清潔問題。要住客和諧安居，就有賴專業房屋管理了。

不過，當時屋建處的經理級或以上大部分是外籍駐港人士，主要來自英國，少數來自新加坡，都極需有效管理高樓大廈的經驗，政府便與香港大學達成協議，由校外課程部開辦切合本土需要的房屋管理課程，政府則保送公務員就讀。「當時，政府亦開始醞釀宏圖大計，希望改善公共房屋質素及優化房屋政策，便銳意培訓本地房屋管理人才，提升專業水平，除了推動高級官員上課學習之外，更鼓勵所有房屋事務助理員及徙置事務處員工報讀課程。」

1969 年，DEMS 開辦全港第一個三年制兼讀房屋管理證書課程（Certificate in Housing Management，簡稱房管課程），是香港房屋管理課程的先驅。「當時，二級房屋事務助理員共有不足 100 人，第一屆學額只有 30 餘個，我有幸躋身其中。」

李敬志表示，雖然政府沒有承諾完成課程者可以升級，但大家都接收到一個信息，就是政府希望所有經理級都具有專業管理資格。換句話說，謀求晉升的同事，都必須要修讀這個課程。

課程實用,專業房管創造和諧社區

六、七十年代,房屋事務助理員在公共屋邨扮演着兩個重要角色。第一是代表香港政府擔任業主的角色,確保租客遵守租約條款及房屋條例。第二就是維繫租客以至社區和諧。

「舉例說,租約裏面有一條規例,晚上 11 時以後不可發出噪音,電視聲浪要調低;若有住戶投訴,我們必須要好好處理,初則勸改,次則警告,最後就是終止租約,當然這是最後手段。」此外,假如公屋發生停電、停水事故,他們就要馬上與電力公司、消防處或水務署聯絡跟進,並向居民發放最新消息,讓大家安心。

李敬志形容,整個課程非常實用,讓他一邊學習一邊實踐。「數十年前的公屋住戶,視屋邨辦事處職員如朋友,遇上麻煩事都會找我們幫忙。除了投訴鄰居滋擾安寧之外,有時候,住戶發生婆媳糾紛、鄰里打架,甚至是家暴,也會向我們求助而不是報警。這時,我們就要變身成為社工,與他們討論問題,為他們排難解紛。房管課程裏有兩個單元是關於社會服務的,就是教我們好好處理這些家庭問題,避免釀成更大矛盾。」

一個屋邨有幾千戶,共 2、3 萬住客,形成了一個小社區。房屋管理做不好的話,小社區就不和諧,對社會會造成輕微影響;若 10 個或 100 個小社區不和諧,這個城市或國家就麻煩了。

友善諮詢,了解市民住屋意見訴求

房管課程首屆 30 多位學生在 1972 年畢業。同年,香港總督麥理浩爵士頒布「十年建屋計劃」,重建 50 年代興建的一、二型徙置大廈,並在未來 10 年為 180 萬香港居民提供合適居所。為了更有效落實這個政策,政府將屋宇建設委員會改組為香港房屋委員會;徙置事務處、屋建處則合併為房屋署,作為房委會的執行機關;而所有徙廈新區及廉租屋邨合稱為公共屋邨。房屋事務助理員職級人員就激增至最高峰時超過 2000 人。

李敬志坦言，當時徙置事務處同事的專業水平較弱，管理徙廈手法較為強硬，容易與居民發生衝突。但經過房管課程的洗禮後，大家都學曉如何以專業態度處理居民的情緒問題，所以在往後的收地及清拆過程中，氣氛就變得較為和平。

「我們的另一個職責是巡視樓宇，所以常常有機會與居民接觸、聊天，了解他們的居住情況。由屋邨設施以至室內布局，他們都會提出意見。我們把這些意見蒐集及整理後，就會向建築部門反映，務求新建樓宇更加『適宜』居住。房管課程裏有兩個單元講解建築知識，就是關於這方面的工作。」李敬志解釋，建築師重建或興建房屋時，先要有一個設計藍圖，規劃洗手間、廚房、喉管、電掣等位置，這些用家意見當然最具參考價值。市民住得舒適，社區自然更加和諧。

由淺入深，學懂一切知識終身受用

在三年課程裏，除了基本管理知識之外，課程也教授如何計算房屋供求量、制訂房管財務預算、訂定申請資格和條件、審核申請、管理戶籍，以及分配或調遷單位等等，以達到有效管理及公平分配的目的。

李敬志解釋，大部分修讀房管課程的同學都是房署的初級職員，是「學徒」，學習如何有效履行日常職務；及至大家沿着晉升階梯拾級而上，當達到一定職級時，就會參與制訂房屋政策。所以，這個課程不但可以即學即用，更可以為日後擔任較高職位時做好準備。

「此外，我們是公務員，要對社會負責。在任何新政策推出以後，我們都要聆聽住戶的回饋，反思及檢討政策的利與弊，以求下一個政策可以做得更完美。假如我們沒有學過這方面的理論，我們未必懂得如何做。」

李敬志舉例，政府在 1993 年推出富戶政策之前，房署內部曾作多番討論及對外諮詢。「那時，我是總房屋事務經理，我們考慮到社會上有很

多複雜問題。例如超出家庭收入限額的可能是戶主的兒子和媳婦，戶主
夫婦由兒子供養，假如將這些『富戶』一律強迫遷出，兒子不再照顧父
母的話，老人家就老無所居了。我們又到社區聆聽區議員的意見，收集
市民的聲音。最後，我們決定採用鼓勵遷出策略，富戶不搬走的話，便
要繳交倍半或雙倍淨額租金及差餉。」他補充，在制訂每個政策之前，
他們都要作多角度考慮，避免衍生其他問題。

入市建局，再為香港房屋管理出力

李敬志在房屋署工作 34 年，晉升至房屋署高級助理署長。原本打算在
2003 年 55 歲退休後投入私人機構，追求另一種工作經驗，但機緣巧
合改變了他的計劃。「我在離開房署之前，做了一個樓宇維修計劃，在
大廈到了一定樓齡，就進行大維修，包括更換電線、喉管及升降機等。
當時房屋及規劃地政局正要處理舊樓問題，並交由新成立的市區重建局
負責推行。而我在房署時是屋邨管理及維修事務的主管，我便因此加盟
了市建局。」

根據香港政府數據顯示,當時香港有超過 10000 幢樓宇達 30 年或以上樓齡,而這個數目以每年超過 500 幢的速度遞增。李敬志加入市建局後,協助制訂樓宇更新及復修策略,設計貸款計劃,鼓勵大廈組織業主立案法團,有法團者則教他們處理維修工程的招標程序,使業主可以加快進行大廈維修。

當時,李敬志只簽了一年工作合約。在合約剛滿時,適逢市建局的收購及遷置總監離任,因他在房署做過收地、重建及遷置工作,局方便邀請他繼續留任,接掌總監一職。他笑着說:「上司對我說,既不急着要錢用,就不要轉到私人發展商,因為那些工作並不適合我。我這個人性格很怪,最怕人說我向錢看,於是便決定留下來,結果一做又是十年,直至 2013 年才正式退休。」

投入義工,退休不忘服務香港

在房署工作時,李敬志經常要扮演社工的角色,為居民處理家庭問題。雖然在 HKU SPACE 上課時學過這方面的理論,但他希望可以強化自己的輔導能力,便與太太去香港公教婚姻輔導會做義工,參加義工技巧課程,為他人疏導夫妻或婆媳問題。「開始時我是為了提升自己的工作效果,但漸漸發覺這份工作很有意義,社會上有很多需要幫助的人,所以我與太太決定一直做下去,直到今天,已經 30 年了。」

他補充說,義工工作既可促進家庭關係融洽,減少離婚個案及單親家庭問題,間接亦可以紓緩公屋分戶壓力,宏觀來說也能造福社會。

李敬志是 HKU SPACE 房屋管理證書課程的大師兄,衷心覺得這個經歷半世紀的課程任重道遠。「HKU SPACE 為香港培育了數以萬計的城市管理精英,不但讓同學得益,更重要是他們讓社區更和諧,為社會締造了穩定的條件。早期的畢業生已經退休,陸續交棒給新一代。社會不斷進步,新建樓宇的設施更加現代化,重建、更新樓宇的工作也愈來愈沉重,房屋管理人員的角色將愈來愈重要。」

郭昶：
與地產業
風雨同路

中原集團（專業發展）董事及中原訓練學院院長。香港大學經濟系學士。現為地
產代理監管局委任成員、香港地產代理專業協會會長、香港大學專業進修學院校
友會助理會長、職業訓練局地產服務業訓練委員會委員。2006 年獲 HKU SPACE
頒授終身學習優秀學員獎。2008 年獲《資本》雜誌頒發卓越領導大獎。

在地產界馳騁 30 多年的郭昶，從 80 年代香港前途問題、97 金融風暴、
911 事件、03 沙士疫潮、08 金融海嘯等等危機一路走來，跌宕起伏，
嘗盡人生五味。20 多年來，他透過教學平台，傳承所知所學所識，贏
得「地產教父」的美譽。

憑眼光膽色攀上高峰

1983 年香港大學經濟系畢業，郭昶沒有接受父親游説加入銀行界，卻
經朋友引薦成為地產代理，數月下來，成績不錯，吸引了安泰置業向他
挖角。「安泰是我其中一個客戶，手上有很多房產，希望我幫他放租。」
他便抱着一試無妨的心態跳槽。

時值 80 年代初，香港前途未卜，物業市道呆滯，銷售或租務皆不理想。

「我靈機一觸，想起政府就是全港最大租客，既要為高級公務員提供宿舍，也要為不同部門安排工作地點。我便勇字當頭，馬上致電產業署，結果成功將 20 多個碧華花園單位租出；接着又將統一中心全層租予法援署。」

他的聰明和努力為他在一年內賺了人生第一桶金，買入了人生第一個物業。原本打算 30 歲前賺夠 100 萬元就退休的他，工作一年便已超額完成，於是重整目標，在安泰一做便是 10 年，憑着眼光和膽色，累積了豐厚的財富。

從天堂摔到地上

十年浸淫，郭昶自問對地產業只有實戰經驗，並無理論基礎，便毅然報讀香港大學專業進修學院（HKU SPACE）開辦的地產行政專業文憑（Professional Diploma in Real Estate Administration）。「課程共 18 張卷，由投地、基建、興建、物業銷售和管理以至樓宇拆卸，整個地產項目流程統統涵蓋。」他說，目前不少發展商售樓部高層都經過此課程洗禮。

與此同時，他加盟了小型發展商百利好集團擔任董事，負責投地、建屋和售樓，課堂所學完全派上用場。

在 HKU SPACE 念了三年，畢業翌年公司上市，他就成為上市公司董事。同年遇上亞洲金融風暴，香港房地產受到重創，公司業績一蹶不振，數十個單位賣來賣去賣不完，為了削減開支，便指派郭昶兼顧物業管理部。他在一次出席某大廈業主立案法團會議時，被法團主席當面罵足 4 小時，責成其管理不善。他笑着憶述：「之後我晚晚做噩夢，夢中不停被主席責備，幾乎要看心理醫生。」為了提升專業，他痛定思痛，在 HKU SPACE 先念完一年商場管理證書（Certificate in Shopping Centre Management），再報讀為期三年的房屋管理專業文憑（Professional Diploma in Housing Management），畢業後便獲取了專業房屋經理的資格。

樓價一落千丈，手上持有 8 個物業的郭昶，身家暴跌了 7 成。「當時我有 3 個工人、4 輛房車，住在渣甸山道，最後被迫以 500 多萬元廉售，蝕了整整 4 百萬元。」由 1,300 呎豪宅搬至跑馬地 700 呎單位，工人只剩一個、車輛只剩一部，物業也不見了好幾間，他才發覺過去原來都是紙上富貴。

2006年，郭昶獲時任HKU SPACE主席張永霖先生頒授終身學習優秀學員獎。

面對逆境，郭昶仍懂得苦中作樂，閑時帶着小兒子去乘巴士、坐電車。「我的信念是 never give up（永不放棄），只要自己有能力，仍然有望收復失地。」

形容自己是活躍投機者（speculator）而非投資者（investor），郭昶忍手數年後，在 2001 年開始重新入市。「當時地產已經過 4 年低潮，我相信跌市已近尾聲。」他以兩年時間又累積了 10 個物業，誰知一波剛過，一波又起，沙士疫潮席捲全球，樓市直插谷底，郭昶手上的物業都淪為負資產，他說那時「差不多輸清光」。

不過，這位具有獅子山下打不死、不服輸精神的「香港仔」，並沒有被挫折打垮，更沒有想過轉行，反而在跌倒的地方努力振作，以兩年多時間從頭收拾舊山河。

郭昶表示，在百利好的 12 年，是香港地產市道最低迷、個人事業最悲慘的年代。2005 年，他決意另謀發展，向現在的老闆施永青毛遂自薦，10 月份入職中原地產擔任中央事務部聯席董事（associate director）；2017 年他出任工商部行政總裁，為公司賺了 5.3 億元佣金，打破部門歷年銷售紀錄。

「只要給我空間，我就可以發揮。」他說中原是一個廣闊的舞台，讓他展現潛能。在這裏，他兩年之內升了四級，成為集團董事，至今又過了另一個 10 年。

執掌教鞭，回饋業界

郭昶在地產業度過了人生中三個重要的十年，曾幾何時，收樓時被人以刀架頸；售樓時被斷言拒絕；管理時被冷嘲熱諷。他總共買過七、八十個物業，包括住宅和工商業單位、車位及商舖等，曾經贏過無限風光，也試過輸得血流成河，但仍能甘之如飴，處之泰然。

「人生就是如此，每個階段都是磨練，都要學習。俗語說得好：『人老精，鬼老靈』，做人要懂變通，管理亦一樣。Manage 就是man+age，人隨着年紀漸長，經驗愈多，智慧愈高，視野愈闊，就能夠管好未來的日子。沒有經過磨練和學習的人，難有美好的將來。」

由 90 至千禧年代，他在 HKU SPACE 先後念了三個地產相關的課程。有人學而優則教，但郭昶卻是邊學邊教，自 1994 年開始在 HKU SPACE 教授地產代理實務證書（Certificate in Real Estate Agency Practice）課程及從 1999 年起擔任地產代理資格考試精修課程的導師，至今超過 20 年。此外，2006 年中原訓練學院成立，他出任院長，挑起訓練及提升員工專業知識的重任。他表示，自己的一切都是得自地產行業，所以希望將所知所學所識，傳承予新一代，回饋業界。

香港目前約有 3.7 萬地產代理，經郭昶培訓出來者不少於 1.5 萬，使他贏得「地產教父」的美譽。

談到教學，他顯得雀躍又興奮。「我一直提倡『快樂中學習』，以輕鬆有趣的方式傳揚學問，讓大家開心上課。學生的反應很好，不少人重讀再重讀，為的都是想來沾染一份喜悅。」他笑說，有同學甚至給他帶來湯水潤喉，讓他恍如名歌星開演唱會，感覺飄飄然。

六十年代 ── 房屋管理課程

陳志球:
讓香港
人人樂安居

現任第一太平戴維斯物業服務集團行政總裁。中華人民共和國廣西社會科學院榮譽院士、美國夏威夷檀香山大學商業博士、香港大學房屋管理學碩士。中華人民共和國廣西自治區南寧市政協委員。先後獲香港特區政府委任為超過 30 個委員會顧問、主席或委員。2012 年獲香港特區政府頒授銅紫荊星章。2008 年獲香港特區政府委任太平紳士。

從事房地產投資、發展及管理工作至今接近 40 年,陳志球一直積極推動業界向前發展,參與不同公職事務。「我希望透過這些『無糧』服務,使香港變得更美好,人人可以 安居樂業。」

房管課程設計全面,學成一身好本領

1978 年,陳志球任職置地集團的屋邨事務經理,是他人生參與其中一個房地產項目,深感找對了工作,希望取得這方面的專業資格,便報讀香港大學校外課程部(簡稱 DEMS,香港大學專業進修學院 HKU SPACE 前身)開辦的房屋管理證書課程(Certificate of Housing Management)。

數十年前的房屋管理發展尚未成熟，主要工作是管理大廈清潔、保安、維修、收取管理費；但時至今天，陳志球認為房屋經理必須要「周身刀，張張利」。「我們的職責已經變得多樣化，例如，要執行物業管理相關的法例，為屋苑管理費收入做財務分析，安排大廈各種維修和保養事宜，調解業主之間的糾紛，代表業主與政府做斡旋等等。換句話說，我們要同時扮演律師、會計師、工程師、社工、公關人員及調解員等不同角色。」

他認為，HKU SPACE 在設計課程上投放了不少心思，內容涵蓋廣泛，不但包括了上述職能的基礎訓練，也對房屋政策有深入評論，讓學員明白到房屋管理工作任重道遠。

過去數十年，政府先後推出不同房屋策略：興建及發售居者有其屋，推出私人機構參建居屋計劃、租者置其屋計劃……。「房屋政策不斷修改、更新，如果你對這方面沒有認識，在參與政府政策制定過程會有一定困難。」陳志球笑說，這些官員大部分都出自同一師門 DEMS 或 HKU SPACE，所學所識與自己差不多。「可是，他們沒有私營機構的經驗，所以有些我們看到的問題他們卻未必察覺。」因此，他一直希望政府在制訂政策過程中增加私營機構的參與，畢竟大家都有相同的目標——好好地發展香港的房屋。

透過「無糧」服務，向政府反映意見

陳志球坦言在 80 年代曾經考慮過移民，但最後選擇留下來，更積極貢獻個人力量，希望香港成為一片人人可以安居樂業的土地。「香港未回歸前，政府會在落實重要政策前發表白皮書蒐集公眾意見。我一邊在 DEMS 上課，一邊撰寫意見書，有時會與教授及講師一起研究，他們都覺得我很用心。我常說這裏是香港人的 CPU（中央處理器），CPU 能發揮哪些功能，視乎我們作了何種付出。」

此外，他又透過不同學會向政府反映業界實況。DEMS 畢業後，他先後加入英國皇家特許屋宇經理學會（Chartered Institute of Housing,

CIH）及香港房屋經理學會（The Hong Kong Institute of Housing, HKIH）。「HKIH 創會時，我是常務委員；第二屆我當了秘書；2016 年剛當選為會長。目前的會員大部分都是 DEMS 或 HKU SPACE 的校友。」他解釋，HKIH 與 CIH 的工作都是「無糧服務」，沒有工資的。

1990 年，他又做了另一件「無糧」事情，就是組織香港物業管理公司協會（Hong Kong Association of Property Management Companies, HKAPMC）。「我想，香港有很多物管公司，若能組成一股協同力量，提升管理服務質素，向政府發聲，將更有代表性。」目前協會擁有 90 多個會員，業務覆蓋香港 70% 以上的住宅、商場、各類工業和商業大廈、停車場及私人和政府設施。

HKIH 及 HKAPMC 自成立以來，一直在物業管理的議題上與政府協調磋商。時至今天，政府仍然很尊重這兩個組織。「這就是 40 多年以來我仍然活躍於組織的原因。我覺得這些服務具有實際作用和意義。」

推動條例更新，一切都是為了香港

80 年代以前，政府規定發展商負責其所建屋苑的管理工作。「有業主覺得不公平，這些是他們的資產，為什麼他們不能自己作主？」陳志球也同意應該「還政於民」，於是透過不同渠道向政府提交意見。直至 1993 年建築物管理條例出台，舊條例（Multi-storey Buildings [Owners Incorporation] Ordinance 1970）被大幅修訂，凡新物業落成兩年後，大廈業主立案法團有權另聘新管理公司提供管理服務。

物業要有良好的管理服務，房屋經理責任重大，但保安公司及前線人員

也擔任了重要角色。陳志球與各組織的努力成功使《保安及護衛服務條例》在 1994 年出台，政府實施保安公司及保安員發牌制度。「擁有牌照的保安員觸犯條例，不但會遭解僱，還要負上刑事責任；表現出色者則會獲警務處頒發獎項。」他解釋，保安員既得到專業身份的認同，他們會更投入工作，直接令香港整體管理服務質素提升。

由置地集團、美孚企業、和記黃埔地產集團至跨國企業第一太平戴維斯，從事房地產投資、發展及管理多年的陳志球深感這個行業需要更加專業化，房屋經理和物管公司也應有專業規管。90 年代初期，他與一群志同道合的專業人士開始向立法局議員進行游説工作，建議設立房屋經理專業牌照。「我在想，保安公司及保安員也有牌照制度，他們受房屋經理監管，為什麼房屋經理反而沒有註冊制度呢？」

1999 年，《房屋經理註冊條例》正式通過，成立房屋經理註冊管理局（Housing Managers Registration Board, HMRB），陳志球獲委任為委員及主席。HMRB 採取自願註冊機制，房屋經理在註冊成為會員後，便是政府認可「專業房屋經理」，這個職稱等同於具備專業資格人士。陳志球認為，這條例不但確認了房屋經理的專業地位，也可確保房屋管理服務達到專業優質水平。

2016 年 5 月，立法會三讀通過《物業管理服務條例草案》，陳志球對此表示歡迎，認為這是行業一個新的里程碑：「我們向政府爭取成立相關條例已久，現在終成事實。新條例實施後，公司要領牌，專業經理及主任也要領牌，市民將獲得更完善的房屋管理服務。」

自 1977 年至今，陳志球從事房地產管理行業近 40 年，一直積極推動業界向前發展，更先後被香港特區政府委任多個公職，當中有與房屋管理相關的，包括房屋委員會商業樓宇小組委員會、建築小組委員會、廉政公署防止貪污委員會、吸煙與健康委員會、撲滅罪行委員會為香港打造更美好及更安全的居住及工作環境。「我希望透過這些社會服務，使香港變得更美好。」

黃美慧：
不同背景種族的年輕人
HKU SPACE都能培養成才

中華廠商聯合會專業服務委員會主席、婦女委員會公關主任、香港浸會大學基金會榮譽副主席、尚志會贊助人兼副主席、香港大學地產代理專業校友會永遠會長、香港大學專業進修學院調解實務校友會創會主席、香港大學專業進修學院校友會委員、認可綜合調解員、中西區半山業主聯會主席。香港浸會大學文學士。持牌地產代理、地產公司主席董事。過去五年，黃氏捐出了多項獎學金，資助香港大學專業進修學院附屬學院和國際學院的學生就學。

黃美慧如今是持牌地產代理，亦擁有自己的地產經紀公司，原來她小時候已是「太子女」，不過家業並非地產，而是製衣。「爸爸是工廠東主，我15歲便充任買辦，大專時仍在自家工廠兼職。我時常代表爸爸和外籍客戶交接，印象最深的是猶太買家。他們精力過人，即使夜夜笙歌，開會時仍然心細如塵，『豆零』（香港舊用五仙硬幣）都記得一清二楚。」

香港製衣工業全盛時期，黃家工廠的訂單，以3、4萬打起跳。四層高的廠房裏，聘請了200多個女工，個個身價不菲。「那個年代的香港，人人都做得很辛苦，但卻很開心，因為對生活有希望。」直至大陸改革

開放，黃父覺得大陸廠商與外國交易，一味割價求售，形同「賣國」，不欲北移，一家人便留在香港，專門從事買辦。

2005年，全球紡織成衣製品進口配額制度取消，紡織業競爭更形激烈，本地出口時裝面對眾多發展中國家的廉價勞動力優勢，漸漸難以支撐。「我感覺到製衣業沒甚麼前景，便轉型開設了一間時裝設計公司。」時裝設計是個人化服務，待客必須周到，回報卻不太高。她勞心勞力，有時只賺得蠅頭小利。「到了2000年，香港房地產市道漸漸向好，我便開始想轉行。」

因時制宜 轉投地產

黃美慧早年為父親打理工廠時，已經為公司購置過工廠、住宅、寫字樓，未雨綢繆。1997年，她一度移居澳洲，兩年後回港，早着先機，得知配額制度即將取消，又適逢香港醞釀推行地產代理發牌制度，她心下便籌算何妨多考一個牌照傍身，遂到香港大學專業進修學院（HKU SPACE）修讀房地產管理專業文憑。

「當時我已持有浸會學院（香港浸會大學前身）的高級文憑，尚不是大學學位。我很喜歡 HKU SPACE，因為她對學歷沒有特別要求，鼓勵市民進修，帶來許多正能量，對社會很有貢獻。就我的行業而言，HKU SPACE 成就了許多地產經紀。如果不是 HKU SPACE，我未必入到這一行。」

其實黃美慧一直喜歡學習，只是不擅長讀書吸收知識。「我喜歡有人講解，多過看書。有人講解，我便會學

1999年地產代理課程畢業，黃美慧獲當年房屋署長黃星華頒授優異證書。

黃美慧與尤德夫人合照。

得很快，成績也不會差。後來我在 HKU SPACE 又學過時裝設計、調解、社交舞等，學習都很開心。」

她考獲地產牌照之後，香港樓市除了 2003 年、2008 年一度低迷，總算順風順水，她亦經營有道，後來便開設了自己的地產公司。她的公司不像一般的地產公司，員工沒有太大的「跑數」壓力。「我聘請的經紀，一般都較年長。其實公司已經有辦法收支平衡，生意好是錦上添花，可以多捐些獎學金給 HKU SPACE。」

「我覺得有了 HKU SPACE，很多年輕人才有一個重新奮鬥的踏腳石。過去五年，我每年都向社區學院、國際學院各提供三個獎學金。」

HKU SPACE 的學生不簡單

黃美慧說 HKU SPACE 的學生許多都很不簡單。她記得有一位學生本是名校出身，公開試卻因選科不慎，一時失手，家境又不容許他到外地升學，全賴 HKU SPACE 給他機會讀書，最終他才順利入讀香港大學二年級。HKU SPACE 又有一批非華裔學生，雖然在香港出生，卻因不擅長中文，未能在香港升讀大學，只能寄望 HKU SPACE 給他們新的出路。

「有位南亞裔學生對運動特別有熱誠,在自己的社區內教小孩子打板球,在 HKU SPACE 讀康樂管理。我對他印象深刻。他的家在巴基斯坦,不知為何輾轉來港,爸爸長年在外地工作,無人照看他。其實 HKU SPACE 有許多學生不諳中文,只能講英文,但我特別樂意幫助他們。他們一樣是香港人。」

黃美慧說,她正是欣賞 HKU SPACE 包容大度,「救回」不少沒有機會出國讀書的基層好學生、不同背景和種族的年輕人。「HKU SPACE 錄取的學生,我都認定是可造之材,也從不因為學生不懂廣東話,就不把獎學金頒發給他們。」

「有時我會覺得自己貢獻微小,對學生實際幫助不大。可是有學生告訴我,1 萬元對他們來說,原來已經是很可觀的收入,也是一份重大的讚賞、鼓勵。得到獎學金的學生,每個都發展得很好。將來若我力所能及,仍然會提供資助。我更希望可以長期跟進這些學生,幫助、陪伴他們在 HKU SPACE 成長。」

黃美慧自己與 HKU SPACE 緣份也深。她從 HKU SPACE 畢業後,與同學創立了地產代理專業校友會,並成為永遠會長。「校友會模式參考了香港大學地產代理專業校友會。當時楊健明教授、沈雪明教授都有大力幫忙。」地產代理專業校友會成立十年之後,HKU SPACE 才成立校友會,委任黃美慧為委員,這職務她轉眼便做了十年。此外,她還是調解實務校友會的創會會長。「在 HKU SPACE,大家就像一家人。楊院長一直支持校友的聯繫工作,我很感激他。」

她在 HKU SPACE 和浸會大學等多個機構出任公職以外,亦推動所屬行業的發展。她認為香港地產代理監管局固然對地產代理有監管的責任,然而局方亦應加強保障代理的合理權益。「我會向局方反映一些建議,希望本港的地產行業發展更加合理。」此外,她還參與不少大廈管理、婦女會的工作,笑言希望不久可以卸下一些職務,「因為我實在很喜歡學習,還是想再回到學校、想有時間再讀書。」

鄭錦華：
獅子山下的
成功故事主人翁

現任富城集團董事總經理。英國雷丁大學物業管理榮譽學士、英國赫爾大學工商管理碩士、澳洲南澳大學商業及管理哲學博士。香港房屋經理學會、英國特許房屋經理學會、香港測量師學會、英國特許皇家測量師學會、香港董事學會、香港設施管理學會及香港地產行政師學會的資深會員。註冊專業房屋經理、註冊專業測量師（產業測量）（物業設施管理）及持牌地產代理。現為香港設施管理學會會長 。

以務實而拼搏的獅子山下精神踏平崎嶇，讓生命在不屈不撓中閃閃發光，鄭錦華以極速時間登上業界頂峰，寫下一個香港夢。

用艱辛努力寫下成功句

20 歲預科畢業後在恒隆集團轄下石油氣部上班，美其名是行政助理，但司機缺人時要代班；送貨同事請假的話，則要扛着 150 磅石油氣走樓梯送貨，鄭錦華仍是默默耕耘，無怨無悔。兩年後轉到地產部，白天上班，晚上進修。1984 年，他報讀香港大學校外課程部（簡稱 DEMS，香港大學專業進修學院 HKU SPACE 前身）的三年制兼讀房屋管理證書課程（Certificate in Housing Management），希望取得專業資格，爭取晉升機會。

雖然他獲批准在職進修，但卻要計算早退時間在以後還假給公司。「所以，公眾假期、大假，甚至農曆年假，我都要上班補假。」

現在很多年輕人投訴工作辛苦，鄭錦華對此很不以為然。「在 DEMS 念書時，我打三份工，除了白天的正職，我又兼職茶餐廳收銀及替更的士司機。有時做通宵替更，交更後便上班，連睡覺時間都沒有。」這樣的生活維持了兩年，他表示當年勝在年輕，肯拼肯捱。

踏平崎嶇實踐理想

完成 DEMS 的房管證書課程時，鄭錦華已轉到新鴻基集團旗下的啟勝管理服務有限公司擔任高級物業主任，升了一個職級；同時報讀英國雷丁大學（University of Reading）遙距課程，念物業管理榮譽學士（BSc〔Hon〕in Estate Management）。「假如當年預科畢業後能順利升大學，1982 年我就可以畢業了。命運安排我繞了一大圈，直至 1992 年才正式取得大學學位，償了心願。我是家中長子，父母見我學有所成，也很高興。」

對於這個遲來 10 年的學位，他不但沒有半點遺憾，更頗為自豪，證明只要有恆心，沒有達不到的目標。於是，他買了五張機票，邀請父母、太太和弟弟一起赴英國雷丁大學參加畢業禮。

不過，他認為無論是學習或工作，不進則退，所以他又念了兩年英國赫爾大學（University of Hull）工商管理碩士（Master of Business Administration）遙距課程；同一時期，他跟隨特許測量師進行在職專業實習，於 1995 年通過了測量師專業評核試並正式取得專業測量師執業資格。接着，他再以 3 年時間完成澳洲南澳大學（University of South Australia）的工商管理哲學博士（Doctor of Philosophy in Business and Management）課程，成為當時業界極少數擁有博士銜頭的專業物業經理。

天道酬勤，努力必有回報。鄭錦華在啟勝服務一年後加入佳定集團，出

2009 — 2011 年出任香港物業管理公司協會會長。

任物業經理;一年多後又升為區域經理;取得學士學位第二年,他已是佳定的總經理。「我在佳定做了 12 年,離開時的職位是執行董事。當年我來到現在的富城集團出任最高職級的董事總經理,成為集團有史以來第一位擔當此職的華人。」

換句話說,自 1987 年取得 DEMS 證書至 2002 年 42 歲,他以 15 年時間由一名物業主任攀登至業界最頂級之董事總經理職位,升級之快如坐直升機!

鄭錦華更帶領富城集團獲取無數獎項,其中最令他引以自豪的獎項包括:於 2003 年獲香港董事學會頒發私人企業「傑出董事獎」為物業管理界別首位董事獲得此獎項,同年更獲香港管理專業協會頒發「2003 年度優質管理獎——大獎」,更獲美國環球資源管理顧問翰威特 Hewitt Associates 評選為「2003 年度香港最優秀僱主」及「2005 年度亞洲最優秀僱主」殊榮。

行有餘力積極回饋

由學校走到社會,鄭錦華取得卓越成就,認為行有餘力就要回饋。除了每年向公益金捐款,他也曾向中學母校保良局第一張永慶中學捐贈電腦器材及捐建課室,又設立獎學金,鼓勵師弟妹們努力讀書。

從事物業管理行業至今超過 35 年,他為業界服務不遺餘力。例如:1988 年成立的香港房屋經理學會,他是第一批會員,協助推廣及提高房屋管理的專業水準,促進及支持房屋經理的專業地位;2000 年擔任香港房屋經理學會會長時,更為學會重新設計會徽,標誌學會進入新紀元。

2000 年成立的房屋經理註冊管理局,他是創局成員之一。「管理局負

賣專業房屋經理的註冊事宜，訂定和檢討註冊資格標準和專業操守紀律。大家有規可依，服務質素自然更好。」

鄭錦華在公職及專業服務方面亦不遺餘力，分別為香港房屋經理學會會長（2000 — 2002）、房屋經理註冊管理局主席（2006 — 2008）、香港物業管理公司協會會長（2009 — 2011）、香港測量師學會物業設施管理組主席（2013 — 2015）、香港設施管理學會會長（2015 — 2017）。至於社會服務方面，他分別為政府各政策局及執行署擔任委員，包括職業訓練局房地產服務業訓練委員會委員、屋宇署承建商註冊事務委員會委員、市區重建局覆核委員會委員、民政事務局青年廣場管理諮詢委員會委員、勞工處職業安全及健康委員會委員、僱員再培訓局物業管理及保安業行業諮詢委員會委員、房屋經理註冊局委員、測量師註冊局委員等等，他都是出心出力，推動同業的專業地位及社會認受性。「市民大眾對我們行業的認識日益加深，便會明白物業管理和維修人必須具備專業知識才能做得好。」

2016 年政府通過成立的物業管理業監管局，將物業管理帶進另一個階段。「這是我們透過不同學會爭取多年的成果。條例正式實施後，管理公司及從業員均須領取牌照。這樣可令物業管理服務質素及專業水平得以提升，令市民可享受更優質的生活。」

殷勤寄語惜取學習時

沒有過去的付出，就沒有今天的成就，鄭錦華形容自己是一個很有鬥志、不斷向前的人，他寄語年輕一代努力學習，勿怕辛苦。「提升自己，緊貼社會發展，才不會脫節和落後。」他常常推動富城員工進修，也鼓勵年輕人加入物業管理行列。

「這個行業很特別，市道不好對我們的影響不大，因為香港法例規定，樓宇建成後，即使空置單位，發展商也要支付管理費。好像 2003 年沙士爆發，各行各業受到嚴重打擊，富城集團卻在逆市中聘請了 100 名不同工種的各級員工。」他說，只要肯做，不愁找不到工作。

圖書館學課程──
傳承學術、文化與教育

圖書館承載人類歷史與文化，也肩負推廣文化與教育的責任。圖書館運作暢順，圖書館員功不可沒。

1960 年，即香港第一間政府公共圖書館在中環大會堂啟用前兩年，香港大學校外課程部已領先教育界開辦全港首個圖書館學課程，逾半世紀以來，共培養了數以千計專業人才，為圖書館界出心出力。

半世紀前的一瞥

香港大學圖書館前館長、現名譽資深顧問簡麗冰博士，曾在 1961 年做了一個問卷調查。據回饋資料及估算所得，60 年代前香港約有 200 多間圖書館，從業員在 1000 人以下，但當中只有不足 10 人擁有專業資格，而這些專才大多服務於大學圖書館。至於相關訓練課程則未見其一。

為配合政府建設公共圖書館的政策，香港大學校外課程部（簡稱 DEMS，香港大學專業進修學院 HKU SPACE 前身）自 1960 年開始推出一系列課程，包括：圖書館技巧、圖書編目、圖書分類，是為本地圖書館學課程的先驅。簡博士介紹：「這些都是短期班，每個課程念 30 多小時，每班 30 餘人。學員可以掌握圖書館運作基本概念。」

1962 年,香港第一間公共圖書館在中環大會堂正式啟用。1964
年,DEMS 與香港圖書館協會(Hong Kong Library Association,
HKLA)合作開辦全港首個圖書館學證書(Joint Certificate in
Librarianship)(1967 年易名為圖書館助理員證書 Certificate
Course for Library Assistants)課程。

「此課程教授圖書館工序和方法、圖書館學原理和實務,專為圖書館
從業員而設,當時香港大學也有推薦館員入讀。」此長青課程今天仍
在營辦,屬一年在職兼讀制,共 120 課時,考試合格才能畢業。

1965 年,九龍窩打老道圖書館落成。DEMS 明白社會對擁有專業資
格的圖書館館員的需求逐步增加,遂於 1967 年開辦「圖書館學:第
一階段」(Librarianship: Intermediate Part I),課程內容以英國圖
書館協會教學大綱為主,學員在香港參加協會考試。

「這是一年制預備考試課程,學員完成以後就進入第二階段的證書考
試,第三年是實習會員。以後可申請成為英國圖書館協會會員,是為
有專業資格的會員。」簡博士補充,報讀者多是港大畢業生,也有來
自政府部門者。課程辦了五屆,直至協會停辦海外考試為止。

70 至 90 年代的專業化

70 年代時,除了增辦高級分類學(Advanced Classification)之外,
DEMS 又與教育司署(現教育局)合辦學校圖書館管理初級及高級課
程(Courses for Teacher Librarians),專為訓練學校圖書館主任而
設。「兩者都是 30 小時的短期班,但原理與實務並重,一絲不苟。」

1980 年,DEMS 鑑於圖書館從業員缺乏本地專業進修之門,便與
HKLA 開設圖書館學文憑(Diploma in Librarianship),提供編目、
分類、檢索等實務技巧及圖書館管理訓練。簡博士解釋:「這是全港
第一個政府認可的圖書館學專業文憑,三年一屆,學員完成 400 個課
時,通過考試,才算畢業。第一屆學額 24 名,當中 4 人來自公眾,

其餘 20 人由政府保送，畢業生可由二級圖書館員晉升至一級圖書館員。第二、三屆分別收生 24、30 人，每屆公務員佔了 24 位。」

此課程辦了三屆以後，澳洲查爾斯特大學（Charles Sturt University，CSU）加入成為第三個聯辦單位，擁有學位的畢業生可獲頒研究生文憑（Graduate Diploma）。直至 1993 年，增設圖書館及資訊科學學士（BA in Library and Information Studies）課程，正式採用 CSU 的課程內容，並改為遙距教學模式。

三年以後，HKU SPACE 與 CSU 進一步合辦圖書館及資訊管

理應用科學碩士（Master of Applied Science〔Library and Information Management〕），同樣是遙距課程，學習期共 18 個月。

新世紀新里程

到了 21 世紀，HKU SPACE 與教育統籌局（現教育局）聯合開辦學校圖書館主任文憑（Diploma for Teacher Librarians，DipTL）課程，以提升他們的專業和管理技巧。自 2000 年起每兩年一屆數十學生，至今已為學校界培訓了超過 700 名出色圖書館主任。

2001 年，香港大學附屬學院再創先河，推出全日制圖書館技術員高級文憑（Higher Diploma for Library Technicians）（2003 年易名為：圖書館及資訊學高級文憑 Higher Diploma in Library and Information Studies；2008 年易名為圖書館及資訊管理高級文憑 Higher Diploma in Library and Information Management），將香港圖書館教育帶進新里程。

「在此之前，所有圖書館相關課程都是兼讀形式。這是全港第一個全日制副學士課程，屬三年制，以圖書館及資訊科學為核心內容，同時涵蓋人際溝通技巧及中英兩文。其後，此課程改為兩年制。成績優異的同學可銜接修讀港大圖書館及資訊科學學士學位課程（BA in Library and Information Science）。」

自 60 年代開始發展至 21 世紀的今天，政府公共圖書館網絡從零的突破到共 80 間，加上大中小學、專業及商業圖書館，估計從業員總人數已經逾萬。HKU SPACE 作為提供圖書館學課程的先行者，已累積培訓超過 6000 人，當中有現任港大圖書館副館長，也有在公共圖書館擔任館長或其他高職，他們面向廣大市民，協助每一位讀者獲取所需資訊，提供最專業的圖書館服務，為推廣文化出心出力。

尹耀全：
掌握知識寶庫
的鑰匙

現任香港大學圖書館副館長及馮平山圖書館館長，曾任職於公共圖書館，在圖書館界擁有 30 多年經驗。曾為香港無線電視、香港聯合交易所、香港聯合出版集團、香港大學出版社、香港華人基督教聯會等組織擔任顧問。2007—2009年獲政府委任為「香港記憶」顧問委員會成員。1990—1995 年為英國皇家亞洲學會（香港分會）名譽圖書館館長。現為香港圖書館協會會士、英國圖書館與資訊專業學會會員。

由公共圖書館至香港大學圖書館，尹耀全每天為讀者解答疑難、協助學生檢索文獻、幫助學者查找所需資料，他形容自己是開啟寶庫的鑰匙，門內就是知識瑰寶。當獲寶的人向他說一聲謝謝，「那種感覺就是最大的滿足感」。

全方位認識圖書館學

大學時期的尹耀全在市政局圖書館當了三個月暑期工，期間周遊港、九、新界圖書館，負責不同類型工作：新書處理、圖書標籤、借書還書、活動推廣等。「這個經驗實在有趣，當時便想，圖書館工作可以作為未來職業的考慮。」

結果，他在大學畢業後當上了教師，幾個月後就覺得自己不適合，適逢政府有圖書館館員空缺，便寫信申請，在 1981 年 7 月順利入職大會堂圖書館。

「當年正值大會堂圖書館成立 20 周年紀念，除了每天的常規工作外，又要構思宣傳活動、籌辦展覽及慶祝項目，一連串活動令我們忙得透不過氣，但從中學到很多東西。」不過，尹耀全對圖書館工作雖有熱誠，但卻缺乏這方面的專業知識，便報讀香港大學校外課程部（簡稱 DEMS，香港大學專業進修學院 HKU SPACE 的前身）與香港圖書館協會合辦的圖書館學文憑（Diploma in Librarianship）課程。

「在大會堂上班，我主要在前台負責借閱服務及為讀者提供協助，鮮有接觸幕後工作。但 DEMS 的課程讓我可以 360 度全方位認識圖書館的運作和管理。」他解釋，課程涵蓋全面，既有實務工作的編目、分類、檢索、傳意技巧、工具書使用，也有管理學上的組織、規劃及宣傳。「外國教授圖書館學多以英語為主，在管理中文圖書時頗有限制。DEMS 課程的重大特色是中英並重，由兩方面的專家講解授課，完全切合中英兩文並重的香港社會。」

由幕前服務走到幕後管理

1986 年 DEMS 畢業時，尹耀全在公共圖書館已工作了五年時間，開始思考轉換環境，希望可以學以致用。「課程讓我了解到，不但要管舖（分館服務），也要管廠（採購、編目），我希望可以多做些採編組的工作。」他闡釋，圖書館分為四大主流：公共圖書館、大學圖書館、學校圖書館及專門圖書館。翌年，他由公共圖書館轉到香港大學圖書館。

「很幸運，我開始時就進入圖書館特藏部，這裏基本上就是香港資料室，我的工作是協助搜集和整理一切有關香港的資料。」數年後，部門主管移民，他順利晉升為特藏部主任。

1985年，文憑班的同學與來自夏威夷大學的圖書館學專家Dr Larry Osbourne（前排中）合攝。前排右二是尹耀全。

透過在港大圖書館工作，尹耀全參與支援不同單位組織文化活動，例如中華文化促進中心、香港華人基督教聯會，香港無線電視紀錄片《香港傳奇》製作。除此之外，他又帶領特藏部走到更前線。「圖書館是要宣傳的，否則，不管你做了多少好事或擁有多少好東西，外人都不會瞭解。」在任期間，他參與舉辦過多項大型活動，積極推廣港大圖書館的珍藏。2002 年 5 月，舉行館藏 200 萬冊慶典講座。2006 年 6 月，與香港大學美術博物館聯合舉辦「書海溯源──香港大學圖書館珍藏展」，標誌館藏第 100 萬冊電子書。2012 年港大圖書館 100 周年紀念，舉辦大型圖書展覽，在博物館展示珍貴藏書。

尹耀全在 2001 年開始出任馮平山圖書館館長，2003 年 70 周年館慶時，挑選部分港大善本、珍藏書在香港大學美術博物館展出，以饗讀者。

製作最方便的檢索工具

在港大圖書館服務，尹耀全回憶最開心是成功建立了香港目次數據庫（Hong Kong Table of Contents Database）。「在特藏部工作時，總覺得要查找以香港為題的各類書籍篇章並不容易。」他認為最困難的是，只有題目而不知書名，就如大海中行舟，找不着方向，覺得有必要

為香港文獻資料特藏製作內容目次檢索。「在一次偶然機會,我與港大 1972 年畢業同學談起這個構思,大家都同意計劃很有意義,恰巧他們 正籌備 25 周年畢業慶典,便決定向母校捐款 100 萬元,作為資助項目 進行。」他解釋,圖書館用了五年時間回溯館內特藏,以後不斷加入新 書。至目前為止,已累積過 300 萬條內容目次,為尋找香港資料的學 者提供最方便的檢索途徑。

給香港市民的禮物

對於尹耀全來說,另一件難忘的事要算是參與建設「香港記憶」網站。 2006 年,為響應聯合國教科文組織推動「世界記憶」,香港特區政府 與香港賽馬會慈善信託基金携手合作,建立多媒體數碼平台「香港記 憶」。「香港大學亞洲研究中心(現香港人文社會研究所)受委託發展 此計劃。冼玉儀博士和圖書館合作,大家由零開始,前後用了六年時間 建成網站。」他表示,「香港記憶」是多方合作的成就。香港大學成立 了十多人的專責工作小組,邀請專家學者構思和編寫專題、透過不同途 徑搜集和整理香港資料和故事、以昔日香港為題訪問社會人士以建立口 述歷史檔案庫;港大亞洲研究中心學者、研究員與圖書館資訊科技同事 等,則負責執行計劃的各項工作。

「網站以數碼形式保存了香港歷史及文化遺產,自 2012 年 12 月起開 放予公眾瀏覽。這是香港大學送給香港市民的一份禮物。」

服務讀者,樂此不疲

尹耀全現任香港大學圖書館副館長及馮平山圖書館館長,在圖書館界服 務 30 餘年,一直十分享受這份工作。「工作最開心的是幫到人。我在 崗位上充當一條鑰匙,負責開啟知識之門。每天為讀者解答疑難、幫助 學生檢索文獻。」他曾經協助外籍學者在港大圖書館找到所需資料,之 後收到他回國後寄來的感謝卡,他說:「小小卡片,卻很窩心。」

六十年代—圖書館學課程

吳業立：
沐浴書香50年

資深圖書館及歷史檔案顧問。退休前是香港浸會大學圖書館項目顧問，曾任香港大學圖書館助理館長、聯大書院圖書館學教授、教會圖書館課程主任講師。現為循道衛理聯合教會香港聯區義務教士、香港聖經公會和合本修訂版顧問、香港中文大學崇基學院神學院名譽副研究員、香港華人基督教聯會當年董事、香港圖書館協會及香港檔案學會前副會長。1992年獲頒香港圖書館協會會士。

受香港大學校外課程部的圖書館學課程啟蒙，吳業立逾50載沐浴書香之中，獻身於圖書館事業，期間不斷進修增值，為終身學習作出完美示範。今天，他致力培育教會圖書館人才，並挑起基督教會之歷史保育重任，避免珍貴資料在歷史洪流中湮沒。

圖書館事業的啟蒙課程

60年代中學畢業，吳業立原本希望成為社工，卻加入了香港大學，在語言學院當文員，該學院負責教英國駐港公務員及外交人員講廣東話、普通話，因同時要管理學院內的小型參考圖書館，所以想學習正規方法，便報讀了香港大學校外課程部（簡稱DEMS，香港大學專業進修學院

HKU SPACE 之前身）與香港圖書館協會協辦的一年制兼讀圖書館學證書（Joint Certificate in Librarianship）課程，受業於簡麗冰博士等講師。

「這可説是我日後事業的啟蒙課程，內容實用又深入，不但涵蓋編目、分類、讀者借書還書法，甚至其發展歷史也在教學範圍之內。這些資料在我日後念碩士時教授也沒有講述的。」

經過一年時間邊做邊學，吳業立不僅掌握了圖書館所有工作崗位的基本知識，更發覺服務讀者可以換來很大滿足感，便申請調職至港大圖書館任三級圖書館助理。一年之內，憑着卓越表現及出色的領導能力，獲擢升至一級助理，負起晚間管理整個圖書館的責任。

「能夠寓興趣於工作是幸福的事，但我不想就此『等退休』，希望可以更上一層樓。」於是，他相繼在中文大學隨裘開明館長學習中國圖書編目法，在聯大書院攻讀晚間學位課程，之後更遠赴美國夏威夷大學（University of Hawaii at Manoa）念圖書館學碩士，畢業後回歸港大圖書館任助理館長。工作之餘，他又在港大修讀中國歷史研究碩士課程，以《中國現代圖書館之發展》作為畢業論文。

內向小孩變身開朗館長

1985 年，吳業立加入香港浸會學院（現香港浸會大學）任圖書館副館長，他常常走出辦公室，主動與讀者接觸，了解他們的需要和意見，協助他們解決疑難。在圖書館工作多年的他，一直抱着「幫得到就幫」的態度，強調不應死守規矩辦事，在不妨礙其他使用者的前提下，運用酌情權盡量向讀者提供幫助。

「曾有老師要求借書一整個學期，作為該學年教學之用，我便讓他一直保管書本，但約法三章，一旦有人要求借閱，就要交還。」

不過，這位對讀者友好、對同事和藹的副館長，小時候原來是內向又怕生的孩子。「母親認為我太文靜，鼓勵我參加童軍，讓我走入人群，後

來我成為了學校童軍副團長。我現在的開朗性格就是在那段日子培養出來的。」他笑言,當年與同事開會,他最愛講笑話,希望大家可以在輕鬆氣氛下開會,既不感到壓力,又可暢所欲言。

他坦言,在圖書館服務的日子也使他重拾了自信。「中學畢業時,眼見同學升讀大學,自己卻考不上,心裏很自卑。但這份工作讓我有機會幫助人,後來因工作表現被肯定,又念了學士、碩士,自信心便慢慢找回來。」

學而不倦,退而不休

在浸大圖書館工作時,吳業立除了負責讀者服務,也要兼顧行政管理,漸漸對此產生興趣,他希望強化自己在這方面的能力,所以在工餘報讀了澳洲天主教大學(Australian Catholic University)在港舉辦的行政管理畢業文憑(Graduate Diploma in Administration),其後在浸大出任高級副館長,並參與創辦及督導該館的基督教在華歷史文獻部。

吳業立是虔誠基督徒,一直在工餘致力推展教會圖書館事工,在 2001

年接近退休之齡時,希望日後可以以其歷史及圖書館事業的背景,為教會歷史檔案管理出力,便報讀 HKU SPACE 與香港檔案學會推出的檔案管理證書(Certificate in Archives and Records Management)課程。

「當年我 59 歲,是班中最年長的學生,其餘 30 多位同學都是年輕人,有來自政府檔案處的,也有博物館館員。」

兩年後,他打算退休,但浸大挽留他擔任項目顧問,負責設計中醫圖書館,以及策劃大學圖書館內部進行的大規模改善工程。期間,他請假一個月,修讀 HKU SPACE 與國際檔案理事會東亞地區分會(East Asian

2016年擔任講座嘉賓講者。

負責循道衛理香港堂80周年歷史展覽。

Regional Branch of International Council on Archives）合辦的檔案學深造證書（Postgraduate Certificate in Archival Studies）。「這是一個全日制密集式課程，導師、同學都來自世界各地，馬來西亞以至蒙古都有。」

2005 年底，他正式離開學術圖書館的工作，但退而不休，繼續活躍於圖書館界及歷史檔案保育活動，先後為 HKU SPACE 圖書館學課程任校外評審員、浸會大學持續教育學院任圖書館學文憑課程顧問及該學院諮詢小組成員；幫過香港中文大學崇基學院神學院整理何明華會督的個人資料；給神學院和各教會圖書管理員提供訓練。

在中華循道公會香港堂（現香港循道衛理聯合教會香港堂）接受嬰兒洗禮，吳業立現已踏入從心所欲之年，與紅磚屋教會結下逾 70 載緣份，現為義務教士。去年適逢建堂 80 周年，他除了負責該堂歷史展覽、尋根之旅等紀念活動外，並構思了該堂的歷史漫畫冊。

自 20 歲投身社會開始至退休，40 多年來持續進修學習，吳業立曾被香港大學圖書館通訊譽為香港的典型成功故事人物，他這份毅力和堅持令很多後輩肅然起敬。今天，他仍挑起教會圖書館發展、推動信徒閱讀，及教會歷史的保育任務，任重道遠。「沒有真憑實據做支持，歷史只會是傳說，所以檔案管理工作十分重要。」

李穎梅：
分享館藏資料
是圖書館館長
的「天命」

現為體適能教練。退休前是香港公共圖書館總館長，曾出席 2004 年及 2007 年國際大都會圖書館會議（Metropolitan Libraries Section of IFLA Conference）。工商管理碩士、經濟學學士、圖書館學文憑。2010 年康樂及文化事務署獲頒第五屆無障礙英雄大獎。2009 年康樂及文化事務署—新世代圖書館獲公務員優質服務獎勵計劃•隊伍獎「一般公共服務」優異獎。

李穎梅在 1978 年加入香港政府，任職圖書館助理館長，並於 80 年代在香港大學校外課程部（DEMS，香港大學專業進修學院 HKU SPACE 前身）入讀第一屆圖書館管理深造文憑（Postgraduate Diploma in Librarianship）。工作期間有幸接觸到公共圖書館不同種類的工作，由行政、圖書館擴建及策劃、員工培訓，參與多項顧問研究報告、圖書館電腦化、資料採購和分類編目，以至有關讀者服務的圖書館營運、參考諮詢、特藏管理、推廣活動和顧客服務等；期間亦被調派到書籍註冊組和其他的政府部門圖書館服務。

理念

由始至終，李穎梅抱着的理念是 information is sharing（資訊分享），

深信保存資料與流通資訊及推廣閱讀,是提升民智和社區生活質素不可缺少的催化劑。所以每當服務讀者時,她都希望看到讀者帶着滿意的表情離開。李穎梅補充,在主持學生參觀圖書館活動時,她每次結尾的一句總是:「日後,若你遇到問題時,但沒旁人幫忙,不要感覺無助,因為在圖書館館藏裏,你一定能找到所需的答案。」

另外,她亦表示,每一類工作都有它的獨特性,基本上再沒需要特別比較自己喜歡哪一類工作。「在每一個崗位我都有學習的機會,只要用心付出,以滿足大眾使用者的需求為工作目標便足夠了。」她退休前,已位居香港公共圖書館總館長。

責任與承擔

「我覺得人要在工作中找到滿足,首要是了解自己的角色和無愧的承擔。我常常與同事分享,公共圖書館館長有雙重身份:一是公務員,因此必須要做個好榜樣,尊重制度和遵守規則,誠心誠意地為市民服務;另一身份是公共圖書館館長,從這角度,我們可以在自己的專業範圍內發揮創意,把圖書館服務昇華,為不同社群帶來閱讀的喜悅和滿足感。」

李穎梅覺得圖書館的工作意義重大。即使讀者外借資料後,只略為閱覽便隨即歸還,也已增進了一點知識。香港公共圖書館預計在 2017 至 2018 年度可借出 5190 萬冊書籍,這不包括參考和電子資料查詢,以簡單及保守推算,讀者的知識亦會隨着借出書籍的數字而日益增加。

創新不輟的公務員

公務員往往給人因循守舊、欠缺創新的刻板印象。李穎梅解釋香港公共圖書館在應用科技是站在時代的前端,互聯網初來香港時,正由香港科技大學負責研發推廣期間,前市政局公共圖書館便是科大的第一位登門客戶。香港公共圖書館的服務種類、人均數目和人均資料等都可媲美甚至超越世界級的大都會公共圖書館系統。

圖書館及資訊管理高級文憑課程與香港公共圖書館合作的目標為本實習講座。

工作期間，李穎梅獲得部門和上級的支持，與團隊推出了「特快歸還服務」，讀者可直接把歸還的書籍放進特快歸還服務櫃台，省卻時間排隊輪候辦理歸還手續。

在人力資源方面，她曾與同事們努力合作，為聽障人士提供圖書館資料上架義工訓練，希望透過「自利利他」的過程，為弱勢社群創造就業機會。而當中有不少參與義工訓練的聽障人士，獲供應商聘用為圖書館資料整理助理員。

現今讀者可以透過互聯網檢索館藏資料，同時，電腦系統的多元化檢索功能，亦可為讀者提供不同專題系列的圖書館資料。當中令李穎梅印象深刻的可算是在沙田公共圖書館的「運動與健體特藏」（sports and fitness collection），這特藏為讀者提供「一站式」網頁，方便使用者在檢索圖書館印刷及電子資料時，亦可同步瀏覽海外及本地運動及健體的最新資訊。她十分感謝一班對工作有熱誠的同事的努力，令特藏得以推出。

李穎梅亦難忘圖書館首次採用智能手機，與參觀圖書館的同學們作互動交流，為青少年提供渠道無間地使用手機搜索資料，令他們體會學習旅途實際上是可以更「貼地」和更「生活化」。

HKU SPACE 與公共圖書館培訓人員合作無間

除了提供「運動與健體特藏」外，香港公共圖書館亦與港大附屬學院一起培訓未來圖書館工作人員。「我們曾合作為圖書館及資訊管理高級文憑課程設計及推出以目標為本的活動教學。經過圖書館館長的簡介，由導師安排學生分組策劃、設計以運動與健體為主題的參觀活動。」她很高興能感受到年輕主持人的活力，他們以創意介紹圖書館服務，與小學生縮減了年齡距離，在學習中注入歡樂。這些情景都令她刻骨銘心。

李穎梅回憶最初入行時，適逢英國剛取消在海外提供皇家圖書館學專業試，所以，要在香港進修成為專業圖書館館長，機會是零。但要爭取升職，非獲取專業資格不可，這使當時入職助理館長的她對出路頓感徬徨。幸好，簡麗冰博士對這行業無私奉獻，四出奔波與 DEMS 和外國大學探討在港提供圖書館學專業課程的可行性。幾經辛苦，簡博士以她在圖書館的專業地位和影響力，在 80 年代終於成功在 DEMS 推出了第一屆圖書館管理深造文憑。數年後，DEMS 更進一步與澳洲 Charles Sturt University 協作，在港推出深造文憑和碩士課程。

她表示，沒有簡博士的努力，難以想像公共圖書館館長的前途將會如何。保守估計，目前約 98% 香港公共圖書館館長也是透過這課程進修獲取專業資格，晉升至管理及署長級職位。「很感恩簡博士為整個行業及香港公共圖書館的付出，沒有她的幫助，大部分公共圖書館館長都沒有今天，更沒有我 30 多年美好的工作回憶。」得人因果千年記，得人花戴萬年香，她衷心向簡博士致謝。

李穎梅亦感謝最近安詳逝世的 96 歲母親。「在我小學時，媽媽已向我解釋圖書館館長是一份很有意義的工作。我完成了她的願望，這給我留下無限的回憶。」

退休之後，李穎梅重新學習中國文化，不斷增值，並繼續體適能培訓工作，貢獻所學。

管理學課程—
開啓香港管理教育的鑰匙

1960 年代末至 70 年代初，香港經濟開始起飛，各行各業邁向高速發展跑道，年均生產總值急速增長，香港社會逐漸步入小康局面，與南韓、台灣及新加坡並稱「亞洲四小龍」。

工商百業興旺發達，商貿活動愈趨頻繁，隨之而來就是對企業管理人才需求急遽增加。香港大學校外課程部有鑑於此，於 1968 年開辦管理學文憑課程，是為本土管理學課程的先驅。

制訂高水平課程，培育出色管理精英

回溯至 60 年代初，香港大學校外課程部（簡稱 DEMS，香港大學專業進修學院 HKU SPACE 前身）已提供管理相關的短期課程，例如工商管理、人事管理，教授最新管理技巧，為社會培訓管理人才。

及至經濟騰飛，市場卻缺乏足夠專業管理精英配合發展步伐，DEMS 委員會便於 1967 年展開研究計劃，商議開辦管理學文憑（Diploma in Management Studies，DMS），初步制訂課程水平須達至學士以上程度；申請入讀者須年滿 27 歲及具備最少四年行政工作經驗；課程擬定為三年制晚間兼讀，每周上課三晚，每晚兩小時，每年最少修讀 210 課時；完成全部課程單元及考試合格者，可獲頒授香港大學文憑。

此建議得到香港大學本部大力支持。1968 年初,港大的教務委員會、校務委員會及校董會相繼通過及贊成。同年 10 月,課程正式開辦,學額 35 名,卻吸引了超過 200 位申請者。首屆同學大部分為政府部門及大型企業的管理人員。SPACE 董事局主席陳坤耀教授解釋:「當時政府系統中有不少擔任中至高級職位的華人公務員,他們都希望取得本地專業管理資格,便爭相成為我們的學員。」

嚴格監管教學質素,水準備受客觀肯定

1970—71 年度,DEMS 將課程重新整合為日間部分時間給假培訓,每周上課兩晚及一個下午,將課程縮短為兩年。為確保學員不會缺課,報讀人士必須持有僱主的放假准許書,才會獲錄取。

DMS 旨在培訓學員成為既專而博的高質素管理人,所以教與學的要求皆十分嚴謹。內容方面,教學單元包括:經濟學、會計學、統計學、市場學、勞資關係、人力資源管理、生產與工程控制及案例分析等等,涵蓋全面。同學最後須完成畢業論文,合格後才算正式畢業。師資方面,包括港大不同學系的教授及 DEMS 的全職導師,並有大型企業的領導層及高級經理現身說法。

自課程開辦之始,大學本部就一直嚴格監察 DMS 的學術水平,確保符合大學課程規範的一切標準。除了由教務委員會負責訂定收生條件、審核課程綱領及規則,大學又委任外部考官評定 DMS 的教學質素。報告指出,課程水準高,學員成績卓越。

畢業生學以致用,竭力貢獻社會

陳達文博士是 1972 年度 DMS 畢業生,當年他任職大會堂經理,形容此課程遠比最初想像更有用。「從目標管理至以人為本,讓我終身受用。我明白到每一個員工都是知識型工作者,而他們就是企業取得成功的關鍵。我學會了與同事站在同一陣線,一起找出最佳工作方

案。」他表示，身為公務員，他無法給予下屬金錢上的獎賞或職級提升，但卻能創造空間，讓他們在工作上得到滿足感。

退休前一直積極推動本地文化藝術發展的陳博士，在 70 年代末擔任文化署署長，參與了荃灣大會堂的興建計劃。「我建議沿用香港大會堂的圖則，舞台、燈光及各種設備的設計要同一式樣。如此的話，同一個表演項目今天在市區上演，明天就可以移師荃灣演出，無須重新綵排，這樣不但效率高，也容易說服表現團體作巡迴演出。當時的政務司接納了我的意見。往後的沙田大會堂及屯門大會堂，都採用同一興建圖則。」

陳博士解釋，這就是他在 DMS 所學到的目標管理了。

港大管理學系成立，DMS 完成歷史任務

DMS 的成功，不但為工商界及公營部門培訓了專業精英，讓他們將課堂上所學到的管理知識和技巧帶到工作崗位上，提升了香港企業管理質素、整體營商競爭力，以及公共文化設施和服務效益，更推動了大學本部在 1976 年 2 月正式成立管理學系。1977 年，香港大學開辦第一屆工商管理碩士課程（MBA），准許擁有 DMS 學歷人士報讀，並獲豁免首年學分。由此可見，DMS 的專業資格受到高度認可。

1983 年，香港大學檢討 MBA 收生條件，有 DMS 學歷並具備學士畢業資格者，可入讀 MBA 課程。翌年開始，港大開辦三年制兼讀 MBA 課程，首兩年課程內容與 DMS 大同小異。DEMS 認為兩年制文憑課程的需求將逐漸減少，決定停辦 DMS。

教務委員會在 1984 年通過此議，最後一批同學在 1985 年畢業後，DMS 正式停辦。至此，DMS 完成其歷史任務。在這十多年間，DEMS 為香港培訓了接近 400 名出類拔萃的專業行政及經理級人才，亦為香港管理教育發展奠定重要里程碑。

何永釗的求學傳奇：
HKU SPACE
鋪平我一生求學路

1973 年在英國愛丁堡龍比亞大學修讀商業管理及市場學深造文憑，畢業後回港，在香港大學修讀商業管理並取得研究院深造管理文憑。東亞大學工商管理碩士，蘇格蘭格拉斯哥大學國際市務碩士，香港理工大學資訊系統碩士。愛丁堡龍比亞大學頒贈工商管理榮譽博士學位、榮譽教授名銜，英國 BPP 大學亦頒授榮譽工商管理博士學位。屢次獲委任為多間專上院校如香港大學專業進修學院、香港中文大學、香港理工大學、職業訓練局、香港恒生商學書院、明愛專上學院及明愛白英奇專業學院等的校外考試評審員、評核小組委員、學術顧問及教職員遴選委員會成員。2008 年獲香港英國文化協會選為 60 位優異留英畢業生。獲蘇格蘭政府委任為 GlobalScot。

何永釗說，香港大學專業進修學院（HKU SPACE）的管理學文憑（Diploma of Management Studies）改變了他一生。

他會考考得五個 G、兩個 F，今日卻是一間國際貨運公司、一間教育顧問公司的主席，還考獲英國、香港、澳門三個碩士學位，以及 13 個專業資格。「如果不是 HKU SPACE 當年收我讀管理學文憑，這是不可能的。」

當年要考上這個課程也不容易。它信譽昭著，審核嚴格，學生人才輩

出。 面試時考官説：「考生當中你最年輕，甚至沒有大學學位。 請你舉出三個理由，為什麼覺得自己有資格修讀這個課程。 」

面試時，他留學蘇格蘭回港不久，還不到 30 歲，正在朗文出版社擔任董事總經理的行政助理，兼任行政部主管，下屬來自行政、人事、出版三個部門，共 70 多人。 「所以我就告訴考官，第一，這是出於職務需要。 第二，我記得 Peter F. Drucker 説過，沒有不濟的兵卒，只有不濟的軍官。 我説我不想做那個不濟的軍官。 第三，我在朗文出版社工作，教科書手到拿來，有助我研習管理學。 」

聽來不錯，可是兩位考官卻交換了一個失望的眼光。 何永釗心感不妙：「我立時補充説，教科書可以參考，但我平時也經常閱覽管理學界最新出版的學術期刊，以期與時並進。 」

考官臉色方才稍緩。 一位開口説：「你何不到外面去找 Mr Martin Wong 呢？ 」

何永釗莫名其妙，依言尋人。 原來 Martin Wong 就是負責入學申請的文員，他告訴何永釗：「叫你找我，即是錄取了你，放心吧！ 」

他的求學之路，翻開來是傳奇一部。

蘇格蘭求學 歷盡艱險

會考失敗之後，他加入一家出入口洋行，擔任信差。 「我成績不好。 這份工作，我很珍惜。 」洋行生意不多，但交易銀碼不小。 夥計之中，他最「抵得諗」（肯吃虧）。 處理生意的同事五時許便下班打麻將，他自薦替他們做好做不完的工作。 短短三個月光景，他就學懂處理所有出入口、銀行帳戶檔。 「老闆很信任我，甚至將印章交給我，授權我處理銀行事務。 」半年後，他轉職到另一間洋行擔任「大寫」（出口主管，Export Officer）。

何永釗有一位「死黨」，時任職英國駐寮國大使館。 大使是蘇格蘭人，鼓勵年輕人前往當地讀書。 「死黨」與何永釗商量之際，力邀他同行。

2009年，何永釗接受蘇格蘭政府委任，成為 GlobalScot。 這是一個傑出商業領袖組織，旨在聯繫全球的營商好手，扶助蘇格蘭企業發展。

「為了去蘇格蘭，我儲了九個月錢，其實還是不太夠用。 交了一年學費，便只剩下八星期生活費，要去餐館當侍應賺錢。 」那時他23歲，幸而還可以住青年旅舍，早餐、晚餐、宵夜算是有着落。

他在亞伯丁（Aberdeen College of Commerce）入學，不久覺得學校課程太淺，向校方申請提早考預科公開試，校方不准。 思前想後，還是曠課比較划算，遂和「死黨」移居蘇格蘭第二大城市登地（Dundee）。「在蘇格蘭，年過16便可以自修應考高級程度會考（Advanced Level）和普通程度會

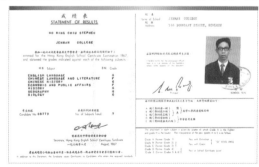

何永釗的會考證書。

考（Ordinary Level），我還報考了 LCCI Level 3 Accounting 和蘇格蘭的高考試等等，希望一擊即中。」每日在圖書館找資料、做試題，動輒十幾個小時。實在捱不住，和「死黨」兩個人決定放鬆一下，租車自駕環遊蘇格蘭。

「到了亞伯丁，舊同學問我為什麼還敢回來，原來學校向警方報告我失蹤了，當下不敢久留，立即返回登地。」

回到登地，「死黨」去超級市場辦貨，他獨自歸家，不料與竊匪碰個正著。對方還手持利刃，正在翻箱倒籠！電光火石之際，何永釗一招空手入白刃，奪過兇器，橫步擋在大門口前。原來他學過柔道及七星螳螂拳，臨危未及思考，身體自然而然懂得保護自己。兩人面對面對峙，何永釗單人匹馬，一時無計可施，對方見大勢而去，也不敢輕舉妄動。

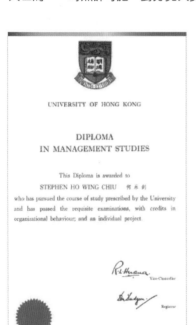

何永釗考獲 HKU SPACE 的管理學文憑（上圖）後，修畢三個碩士學位：英國斯特拉斯克萊德大學國家市場營銷學碩士、香港理工大學信息管理學碩士、澳門東亞大學工商管理碩士。

「我心想，朋友啊，趕快回來吧！不久他回來了，一回來卻就鬧個沒完，擔憂財物去向。我叫他趕快報警！」

竊匪送到警館，兩人得悉其後還要認人，可是當時警方還在尋找「失蹤」學生何永釗，隨時會將他「緝拿歸案」，怎麼辦呢？逃吧！這一次房東讓他們去愛丁堡（Edinburgh），投靠他開餐館的朋友。

劫後餘生，何永釗旗開得勝，高分考獲入大學的資格。蘇格蘭大學要讀四年，他遂把香港的女朋友（後來的太太）接來一起生活。她全職工作，他兼職幫補，可是兩人依舊一貧如洗，收入不夠他連續四年念

一個大學學位。 於是他決定先
修讀一年廣告及市場學高級證書
課程，徐圖後計，免得萬一周轉
不靈就要退學，前功盡棄。

證書只是目標之一。 他決定
還要額外進修，結果一年內考
獲蘇格蘭國家高級證書及 The
Chartered Institute of Marketing
（英國特許市務學會，CIM）的
專業資格。

匆匆一年，秋季又至，何永釗
收穫自己辛勞求學的成果：一
張高級證書，還有 CIM 的成員
資格。這一年一日都沒有浪費。

2008年11月，香港英國文化協會將何永釗列入
60位優異留英畢業生。同時入選的有鍾士元、
楊鐵樑、高錕、李國寶、李柱銘等。

走到這一步，何永釗如果再苦讀三年，就可以大學畢業。「可是做一年，
才夠錢讀一年，即是總共還要六年時間。大學畢業時，我都快30歲了。
和太太商量過後，覺得不太划算。 」

兩人回港，何永釗加入朗文出版社工作，遂有了報讀 HKU SPACE 管
理學文憑的故事。

管理哲學解決罷工危機

他鑽研過的管理學問，早已融會貫通。 在物流行業拼搏，「常常思考怎
樣做更有效率 」。他擔任船務公司總經理時，開拓過許多新航線，由
此省卻的開支，每年數以百萬元計。 他甚至自請開闢新業務為公司賺
錢，第一個月就有盈利。

管理人才的學問，也同樣派用場。 他記得在 HKU SPACE 讀過許

左起：楊鐵樑、何永釗、英國安妮公主。攝於60位優異留英畢業生活動。

多個案研究，豐富、實用，媲美實戰經驗。 「我讀過一本書，J. A. C. Brown 的 *The Social Psychology of Industry*，談到每個組織之中都有小群組，小群組都有各自的行為模式。 群組有 formal leader，有 informal leader。 聰明的管理者懂得選 informal leader 做 formal leader，大家就會聽他號令，天下太平。 」

HKU SPACE 啟發他勤於思考管理，後來他擺平過一個不小的罷工危機。時值香港物流業黃金時期，貨櫃車司機供不應求。「他們待遇優厚，但動輒要求加薪，威脅罷工、跳槽，許多僱主都苦不堪言。 」

有一次，同事發現司機紀律有問題，加班的司機會幫準時下班的司機打卡，訛取時薪。 公司決定處分，司機罷工抗議。 「我說：想都不要想，賠足薪水，全部解僱，以正紀律。 」

但日後總是要再請新人，如何是好？「我發現鬧事者多是年輕人，便把同事分成 12 組，分 12 個月領取花紅。每組各有一個老、中、青成員。」

他的公司，從此再也沒有司機罷工。

陳南祿：
管理危機，
為企業健康把關

現任恒隆集團及恒隆地產董事總經理，此前在太古集團服務 33 年。於多個公營機構擔任公職：香港大學、香港地產建設商會、港台商貿合作委員會、港日經濟合作委員會、港中旅遊協會、香港中華總商會、香港賽馬會、公益金等。曾任廉政公署防止貪污委員會主席、海洋公園、迪士尼樂園、旅遊發展局、貿易發展局、大學教育資助委員會、香港科技大學、香港教育學院、史丹福大學商學院等公職。出版多本旅遊散文集，所得版稅悉數捐贈慈善機構。2000 年獲委任為太平紳士。2002 和 2012 年分別獲頒授銀紫荊星章和金紫荊星章。2009 年獲法國政府頒授法國榮譽軍官勳章。

在「離地」事業上平步青雲，在「貼地」事業上為公司擦亮業績，陳南祿的 40 年事業生涯絕非一帆風順，相反更是危機重重，但他認為只要「老闆英明、同事能幹、夥伴合作、顧客支持」，大家同心協力，便沒有過不了的危機。

進修增值，不斷進步

1977 年香港大學畢業後加入太古集團，陳南祿展開了他的航空人生，

曾派駐大阪、北京及新加坡等地，後來回到香港港龍航空。

「我在大學時念的是政治和歷史，但工作上牽涉很多營運學問、財務理念等，深感對這方面認識不足。當時香港大學校外課程部（香港大學專業進修學院前身）的管理學文憑（Diploma in Management Studies）辦得很好，所以我便報名。」

陳南祿回憶兩年學習並不輕鬆，但他愈讀愈有興趣，發覺管理學就是自己喜歡的「那杯茶」，當中的理論邏輯有趣又實用。上課時，他與來自不同行業的同學一起討論問題，互相表達意見，讓他學會聆聽及包容，更多了解別人的思維方向，這些都是他在課程中的得着，在往後的人生可以派上用場。

「我常常說，人要不斷進步，不應滿足於現況。」他以 100 公尺短跑做例子：「以前認為 10 秒是人類極限，現在保特的紀錄是 9.58 秒。沒有人敢斷言以後不會出現另一位飛人。一言以蔽之：沒有最好，只有更好。」他補充：「人人都記得保特是冠軍，但沒有人知道誰是第二名。換句話說，The world has no place for runners-up（只有第一名才會永遠有人記起）；要做，就要做到最好。」

只選好的，只做對的

2010 年，陳南祿離開太古，投身恒隆，展開人生第二個事業生涯。「地產是傳統行業，但恒隆卻一直擁抱管理新觀念，將可持續發展的概念植根於業務運作之中。」他為公司的精神點睛，定下八字真言：「只選好的，只做對的」，並得到集團董事長兼主席陳啟宗背書，作為集團對員工、社會和環境的關顧準則。

他表示，企業成功其中一個要素是公司大股東領導方針。「陳啟宗便是很好的示範，他為人正直，一直講求用人唯才，曾公開聲稱不會聘用前政府高官；集團一切運作都公開透明，堂堂正正，永遠不會有枱底交

易。這也是我願意加入恒隆的原因之一。」

恒隆是上市企業，每年年初總是率先向公眾公布業績。「我們是公司局內人，年度完結時已大概知道全年業務表現，但小股東卻沒有概念。為減低這種信息不對等的不公平狀況，主席一直堅持在一個月內把報告趕出來。」

管理層為企業確立了正確價值觀及誠信文化，接下來的便要同事協力執行。「作為管理層，千萬不可以將自己視為全知全能，集體智慧必定比一個人的想法優勝。」陳南祿相信，發掘及借用他人的長處才是管理王道。

凡事預則立，不預則廢

經營企業，沒有人樂意遇到危機，但這卻似乎無可避免。對於當年服務於航空業的陳南祿來説，數十年事業生涯更是危機重重。

「1997 年 5 月，我回到國泰上班只有數星期，就發生了 A330 停航事件，佔了當時一半飛機隊伍；7 月爆發亞洲金融風暴；12 月禽流感疫情擴散。1998 年初，公司因業績受嚴重影響而裁員過千人；年中，新機場開幕引發連串問題。1999 年國泰機師鬧工潮。2001 年 911 事件令航空業步入嚴冬。2003 年『沙士』爆發。2005 年油價飆升。」他指出，種種衝擊，超乎想像，必須做好危機管理，企業才可持續健康發展。

從空中回到陸地，陳南祿來到恒隆，又要面對建築物意外以至城市問題。他憶述：「去年大年初二凌晨發生旺角騷亂，地點就在我們幾個商場附近。當天早上起床驚聞事件，我馬上聯同同事去到前線慰問員工，順便派利是。幸好所有同事都平安，商場也沒有遭受嚴重損毀。」

去年 6 月發生的時昌迷你倉大火，是恒隆面對的另一次危機。「火警早上發生，傍晚升級，我們馬上在總部設立緊急應變中心，與各相關單位保持聯繫，同時保持高透明度，向公眾及同事發放最新信息。」陳南祿解釋，雖然恒隆只佔時昌約 7 成業權，但仍責無旁貸，站到前線面對事件。「在淘大商場工作的同事，更自發設立加油打氣站，挪出地方讓消防員休息，提供飲用水及小食，也讓社區街坊鄰里在逆境中互相關顧、打氣。」

他表示，危機管理要有三方面的掌握：預防、掌控及善後。時昌火警導致兩名消防員殉職，他坦言公司同事心裏都很難過，但大家同時明白到危機真的會隨時發生，因而加強了預防危機的意識。

「恒隆目前有一套頗為全面的危機管理方法，並印備手冊講解相關知識和技巧。助理董事關則輝也是我們的危機管理經理，他經常舉辦工作坊，讓同事認清潛在危機，做好預防工夫；又通過模擬情景與同事進行危機演練，讓大家熟習事故發生時的處理程序。」火災發生後的兩個月內，恒隆發放了包括影片及相片的多種聲明，向公眾交代事件的善後工作及最新發展。

七年心路，無限感恩

陳南祿 2007 年因身體染恙，在這之前一直在航空業服務的他從沒想過做地產。病癒以後，因緣際會下加入了恒隆集團，至今接近七年，他說非常感恩。

「雖說是家族生意，但今天恒隆在管理架構及模式上，絕不遜於其他上市公司。在這裏工作的確很辛苦，但滿足感很大，近兩年公司收入更錄得歷史性新高。不過，這絕不是我個人的功勞，而是集團理念鮮明、大股東和董事局支持及領導方針正確、同事努力能幹，大家互相配合，才能達致的驕人成績。」

「只選好的，只做對的」，他自言當年選了好的公司和僱主，做了對的決定。

陳祖澤：
成功始於學習
管理不忘溝通

現任九龍巴士及龍運巴士非執行董事、路訊通控股主席兼非執行董事、載通國際控股獨立非執行董事兼副主席，以及恒生銀行和粵海投資獨立非執行董事。曾服務政府28載，先後擔任港督私人秘書、副常務司、政府新聞處處長、副布政司、工商司、教育及人力統籌司等要職。2000年獲香港大學頒授榮譽院士。現為香港科技大學顧問委員會主席、香港公益金董事及執行委員會委員、香港新聞博覽館有限公司主席兼非執行董事及 The Hong Kong Club Foundation Limited 董事。1999年獲頒金紫荊星章。1994年獲委任太平紳士。1993年獲頒英帝國司令勳章。1986年獲皇家維多利亞中尉勳章。1985年獲英帝國官佐勳章。

在政府系統工作的28年裏，陳祖澤每天都在處理民生相關的事；1993年加入九龍巴士後，進行連串提升服務質素的改革，心之所繫仍是香港市民。歸納數十載人生經驗和管理心法，他認為，成功在於不斷學習，管理首重溝通。

學海無涯，進修補不足

60年代香港大學畢業後，陳祖澤旋即加入政府工商署，因感對工商管理

一竅不通，便報讀香港大學校外課程部（香港大學專業進修學院 HKU SPACE 之前身）開辦的第一屆管理學文憑（Diploma in Management Studies）課程。

「我本科修英國文學，再去念管理學，兩者性質完全不同，付出的精力等於再念一個學位。」雖然讀得吃力，但他不以為苦，課堂所學令他以後在不同部門的管理及決策工作更得心應手。

1976 年，他獲保送至英國進修管理學。「這是一個為全球管理精英設計的課程，六個星期的學習讓我吸收了新鮮資訊，又能與來自歐洲、亞洲以至非洲的同學交換心得，實在是難得的經驗。」

回港後繼續投入政府工作，他經常參加銓敘科（現公務員事務局）安排的培訓班，印象最深是一對一學習普通話。「當時我是常務科的副常務司，負責中英《聯合聲明》的後勤支援工作。」

後來他轉到私人市場，先後擔任不同上市公司主席及董事，時至今天，仍未停止學習，遇上合適的課程，就會報讀。「科技日新月異，知識與時更新。別説 50 年前沒有電腦、互聯網，甚至連電視也沒有，現在則隨時隨地也可以看手機和平板電腦了。」他説，持續進修是不讓自己落後。

由公至私，以身學法

陳祖澤在政府服務的最初十多年，與工商界聯繫最緊密。「互相溝通，知己知彼，官民合作，有助政策的釐訂和推行。」不過，在交流之中，他常常聽到對方有意無意批評政府架構複雜，工作步伐緩慢，與工商界講求效率的原則截然不同。他坦言聽後心裏並不舒服，打算日後有機會便「以身試法」。

不久，時任新鴻基主席的馮景禧透過中間人招攬陳祖澤加盟，雙方幾乎一說即合，於是，陳祖澤在 1978 年由公務員搖身變為財務公司的執行董事及總經理，在任時成功為新鴻基財務公司申領銀行牌照。「這是一張亮麗的成績表，因為當時政府已停發本地銀行牌照超過十年。」

可惜樹大招風，同業的覬覦和猜忌令新鴻基財務成為市場謠言焦點，導致公司被存戶擠提。雖然事件最後得到平息，但公司卻被法國銀行收購。「法國銀行要重整管理架構，我也無意繼續留任，便決定重返政府系統。」

他表示，在新鴻基一年多的經驗十分寶貴，也是人生中一個重要學習階段，過程中最難忘的是馮景禧的一番話。「他說：公務員面對一件事情，首先會考慮有沒有否決的原因，沒有的話，即是要做，接着才思考如何去做。生意人的態度則不同，除了違法之外，沒有不可做的事，所以一開始便是計劃如何進行。」

他指出，這是公私營機構做事的最大分別，但沒有對與錯之分。政府制訂政策，長遠影響香港大部分市民，一子錯滿盤皆落索，所以不得不慎重研究討論。商業機構策略的好與壞，基本上只會影響公司的員工及股東，策略失誤，破壞力比較小。

打造九巴品牌，管理不忘溝通

1993 年，正擔任教育統籌司的陳祖澤選擇提早退休，同年加入九龍巴士有限公司任董事長，銳意將九巴打造成香港著名品牌。

他首先為車長建立專業形象，讓 8000 多名巴士司機換上漂亮的制服；再推行車長證制度，將他們的名牌掛在駕駛位置旁邊。管理層通過了這個決定，卻遭到部分車長反對，表示不想被乘客「抄牌」。「我向他們解釋，銀行職員、酒樓侍應也有名牌，這是對他們身份的認同，最後成功說服大家。」

計劃正式推行後不久，有乘客致信九巴點名讚揚車長的服務態度，陳祖澤將表揚信登於公司內部刊物，人人都感到很鼓舞。「在公司推行新措施，應要有商有量，大家同意了才去做，更重要就是得到執行團隊的理解和接納。任何工作首重溝通，團隊達到共識，才能上下一心，實踐願景和使命。」

為了讓九巴更深入民心，他又破天荒在電視上賣廣告。一條《緣份》短片，既帶出一份香港溫情，也道出了車長與乘客的微妙聯繫──每天同一時間在同一車站相遇，雖然互不認識，但一點不覺陌生。「我跟車長說，乘客都是朋友，朋友同車，大家的安全都在他們的手上。廣告推出後，乘客對車長更加留意，有時會微笑點頭打招呼，一切盡在不言中。」

乘搭巴士要上高落低，對健康乘客是輕而易舉的事，但 90 年代以前的傷殘人士卻無法享受這種平價交通工具。有見及此，陳祖澤又為九巴在 1997 年引進全球首部可容納輪椅乘客的超低地台雙層巴士，開創無障礙巴士服務先河。「社會提倡傷健共融，我們作為服務市民的公司，當然責無旁貸。」

2008 年，陳祖澤正式退下火線，不再負責實務工作，只擔任非執董職位，但仍繼續找機會進修。他說：「終身學習是人生不可缺少的重要選項。」

陳慶祥：
以知識
活學活用、
滋潤人生

傳媒資深管理人，退休前是《信報》主席，曾任衛星電視有限公司行政總裁、
無線電視廣播有限公司總經理。香港大學管理學碩士，英國管理學院院士。

70 至 90 年代縱橫傳媒界、最喜歡為企業問診把脈解疑難的陳慶祥説：
「人生就像海綿，知識就像水，『上善若水』。我們應該要不斷吸收學
習，需要時把知識適當運用，之後又不斷吸收，繼續滋潤人生。」

尋找理論印證實戰

在 60 年代末加入無線電視（TVB），數年間已榮升總經理級，陳慶祥從
社會大學實戰中掌握了管理技巧，為了進一步強化工作成效，便報讀香
港大學校外課程部（DEMS，香港大學專業進修學院 HKU SPACE 之前
身）的管理學文憑課程（Diploma in Management Studies，DMS）。

「中學畢業後我便投身社會，邊做邊學，一直覺得自己有不足，希望能
有系統地學習正宗理論，在工作中可以擴大使用。」

雖然過去曾被公司派往海外接受培訓，但陳慶祥認為在 DEMS 的學習

是截然不同的經驗,更可稱為他人生其中一個轉捩點。「我一直很希望念大學,工作後以為不再有機會,但 DMS 可以讓我銜接至港大管理學碩士,助我達成心願。DMS 的訓練既專業又有系統,正正是我想要的東西。更重要的是,課程實用性強,今天晚上學習明天用。同學更是珍貴資源,他們都是不同背景的實幹派,一同學習,交流經驗,活學活用,難能可貴,滿足感很大。」

他舉例,課堂上學到的運籌學(Operations Research),正好用於 TVB 的工作上。「我們要生產若干小時的電視節目,就要計算編、導、演、廠四方面的資源調配,務求在有系統的管理框架下配合個人及集體創作,發揮最高效益。」

兵馬俑及 Sony 的啟發

學習期間,陳慶祥到西安出差,在那裏參觀了兵馬俑,赫然發覺原來中國在二千多年前已有生產線與藝術的結合。「俑的身體是生產線,全部一樣;但樣貌卻是不同藝術家的創作,每個俑都刻有個別藝術家的名字。」

他表示,管理學的其中一個精髓是「管而靈活」。運用於電視事業上,既要規管生產線的資源使用及財政支出,又不可窒礙同事的創意,兩者取得平衡,不斷有新鮮感,每天都能感到有新意、新創作,這才有讓觀眾再三回味的藝術作品誕生。

何謂創作?創作就是不斷嘗試、尋找新路,在管理上以目標管理(Management by Objective) 及 例 外 管 理(Management by Exception)為前提,不斷吸收觀眾意見、中外品味,創新潮流。在 TVB 任內,他又鼓勵大家提意見,推動集思廣益的文化,造就了幾代出色的電視人。

他指出,近代的破壞性創新(Disruptive Innovation)理論也很值得管理人深思。「1979 年 Sony 推出的 walkman 風靡全球,但後人不敢打

破既定的音樂檔案格式，最終被蘋果電腦的 iPod 攻佔了 walkman 市場。這個歷史教訓我們，經營業務不進則退，做管理或當老闆要有膽色，推陳出新，才不會被淘汰。」

陳慶祥形容自己喜歡發揮團隊合作精神，互補不足、迎難而上，挑戰不可能的任務。當人人都認

為事不可行時，他反而認為是好機會，躍躍欲試。「我未必一定成功，但可以讓人知道我曾努力付出。」修讀管理課程時，他經常與老師和同學互動交流，從不同角度參考和鑽研個案，他深感自己的組織及實踐能力比從前強得多，思考也更立體，辦事效率更快更高。

以心換心真友情

回憶當年學習，除了知識上的增長之外，陳慶祥最難忘的是一班同窗，三、四十人來自五湖四海，背景各有不同，有政府高官、會計師、設計師，也有做老闆的，大家同心同德，互相提點，無私交流，不知不覺孕育了一份純如清水的友情，所以大家都很期待上課的日子。

「人與人之間相處，有人選擇要鬥爭，浪費了很多精神和時間；有人選

擇和諧共處、互諒互讓，求同化異、互補長短，結果成就了很多好人好事。我們選擇了後者。」

他憶述，當年白天上班，每星期兩晚下班後上課，雖然很疲累，但當步入課室時就變得精神奕奕。星期六上午也有課，下午就是「吹水會」。

「同行的人看事會有盲點，但不同背景的人討論問題卻容易激起火花。比如說，自己一直以為是黑的東西，原來在老師、同學眼中竟然是白的或是不同的灰色。這讓我意識到，面對同一件事，由於經驗、心念不同，領悟也截然不同。」他認為，上班一族的生活圈子難免有所局限，最好可以多與不同人物接觸，即使只是閑聊兩句，也有助刺激思維，增長智慧。

活出海綿人生

陳慶祥長袖善舞，TVB 在 1984 年上市，他是功臣之一。離開後輔助和記黃埔創立衛星電視。後來轉戰中國內地，做了十年管理工作，協助不同公司發展，為大企業望聞問切，消除疑難雜症。十多年前，他獲禮聘出任《信報》主席，效力至 2015 年正式卸任。

退休前，他每有機會就到外地念些短期課程，與各國不同學生交流、更新管理知識。退休後，他則享受旅遊之樂。「世界很大。每到一個地方，我都張開眼睛看，豎起耳朵聽，真正的大開眼界，擴闊視野。」他又喜歡探究歷史，最近愛上研究匈奴民族的遊牧帝國經濟、草原文化，看書學習之餘，也會與學者交流。

「人生就是要不斷好奇、學習和跟他人分享。現在科技進步，從前找資料要翻閱百科全書，現在百科全書都在手機裏，雖然方便，但卻很『冷』。」陳慶祥說，還是懷念及享受在課室內上課，互助交流、切磋，吸收知識、經驗，就如海綿浸在溫水裏，暖洋洋。

劉美詩：
不斷學習，
煥發生命力

現任康泰旅行社高級副行政總裁，擁有接近 40 年旅遊業經驗，帶領公司屢獲殊榮。個人成就包括：2010 年獲 Edinburgh Napier University 年度國際校友大獎。2007 年獲 HKMA／ TVB 最傑出市場策劃人。香港大學專業進修學院傑出校友獎。現為香港旅遊業議會出外旅遊委員會委員。

70 年代投身旅遊業，除了中途離開了一段短時間外，劉美詩在業界服務接近 40 年，由初級文員至高級副行政總裁，為無數外遊旅客帶來歡樂，為公司化解不少危機。她說，人生每個階段都是學習：「帶團讓我領悟到與人溝通的技巧；上課使我找到理論支持管理工作；解決問題就是累積經驗的過程。」

做好工作，就要多學習

1978 年中學畢業後投身社會，劉美詩的第一份工作是在康泰旅行社任初級文員。三個月後，她獲擢升為領隊，馬上申請護照，迎接人生第一團。「感謝同事教路，她給我畫了機場指示圖，解釋了一切出境程序。出發時，我帶着 40 多位團友，完全沒有出錯。大家只知我年輕，卻不知我是初試啼聲。」

劉美詩當了幾年領隊,帶着旅客遊遍東南亞各地。她認為,帶團的最大得着,是讓她有機會學習面對不同背景人士,在過程中進步成長。「一個旅行團中,有長者也有小孩。最初,我只懂與年輕人溝通,結果被老人家批評照顧不周。這讓我醒覺到,我不可忽略任何一個人,縱使與長者沒有共同話題,也可以熱誠態度服務對方,攙扶他們上下車,以行動與他們溝通。」

她印象最深刻的一次,是一位年輕男團友給她看手槍畫冊,當時不足20歲的她即時反應:「我是女孩子,對槍械沒興趣。」對方毫不客氣,當着其他人的面批評她,身為領隊應擁有多方面知識,沒興趣只是藉口。「當時我很尷尬,也有點不開心,但回家後仔細反省,覺得他的確有道理。」自此以後,她由從不看電視新聞報道變成天天留意時事、經濟、社會議題,甚至連娛樂新聞也不放過。「今天回想,他的批評推動我認識世界。『凡攻我之失者,皆我師也。』他就是我其中一位老師。」

她形容自己性格外向、愛說話,做事希望得到別人讚美和肯定。她願意積極學習,做好領隊這份工作。

不甘止步,為自己加油

隨着香港社會愈來愈富裕,旅遊業也步入興旺期。「公司規模漸漸擴大,需要栽培更多管理人才,我們這些累積了好幾年經驗的領隊便是對象。」劉美詩表現出眾,在 1987 年已晉升為總經理,工作擔子愈來愈重,她卻在 2003 年報讀了香港大學專業進修學院與英國愛丁堡龍比亞大學(Edinburgh Napier University)合辦的 Master of Science in Marketing 課程,開啟了工餘進修之門。

「努力了這麼多年,我有幸成為公司的管理層。不過,隨着公司不斷發展,愈來愈多新血加入,當中更不乏大學生。我覺得,若要與他們有效溝通和合作,除了具備實戰經驗,也要有理論支持。我並不滿足於自己的學歷,所以一直都有再念書的打算。」

她坦言，兩年課程讀得頗吃力，有時因公而忘課，好幾次要申請延期交作業，幸好最後順利畢業。「課程讓我學會更系統地整合有用資料和數據，分析能力也明顯提升了，與市場部同事討論工作時也更順暢。」此外，進修也給她帶來了意外收穫。「我在不知不覺間為大家做了一個榜樣，雖然我身在高位，但仍在鞭策自己。因此，當我要求大家做得更好時，他們也樂意接受。」

緊急應變，臨危不可亂

管理旅行社業務，除了要擔心旅客人數不足，最大的挑戰莫過於團友在海外發生事故。危機應變專家劉美詩認為，不論是哪個單位出錯，善後工作必須做得好，才有機會挽回公眾信心。「當同事報告有意外，我會先徹底了解前因後果及具體情況，因為若有半點遺漏，就有機會令我作出錯誤決定。在取得所有資料後，我們便向公眾如實發放消息，解釋後續安排。」

有人形容劉美詩在公眾面前表現淡定，但她卻說其實內心抖震得厲害，只不過她背負着公司的品牌、同事的寄望，前線同事已在處理問題，自己有責任要穩定他們的信心，帶領他們解決問題，假如自己表現驚惶失措，他們必然會更加慌張。

原來，劉美詩早在90年代時已為康泰成立了一個20多人的緊急應變小組，每當旅行團在海外發生事故，小組同事馬上召開會議隨機應變。在過去數十年，她應付過無數難題，形容自己「身經百戰」。

「我是一個比較正面的人，每一次遇上問題要解決時，我會安慰同事，鼓勵大家將不幸當成幸運，因為我們又上了一課，又多累積一次經驗。就如海綿一樣不斷吸收水分，日後有需要就可釋放出來。」

六十年代——管理學課程

離開以後，更了解自己

2010年，劉美詩突然離開工作了32年的旅遊業，搖身變成「人之患」，頗令人吃了一驚。「當時我的身體狀況不太好，經常失眠。醫生說我工作壓力太大，身體開始抗議。適逢香港城市大學邀請我做兼職講師，我便決定轉換環境。」

任職康泰總經理時，她常常要指導同事工作，又應邀到不同機構做演講嘉賓，她以為自己會喜歡教書，直至置身課堂時，才知道並非那回事。「做領隊時，數天行程結束，我便知道團友對我的表現是否滿意；做管理時，推出旅遊新計劃的話，我從公眾報團的反應便知道計劃是否受歡迎。可是，教學是漫長的旅程，我無法在短期內看到效果。我才發覺，原來自己已習慣了迅速獲得答案的節奏。」不過她的課堂，學生出席率是百分之百，這還是讓她有點滿足感的。

既然工作不適合，劉美詩也不勉強自己，教了一個學期便辭職。之後，她休息了一年多，投入其他旅行社做自由行生意，三年後，在2016年10月，她又回到康泰大家庭。

壓力依然，心態卻輕鬆

離開又回來，劉美詩表示工作量比以前有增無減，但自己的心態卻已變得輕鬆。「從前的我事事上心，像拉緊的橡皮圈，晚上難以安眠，怕半夜電話響起。下班後上瑜伽課也無助卸去壓力。現在心態改變了，雖然仍然擔心工作，但我跟自己說，凡事盡力而為就好，再緊張對事情也沒有幫助。」

近幾年，旅遊生態改變了，網上安排旅遊十分方便，對於以提供服務為主要業務性質的傳統旅行社不無衝擊。劉美詩表示，康泰正在從後趕上，積極發展網上平台。另一方面，她也會根據自己所做的小型調研結果，多辦特色團、主題團，例如鼓勵子女帶父母一起旅行。

「人要不斷創新，才有生命力。行業也如是。」

美術、設計與 語言課程—

開拓事業發展空間， 提升個人氣質素養

美術、設計及語言是香港大學校外課程部（簡稱 DEMS，香港大學專業進修學院 HKU SPACE 的前身）創校伊始已開辦的少數學科之一。開首數年課程包括繪畫、人體寫生、陶器製作及室內設計，之後漸漸加入工藝班，再以後又有中國書畫、西洋畫及攝影等。60 年以來，DEMS 透過辦學撒播藝術種子，讓藝術傳承連綿不斷。

中西美術，共冶一爐

DEMS 創校於 1957 年，翌年邀得約翰・溫訥（John Warner）擔任學院講師，協助推動香港美術發展。1969 年，DEMS 得著名水墨畫家譚志成加盟，講授中國繪畫、基本繪畫和中國藝術史等課程。1972 年，水墨畫大師呂壽琨及王無邪為 DEMS 開班教授藝術探索、繪畫藝術研討等。

70 至 80 年代，DEMS 得到已故美國紐約畫家 Martha Lesser 加盟擔任美術與設計課程總監，她在任內發揮所長，一時間西方美術課程如雨後平原，綠意盎然，不僅提供繪畫、素描、攝影、美術史、西洋畫欣賞等興趣班，更增設兩個兼讀證書課程，吸引了大量美術愛好者報讀。

雖然身為西洋畫家，Martha 卻沒有忽略中國美術，常常藉出席中國藝

術展覽結交出色的中國書畫家，並延聘他們到 DEMS 任教，讓中西美術在院校一同發亮。

1988 年，陳碧蓮加入 DEMS 團隊，直至三年後 Martha 回到祖國，便接任課程總監。後來機緣巧合，她先後邀得熊海、葉民任、王齊樂、何才安、沈平、容浩然、馬潤憲、鍾育淳等先後來到 HKU SPACE 開班。「這數十位中國書畫大家壯大了我們的導師隊伍，不少人聞風慕名而來，爭相報讀，書法、水墨畫、書畫研究等課程學額幾乎供不應求。感謝這些大師令我們的中國美術課程在 90 年代初開始進入輝煌期。」

陳碧蓮亦感謝當時的楊健明院長、陸人龍副院長。「1999 年中，他們在地價高昂的金鐘地段成立藝術及設計中心，包括 4 個設備完善的課室及藝術設計科職員辦公室，資源難得，意義重大。當時成為教育界盛事，報章更以全版報道。」她續解釋，1991 年時美術及設計共開 70 班，兩年後增至 104 班，至 2000 年更多達 172 班，學生人數超過 3000。由於班數太多，地方實在不敷應用，課室數目增加是強心針，她仍要絞盡腦汁編排課程時間，除了增加早上課節，連周六日都要開班，才能稍免學生向隅。

重視興趣，發掘潛能，伴同學高飛

除了中西純藝術課程外，HKU SPACE 開辦的設計課程也數一數二，內容涵蓋室內設計、視像傳意、時裝設計等範疇，目的是有系統地傳授設計知識和技巧，培養學員的創意思維。

陳碧蓮認為，美術教育的價值和作用，在於協助同學發掘傳統學科以外的潛能和天分，從而肯定個人存在價值，提升自信，乃至能創造美好將來。每年香港有不同單位舉辦設計比賽，HKU SPACE 的同學都取得優異成績。「我曾出席學生在決賽階段的作品介紹環節，他們表現之出色令我十分感動。我們絕對不可少覷他們的能力和天分。只要有空間，他們就可以發揮創造力。」

千禧年,香港大學附屬學院成立,正式開設美術及設計全日制高級文憑課程;2006 年,更與英國 Middlesex University 合辦銜接學士學位課程,包括:室內建築及設計榮譽文學士(Bachelor of Arts〔Hons〕Interior Architecture & Design)及平面設計榮譽文學士(Bachelor of Arts〔Hons〕Graphic Design)。兩個學位課程至今共培養了超過 300 名畢業生。

「一些在傳統學科成績差強人意的學生,但在美術和創作方面卻很具興趣和天分。HKU SPACE 為他們提供了這方面的學習機會,讓他們可以循這方向發展個人事業。」陳碧蓮回憶自己在大學時代,課堂和習作自己都喜歡,不但完全沒有壓力,而且十分愉快;投身社會工作,也在做自己喜歡的事,感覺非常幸福。她希望年輕人也有這種機會。

業界精英支持,讓同學走入設計殿堂

為保證高水準的學術質素,HKU SPACE 邀請了社會精英為不同學科擔任客席評審。「當年其中一位為美術和設計學科做顧問的是著名建築師梁志天先生,他不但讚許同學的作品,更主動建議給予獎學金,又讓同學在暑假時到他的設計公司實習,成績優異者更可獲長期聘用。此外,全球著名設計公司穆氏(M Moser Associates)亦主動接觸 HKU SPACE,委任旗下不同設計師為我們擔任評審,同樣亦給予學生獎學金。」陳碧蓮表示,業界的支持充分肯定了同學的成績,激發了他們的鬥志。

六十年代——美術、設計與語言課程

據資料顯示，不少 HKU SPACE 學員在畢業後成為了設計師，工作滿足，生活也開心。曾有畢業校友表示，HKU SPACE 的高級文憑徹底改變他的未來，現已成為平面設計師。

世界語言，薈萃一堂

HKU SPACE 的語言課程最早可追溯至 DEMS 創校第一個學年的英語及葡語班，當年的葡萄牙語言及文化課程更是三大最受歡迎課程之一，吸引了 60 名學生報讀，半數來自居港的葡裔人士，他們希望與本身母語保持接觸；半數是與巴西做貿易的香港商人或準備移居巴西的香港人。

第二個學年起，DEMS 的語言課程已經百花齊放，由英語、葡語、西班牙語、德語、意大利語、俄語等歐洲語言，以至日本語、普通話甚至廣東話等東方語言，都包羅其中，而當中又以西班牙語最為吃香，曾有多達 70 人報名。

根據 HKU SPACE 的收生統計顯示，語言課程經歷幾個興盛時期：由早期的歐洲語言至英語、普通話，以至近年的日本語、韓國語，反映學習語言與社會和潮流有密切關係。

語言促進溝通，美術完善人格

全球一體化是 21 世紀的重要課題。掌握多門語言，不僅有助促進經濟交流、文化欣賞及提升溝通技巧，更可以輕鬆穿梭於學習、工作和旅行遊歷等不同道路。

美術沒有標準，但可以訓練多角度思考，培養個人氣質素養，例如繪畫可以由不同角度及方向入手，過程中既可啟發思維，也可發掘創造力，這對於從事任何行業的人都有用。陳碧蓮現已退休，但仍心繫美術教育。「主流教育對美術不夠重視，幸好 HKU SPACE 填補了這方面的不足，為曾經錯失機會的朋友提供第二次學習機會。」

林超英:
發掘興趣 認識生命

在香港大學學習數學和物理,在英國帝國學院學習氣象。退休前是香港天文台台長,任內獲選為世界氣象組織亞洲區域協會副主席。2010年獲推舉為英國皇家氣象學會榮譽會士。退休後就氣候變化、愛護自然、開心人生等課題到處演講,也是活躍的網誌作者;並積極參與社會活動,範疇包括城鄉共融、自然保育、環境保護、教育、科學普及、童軍、紅十字會等;義務工作包括香港中文大學客座教授、香港政府環境運動委員會主席等。主要興趣是觀鳥,為香港觀鳥會首位華人主席,著作有觀鳥的經典《香港及華南鳥類》。

林超英,自大學時代開始,一直沒有停止課餘或工餘進修,先後讀過中小企管理學、西洋畫欣賞、觀鳥、西班牙文、法文、現代舞等。他說:「觀鳥改變了我的思想和生活態度;跳舞開啓了我的內在靈性;外語使我更有效與世界溝通。我希望可以不斷學習,直至人生最後幾分鐘。在最後階段回顧一生時,能真心給自己一個讚,一生便無遺憾了。」

精彩人生路,簡單隨緣行。林超英回憶年少時代,自言對學業沒有具體規劃,一直都是順其自然。1966年,他唸中五,以為完成會考就要開始工作了,誰知成績達標,可以多讀兩年預科班。之後他成功考進香港大

學，主修心儀的物理科及數學科。林超英謙稱自己是運氣好，但更大原因當然是他付出很大的努力，才能成為當時少數能入讀大學的天之驕子。

你永遠不知道何時能學以致用

1972 年，林超英取得理學士深造學位（BSc〔Special〕）後，赴笈英國倫敦帝國學院，一年後取得氣象學碩士學位，回港當了一年教師後，終於如願以償，成為天文台的一分子。

原來，林超英自小熱愛天文，在中學二年級時，已渴望將來可以進入天文台工作。不過，他估計這個願望實現的機率很渺茫，更大可能要做其他行業，打算預早做點準備，所以在大學期間，他就報讀了香港大學校外課程部的中小企管理學。他説：「課程的內容包括 CIF（成本加保險、運費）、FOB（裝運港船上交貨）等。後來在天文台上班，供應商的報價上也有這類字眼，同事不明白，我卻了解。你永遠不知道何時能學以致用。」

當興趣變成工作，美麗的災難

林超英在 1974 年 5 月加入當時的皇家香港天文台。很多人會羨慕那些可以將興趣變成職業的人，但他認為這並不如想像般有趣。「將天文視為興趣，你可以選擇閱讀自己喜歡的天文書籍，在高興的時候用天文望遠鏡觀星。但當它變成你的職業時，你就背負了完成工作的責任，不能隨自己意願做喜歡的事。興趣與工作，兩者有顯著不同。」

他説自己雖然不是十分聰明，但工作時卻非常用功。「不過，儘管你覺得自己工作表現不錯，但世界上總有一個人説你做得不夠好，他就是你的頂頭上司。我的情況是，我的夢想成真了，就與這個職業緊緊扣在一起，我捨不得離開，即使受了很大的氣，也要咬着牙關捱下去。」他解釋，氣象學是一門很「窄」的學科，並不是每間公司都需要科學主任，他能跳槽的空間不大，「所以，當最大的興趣變成工作，既是美事，也是災難。」

從雀鳥活動思考人生，學懂包容與尊重

夢想變成事實，沒有讓林超英停止學習。1976 年，他報讀了港大校外課程部的「香港鳥類」，學習觀鳥，自此讓他徹底改變了生活態度。

不過，由於坊間幾乎沒有關於鳥類的出版物，唯一的視覺教具就是導師將雀鳥照片轉成投影片，在課堂上播映，所以，同學就要用自己的方法做筆記。林超英說：「我的方法很原始，就是白描雀鳥的外形，標明顏色，過程既痛苦又刺激，因為要與時間競賽，怕一幅未畫完又要畫另一幅。後來，當我拿着筆記本走入香港墳場進行第一次實地觀鳥時，紅耳鵯、白頭鵯、珠頸斑鳩、鵲鴝……一一進入眼簾，簡直讓我看傻了，感覺大自然真的很奇妙。」

林超英表示，學習觀鳥只是他人生的一個偶然，在這之前完全不知道自己竟會愛上它。觀鳥不僅提升了他的觀察力，使他更覺知身邊的一事一物，對他的思考方式及工作態度也有極大啓發。「我覺得這是緣份，從前沒有意識到身邊有雀鳥，但上課以後就發覺四周都有牠們的踪影。牠們飛來飛去、追逐、打架、求偶、覓食、餵哺，與大自然無縫配合，我將這些片段投影到自己的生活上，漸漸就會思考有關人的問題。那種感覺很神奇，就像自己的心窗突然被打開，是名副其實的『開心』。」

台灣將觀鳥稱為賞鳥，林超英並不認同，因為後者讓人感覺人高鳥低，但前者就有地位均等的意思，是人和鳥對望，你看到牠，牠也看到你。「我真心不覺得人類比其他生物高級，我常跟別人說，細菌是我的表兄弟，我不喜歡別人說要殺菌。」

工作上，林超英一直覺得自己能力很高，看人看事都很準，根本看不到自己有盲點。「觀鳥使我『開竅』，讓我更樂於與人討論，儘管對方說的話我從未聽過，但可能他是對的，所以我會細心聆聽。很多時候，我作的最後決定都不是我最初的意見，但沒所謂，大部分人同意就好了。我想說，我培養了對人的包容心。」林超英笑說，在觀鳥的過程中，他學會尊重雀鳥，也學會更加尊重人，所以他從不「拍枱」責罵下屬。

生活方式沒有唯一，原來可以很簡單

後來，林超英獲邀加入觀鳥會，開始將這項活動向華人社會推廣開去。他表示，觀鳥帶給他無窮樂趣，希望透過不同渠道與更多人分享。「我曾為世界自然基金會開觀鳥講座，試過席上只有一位聽眾，但我仍然堅持去講，我想，能吸引到一個人也是好的。」

1997 年，林超英當上了觀鳥會會長，更積極擴大會員規模。「我在 HKU SPACE 教過幾年觀鳥課，在第一堂問同學當天有否見過雀鳥在天空飛過，竟然大部分人都說冇！」他又策劃各地觀鳥活動，例如本地巴士觀鳥團、內地觀鳥團、東南亞觀鳥團。他解釋，不同生態環境會吸引不同雀鳥，所以有必要周遊其他地區及國家。「有一次，我們去到貴州山區的村莊，一位老伯邀請我們到他家去坐坐，打開門後只見家徒四壁，除了他身上那套比較像樣的衣服，全副家當就只有屋角由幾塊石頭砌成的爐灶和一個煮食煲。但他完全不覺得冇面子，還高高興興地招待我們，他重視的是人與人之間的溝通。我赫然發覺，生活原來可以這樣簡單。那位老伯的物質生活匱乏，但內心並不貧窮，而且活得比很多人更開心。」林超英形容這是觀鳥活動產生的邊際效應，令他覺得人生不過如此，何須你爭我奪？最重要的價值，就是活在當下。

以動作演繹內心世界，在藝術中尋找熱情

80 年代初，林超英又報讀了 HKU SPACE 的現代舞班。「現代舞強調的是演繹方法及表現形式，當你透過肢體動作抒發喜、怒、哀、樂時，觀眾很容易可以意會得到。跳舞讓你重新認識自己的身體，原來手腳的配合竟然可以反映內心世界，可以說是一種向內的探索和反省。這聽起很抽象，但當你身歷其中時，你就體會得到。」他認為，每一次學習都可以為你開啓人生新方向，都有某程度的得着。

理科出身、退休前一直從事天文工作的林超英，興趣並不限於科學領域。在舞動生命之後，他又報讀 HKU SPACE 的西洋畫欣賞。「最有

趣的課節是關於超現實主義藝術。1917 年，達達派代表人物法國畫家杜尚（Marcel Duchamp）造了一個瓷器尿壺，把它倒置展出，命名《噴泉》，竟然擊敗了現代藝術大師畢加索。西班牙籍的達利（Salvador Dali）在他的《記憶的永恆》畫作上，以融化了的時鐘比喻為時間，成為經典之作。這是一個顛覆的時代，誕生了不少撼動人心的藝術作品。」林超英娓娓道來，充分表現了他對西洋藝術的熱情。

學習他國語言，打破溝通障礙

除了觀鳥、舞蹈、西洋藝術之外，林超英對外語也有興趣，30 歲左右時學過日文及普通話，日文是跟老師學的，普通話是自修的。之後又讀了幾年法文，雖然會話及不上其他同學，但筆試卻取得滿分。「學法文時我已經 40 歲，這個年齡對學習外語來說已經很勉強。」話雖如此，他卻在 56 歲時報讀 HKU SPACE 的西班牙文課程，是班中的「長老級」學生，而且一讀就是三年。他解釋：「當年是我升任台長的第三年，白天工作非常忙碌，我便決定在晚上選一門難讀的學科，逼自己將全副精神專注於學習，腦袋就沒有空間想工作了。」

原來，林超英在 2000 年擔任天文台助理台長時，與當時的台長一起出席了四年一度的世界氣象大會。他們在會上提出，世界氣象組織（WMO）應設立世界天氣信息服務網，包含世界主要城市的官方氣候信息和天氣預測。「與會國家及 WMO 都沒有反對，但也沒有具體行動及支援，我們便決定牽頭。網站設計好了，香港天文台及澳門氣象局成為網站首批會員，然後我再逐個國家去信游說，邀請她們加入會員，中文、英文當然沒問題，但當與非英語系國家聯絡時，我所學過的日文、法文、德文、西班牙文就派上用場了。」

林超英估計他總共發了超過 1000 封信件，他所懂得的語言都用齊了。「網站做得很成功，截至 2016 年 3 月，已經有 166 個會員國，提供超過 1800 個城市天氣預報，語言介面包括：英文、繁簡中文、法文、西班牙文、德文、意大利文、葡萄牙文、俄文、波蘭文、韓文及阿拉伯文。」

對於林超英來說，學習外語可以打破溝通障礙，與世界建立更有效的聯繫。「出席業界會議時，若能以對方的言語跟對方聊天，對方會很高興，也感到受尊重，自然樂意與你作進一步交流。」

林超英認為，人跟雀是平等的。

重視生命與靈性，開心比快樂更重要

除了正規學校課程外，林超英自 70 年代起不斷進修，報讀了超過 30 個校外課程。他認為，學習不必由興趣出發，也不用理會課程長或短，讀一些與自己毫不相關的東西，說不定會有另類的發現。「其實，上校外課或興趣班就是去發掘新鮮事，這個過程是最有趣的，也是最有價值的。」

2009 年，林超英卸任天文台台長，開始享受退休生活。現在暫別教室的他，除了每周一節與太太去學習舞蹈，也會到處演講，以及留在家中看書。他認為，不上課不代表不學習，自修也可以有很多新發現。「上課是學習的捷徑，導師經過研究和消化後將精華傳授學生。但當你有太多事情要照顧，沒有固定空閒日子和時間，自修學習也是很有趣的。前一陣子，我就研究了 800 年前南宋的邱處機拜會成吉思汗的路線及兩人會面的準確地點，並寫了一篇很長的文章：《無聊研究：邱處機見成吉思汗》。」他形容現在的自己比快樂更開心。「快樂，是你完成了一件事或得到了一件東西的感覺；開心，是你從留意到發現四周事物的開悟。對我來說，開心比快樂更重要。」

今天的林超英，活得開心又自在，對人包容，對事醒覺；認識生命，培育靈性；他會計劃未來，但不會為明天擔憂。他說：「人生是一個不斷發現新事物的旅程。通過學習和體驗，你會發覺這個世界是多姿多采的。」

梁永祥：
以正確態度
做足一百分

在香港金融業歷任高職，擁有超過 30 年金融及銀行業之管理經驗，對業界貢獻良多，獲傳媒冠以「卡王」及「電子支票之父」美譽。現為地產代理監管局、僱員再培訓局、香港大學專業進修學院基金籌募委員會、香港創意藝術中心有限公司董事局、浸會大學工商管理學院諮詢委員會等組織主席。曾任香港演藝學院校董會及香港舞蹈團董事局主席。2005 年獲香港特區政府委任為太平紳士；2009 和 2016 年分別獲頒授銅紫荊星章和銀紫荊星章。

「當機會來到時，我希望自己有能力去把握，但我不會走旁門左道。我無法阻止其他人進步，但卻可以防止自己落後，學習就是其中一個主動提升個人競爭力的方法。」過去數十年，梁永祥在銀行界扶搖直上，屢創新猷。今天他已從新鴻基金融行政總裁的崗位退休，開展人生和事業的新一頁。回望過去，他認為自己的成功在於態度正確。

學習補不足，機會是留給有準備的人

梁永祥在 1978 年畢業於浸會學院（現浸會大學）英國文學及語言系。畢業後在美國運通國際股份有限公司（香港區）當主任級職位，領導十餘人的隊伍。

「擁有良好英文水平的確是找好工的優勢,但這並不代表你處理所有文件都可以得心應手。」他解釋,讀完英國文學,寫英文時,文法及句子表達當然沒有問題;但商業文件如會議紀錄、工作報告、備忘錄、計劃書等,除了要求文法準確外,也講究寫作技巧、格式和表達方法。因此,投身商業社會後,他便報讀香港大學校外課程部(香港大學專業進修學院前身)的一年制商務英語課程(English for Business),以彌補自己這方面的不足。

老闆知道他主修英國文學及翻譯,又知道他讀過商務英語,便指定由他當公司周會的秘書,為會議做紀錄。不出數年,他獲擢升至信用服務部總監。往後數十年,他憑着個人努力及創新概念,穩踞銀行界高管地位。

「卡王」奇招致勝,發明信用卡獎賞錢

從美國運通至渣打銀行至恒生銀行,梁永祥一直主理信用卡業務,對業界貢獻良多,其中最為人稱道者,就是開創了信用卡 cash dollar,因而為他贏得「卡王」美譽。

「過去,銀行推出以簽賬儲積分換禮品計劃,先請買手根據預算購入不同貨品,再印備目錄寄送給客戶。可是,有時客戶儲夠分數去換領心儀禮品時,才知已經換罄,要另選其他禮品;繁忙的時候,往往要排隊排足一天才換得到。銀行明明想回饋客戶,誰知客戶卻換到一肚子氣。」

這種推廣辦法牽涉很多物流及人手問題。梁永祥有見及此,便改革了獎賞程序,將積分改為 cash dollar,讓客戶在全港數千個特約商戶當現金使用,達致客戶、銀行及商號三贏局面,開創了業界先河。

電子支票多贏方案,讓金融科技邁進一步

2015 年年底,金融管理局與銀行界合作推出電子支票服務,將金融科技帶入另一里程碑。不講不知,原來電子支票乃梁永祥 2010 年在銀行工作時所構思出來的產物,故他又被譽為「電子支票之父」。

「銀行處理支票結算，成本是每晚 20 多萬元，一年開支以千萬元計。我想，如何可削減這方面的支出呢？」他留意到市場上有電子證書，電子證書上的電子簽署在法律上是不容爭議的。「發票人以電子簽署簽發支票，再以電郵寄送支票；收票人以電子證書（含電子簽署）授權支票存入銀行，銀行核對簽署後，便將發票人的簽署傳到支票結算中心，確認無誤便可轉賬。」於是，他向銀行推薦此方案。經過數年反覆測試，電子支票終於正式面世。

梁永祥喜歡以創新方法解決問題，電子支票讓人人都是贏家：發票人無需郵寄支票，又可避免郵遞錯誤；收票人不用到銀行或櫃員機排隊存支票；減少收票人公開個人銀行賬戶號碼的機會，私隱更受保障；免卻收票銀行的櫃台職員處理支票的工序；減少實體支票用量，銀行既可節省印製費用，又可支持環保。

積極面對問題，以認真態度換取成功鑰匙

自投身社會工作，梁永祥一直抱着一個信念，就是當有問題發生時，必須積極面對和解決，否則問題不但不會自動消失，更會不斷發酵，愈滾愈大，大至最後無法收拾。「更好的辦法，就是在問題未出現之前，做好預防措施，防止壞事情發生。」以他自己為例，當年尚未獲指派寫會議紀錄時，便已學會如何寫一份有水平的會議紀錄。他自問從不交行貨，無論大事小事，都會認真做。

不講不知，讀書時代的梁永祥是一名短跑健將。「作為運動員，我要遵守紀律和規則，否則會被取消資格。在運動場上，若要追求勝利，我必須有很大決心，不怕困難，不怕孤獨，獨個兒鍛煉體能和技術。我將這種運動員心態放在工作和事業上，不斷自我提升，加強個人競爭優勢。」

梁永祥一直相信，態度是決定勝負的關鍵因素，而他的成功之處就是擁有正確態度。「有人將英文字母從 A 到 Z 對應到數字 1 至 26，即 A=1、B=2……Z=26，attitude 相加起來正好等於 100；適當的『態』度，就是能力加上一顆心。退縮是一種態度，逃避也是一種態度，但只有認真和正面的態度才是使我們勝出的鑰匙。」

管理箴言：簡．好．老．公；設身處地，循循善誘

律己以嚴，自我鞭策，梁永祥對下屬則奉行一套「簡簡單單、好好睇睇、老老實實、公公道道」的管理哲學。他堅持，可以簡化的事情就不要把它弄複雜，簡單程序易記又易跟，也可以減少出錯；做事要考慮公關角度，合理但具爭議的事情盡量不做；工作時要老實勤懇去做，不可卸責，不可走歪路；待人要公平、公正、公道，切忌偏私。

除此之外，梁永祥明白每個人都有自尊，為了照顧同事的感受，他會盡量避免作出公開批評。有一次，他在會議上觀察到一位下屬的工作簡報做得不好，但他默不作聲，待會後才致電對方，指出他的問題。「我

一直強調，你希望別人如何待你，你就要如何待人。任何人都不想在大庭廣眾下被上司責備，所以我不會如此對待下屬。反正這不是天塌下來的大事，事後提點既不會讓對方難受，也可以令他從錯誤中學習，一舉兩得。」

有時候，他會為下屬修改會議紀錄，並不因為要展示自己的老闆地位，而是希望推動同事進步。「我很明白，太太是人家的靚，文章是自己的好。沒有人希望自己所寫的東西被人塗得滿堂紅，所以我只會在具備充分理由的情況下才會做改動，而且我會親自致電那位同事，逐點解釋我要改動的原因，希望在過程中讓他有點得着，也不感到受傷。」

梁永祥過去曾任職於恒生銀行。最近有一位舊同事告訴他，他工作的單位開設了一個領導訓練班，讓每位參加者介紹自己最仰慕的領袖及說明原因。他就提了梁永祥的名字，並舉了兩個例子：有一次，銀行某部門出現了問題，梁永祥召集所有高級經理一起研究解決方法，大家苦思了一整個下午仍沒有結果，最後他決定，既然最精英的高層都想不到好辦法，不妨暫且放下，也不要讓部門下屬苦惱，以免造成同事困擾。另一次，梁永祥囑咐各團隊不可做違反人性的事，例如，不同團隊有各自的客戶，假如 A 隊的客戶最好，就不能強迫 A 隊將客戶轉給其他隊伍。「當時的我只為把工作和人事做好，但他卻一直銘記在心。」

走出傳統框框，退一步邁向成功

管而優則仕。梁永祥自 90 年代開始擔任公職，至今接近 20 年，第一份公職是德育關注組執行委員會成員，後來被邀請加入香港舞蹈團任司庫，再接任主席一職。

當時舞蹈團的演出並不普及，「一來由於舞蹈演出只是肢體藝術，沒有對白，觀眾未必能領略當中所要表達的信息；二來編舞家都喜歡原創，故事情節只有他們最清楚，觀眾不易理解。因此票房表現一直都是差強人意。」

梁永祥認為,成功的表演就是讓觀眾投入故事角色之中,觀眾既不明白舞劇內容,如何能夠投入呢?他於是提出開拓新路向,演出一些家傳戶曉的劇目。令孤沖既是眾人皆識的小説人物,便批准將金庸筆下名著《笑傲江湖》改編成兩小時的音樂舞劇,並將每個分場的故事大意投射在屏幕上,開創字幕先河。另外,為怕觀眾在欣賞期間迷失故事方向,又提議加入插曲。「我們為劇目重新編曲寫詞,邀請有歌唱天分的舞蹈員主唱,個個表現雀躍。」這位主席與眾同樂,以歌聲演出方證大師。

《笑傲江湖》是一齣音樂舞劇,2006 年初演時做了五場,反應極佳。「文化中心大劇院三層觀眾席全開,雖然不是全院滿座,但較從前數目翻了多倍,成績算是很不錯。有觀眾更喜愛得看完一場又一場,一共看了五次之多。」梁永祥表示,演出圓滿結束後,不同機構爭相查詢下次演期,主動提出贊助,翌年團員們浩浩蕩蕩移師上海大劇院演出。「雖然這不是第一次到海外公演,但因為有贊助,資源充足,食住都比過去好,大家都顯得特別高興。」

美國前總統杜魯門(Harry Truman)有一句名言:The buck stops here,意思是困難問題就留在我這裏,由我來解決,不會被推卸。梁永祥將此奉為圭臬,拒絕讓問題繼續存在,他的態度是,「解決了一個問題,就多一份得着」。

郭文祥：
學習藝術行政
營造美麗環境

恒基兆業地產有限公司地產策劃（二）部總經理，曾策劃多個高級商業及大型住宅項目。負責項目曾奪得香港優質建築大獎。香港大學建築學文學士、香港大學建築學士、香港大學建築策劃管理碩士、北京清華大學行政人員工商管理碩士。英國皇家建築師學會會員、英國項目管理協會會員、香港建築師學會資深會員。香港大學專業進修學院藝術收藏校友會主席。曾任香港建築師學會副會長、香港屋宇署認可人士註冊事務委員會主席、香港國際仲裁中心委任諮詢委員會委員、香港建造業訓練局委員。

郭文祥進修，本來是為了工作需要。當時他在地產集團從事項目策劃，手上有一個大型住宅項目以藝術為主題，需要購買藝術品配合。他自覺不夠熟悉當代藝術，又知道香港大學專業修進學院國際學院（HKU SPACE International College）與中央聖馬汀藝術設計學院（Central Saint Martins）合辦當代藝術收藏行政課程（Executive Programme：Collecting Contemporary Art），認為 HKU SPACE 信譽昭著，課程質素有保證，於是決定報讀。「我當時並不為意有其他學校開辦相關課程，只知 HKU SPACE 留意到市場有需求。學費其實並不便宜，但完成後我覺得物超所值。」

課程涵蓋當代藝術市場的行情、運作，正好讓他學以致用。「我得以了解整個行業生態，對工作很有幫助。當代藝術行業中，並非只有藝術家，還有博物館、畫廊、策展者、收藏家與藝術顧問；要購得適合的藝術品，就必須與他們合作，妥善商討合約、物流、安裝等安排。」凡此種種並不簡單，他就曾遇過一些棘手問題。「我們曾經向外國的畫廊購入一位亞洲藝術家的作品，商談洽購花了好幾個月時間，但期間滙率有所浮動，影響了最終作價，這類商討就會比較複雜。」

剛才提到的藝術顧問，工作是協作客戶尋找合意的藝術品。正因為一般人較難了解藝術的專門知識，市場才需要有藝術顧問。何況購買藝術品不同購買股票，沒有太多可以公開參考的定價，藝術品價值往往不易估量。國際知名的藝術家，一件作品可能價值數百萬；如果不熟悉行情，就很難以合理的價錢為項目購入藝術品。他說，在 HKU SPACE 學到的，策劃不少項目時都用得着。累積了相當經驗之後，他亦曾回到 HKU SPACE 與師弟妹分享心得。

他在 HKU SPACE 得到的啟發、學到的知識、結下的人脈，在帶領近年一項新計劃時，尤其大派用場。不久前他的團隊設計及建造了皇后大道中一棟商業高樓，並將之打造成全港首棟為藝廊而設的特別樓宇，分租予不同的國際級著名畫廊，預計於 2017 年底揭幕。

步步規劃 建築藝術

「興建樓宇不能見步行步，要有清晰規劃。」項目由總規劃開始，首先要決定主題與建築風格，亦要因應財政預算，同步物色與主題相配合的藝術品。課程正正教會他購買當代藝術品時要有何考慮，才能配合項目所需。例如他曾負責馬鞍山一個有 3000 多個單位的大型住宅項目，由總規劃時期開始，便已預留空間放置藝術品。該項目以大自然、環保、綠化為主題，於是他購入的藝術品，既有人像雕塑，亦有描繪小鹿、北極熊、植物的作品。規劃連同興建，項目差不多花了十年時間才完成，後來奪得兩年一度的香港優質建築大獎。郭文祥說，

在香港以藝術為住宅小區的主題，是一個大膽的嘗試。他購入的藝術品，來自各地的藝術家。「我們既會購入國際大師朱銘、岳敏君、Jaume Plensa 等的作品，也會支持本地較年輕的藝術家。」當中展出的朱銘作品，來自蜚聲國際的「人間」系列。

郭文祥說，社會不斷進步，大眾對居住質素的要求也日高。「我希望可以用妥善的會所配套和優美環境，營造一個舒適宜居的空間。」為住宅項目加入雕塑與裝置藝術，也是為了讓居民賞心悅目，起居舒適，與地產建築的理想密不可分。

「工作要有理想，不能只為糊口。有理想，才有熱情。我常勉勵年輕人說，所謂衣食住行，居住一項佔了人生很大部分。我們身為專業人士，要有社會責任。我工作最大的滿足感，正是可以興建好的住宅讓人居住，盡量讓居住空間舒適一點，提供美麗健康的環境和足夠配套，方便居民。」他說，地產商固然希望賺取盈利，但也要顧及社會責任。「我相信，住宅項目環境舒適，銷售成績就會理想，公司的業績自然會受惠。」

郭文祥從事地產項目策劃之前，曾經任職建築師，後來與大學同學合伙開辦建築師事務所。十年努力之後，創業有成，公司從一間小型的事務所發展到成為一所超過百人的大型建築師事務所，並獲政府列入遴選顧問名冊，他卻並不滿足於此。「我覺得自己有一種探索新知識的本能，不希望工作的範圍

太狹窄，希望有機會擴闊視野，增長見聞。」

其實他擔任建築師不久，便到香港大學進修了一個建築策劃的碩士學位。他說地產項目策劃的工作，與建築師的工作大約六、七成相似，不過，建築顧問屬於產業鏈的中游行業，而地產則相對位處上游。「現在除了建築設計，我還需要兼顧地政、城規和工程審批、施工質量、工程造價、維修、物業管理等諸多工作，在行業內的視野比以前開闊。」他覺得，不論工作上多麼成功，也要探索新領域。有捨才有得，有時可能需要放棄一些已經擁有的位置和成就，才有空間探索更多可能。

意外收穫

郭文祥說，本來報讀當代藝術收藏行政課程，只為掌握工作需要的知識，打算完成課程之後，就與 HKU SPACE「各行各路」。他笑說：「我是很典型的男性，從實用的角度出發，只是你永遠不知道生命會向你展開什麼，學習課程時所遇到的人，可說改變了我的一生。」

他最大的得着是認識到一群好朋友，實用的知識只屬其次。他回憶，當時的同學許多與他不一樣，並非只為了執行職務而報讀課程，卻是懷着對當代藝術的真正熱情來追求知識。他們當中有藝術顧問，也有藝廊東主。於是課程最精彩的部分，在課堂結束後才開始：這群同學成立了校友會，經常聯袂欣賞藝術展覽，不但探索香港展出的藝術，還會到日本、韓國、上海、澳門、廣州等地，觀摩不同藝術家的作品，亦會與藝術家對談。「除了藝術展覽，我們也很支持 HKU SPACE 的活動，亦關心香港大學藝術學系的發展，當然平常亦會吃飯敘舊，暢談藝術與人生。」

他說，本來人生以工作為主，沒有太多調劑與嗜好。現在身邊有了這群校友，他的生活精彩不少，忙碌之餘，更加快樂。

陸宏廣
的無間斷學習人生

特許工程師、認可建築師、大律師、仲裁員、審裁員、調解員、高級行政人員。英國諾丁漢大學教育博士、香港理工大學工商管理博士、香港大學工程學博士、江西財經大學經濟學博士；擁有超過 10 個碩士學位和多個深造文憑與學士學位，以及 10 多個不同專業資格。香港工程師學會前會長、香港仲裁司學會前會長、英國土木工程香港分會前會長、香港東區扶輪社前會長、亞洲建築協會會長、香港多間大學工程學院榮譽與兼任教授。歷屆香港特別行政區特首選舉委員會委員。2016 年獲香港大學專業進修學院頒授榮譽院士。曾發表書冊及論文 30 多種。

年逾古稀的陸宏廣是工程界前輩，在業界幾乎無人不識，但他除了是特許工程師外，原來也是認可建築師、大律師、仲裁員、調解員，更是聲樂家，這些身份都是他經過半世紀努力而成就的。他是終身學習的最佳典範，目前在香港、海外或內地擁有 4 個博士；超過 10 個碩士；多個深造文憑與學士學位，以及 10 多個不同專業資格，説不定明天會更多。

學習之旅啟航

60 年代香港大學工程學學士畢業，兩年後取得工程學碩士，陸宏廣輟

轉去到美國，在 Spencer, White & Prentis Inc 任土木工程師，負責設計及管理不同重型地基與岩土土木工程項目，包括紐約的世貿中心、第八大道地鐵部分路段、哈德遜河（Hudson River）大型污水處理項目；波士頓的約翰漢考克大廈（John Hancock Tower）及芝加哥的希爾斯大廈（Sears Tower）等。他說：「911 事件中，世貿大廈倒塌，但地基無損。」

他表示被分派的工作大都是非傳統性的棘手工程，幸好他都能一一處理妥當，只是有感知識無盡，自有不足之處，便報讀紐約哥倫比亞大學的土木工程與工程力學專業文憑（Professional Diploma in Civil Engineering and Engineering Mechanics）課程，後來公司老闆知道了，便主動給他資助全部學費，以示加獎與支持。這樣，他便拉開半世紀工餘進修的序幕。

工作數年後，他回港探親，被長輩游說加盟孫伯偉孫翼民建築劃則師與工程師樓做初級合夥人，在香港協助設計及建造各種不同的建築項目。當時芝加哥的希爾斯大廈剛剛落成，是全世界最高建築物，十分轟動。他希望能夠將在美國學到的知識與經驗用於香港，他覺得既有趣，也很有滿足感，便決定留港發展，考取認可建築師與特許工程師資格。

不久後，陸宏廣先後獲羅致加入長江實業、信和置業及新鴻基地產，為地產項目發展的管理、建築規劃及工程合約出力，參與過海富中心、環球大廈、喇沙書院、碧華花園、瓊林街工廠大廈、遠東金融中心、尖沙咀東部 7 個項目、大嶼山別墅、鷹君中心、海港中心、中環廣場、國際金融中心、國際貿易中心等地標性的項目。他笑說：「現在環顧維港兩岸 360 度視野的建築物，很多都經我手。」

由於工作牽涉大量管理範疇，見中文大學開辦 3 年制工商管理碩士課程，他二話不說便報了名；期間，他一直留心觀察香港的高樓大廈，加上在美國的所見所聞與經驗，腦裏浮起不同的設計方法，於是便跑到香港大學找教授商議做高層大廈設計的研究，在廖德章博士的指導下，以

兩年多的時間兼讀完成了人生第一個博士學位；而較早時間也完成了中大的碩士課。

「1984 年我在新鴻基上班，香港前途問題導致經濟出現不穩定情況，某些聯營合作地產項目的夥伴無法向銀行融資，連帶引發很多法律及訴訟問題。老闆拿著法律顧問的分析報告問我意見，我立刻到圖書館查資料找答案，之後便決定去念合同法、仲裁法，後來更索性把倫敦大學校外法律學士學位（LLB）念完，並考了英國與香港的大律師牌照。」

在接下來的日子，陸宏廣不斷讀書進修。2001 年，他取得香港理工大學的工商管理博士學位。2015 年，他完成了香港大學專業進修學院（HKU SPACE）與英國諾丁漢大學（Nottingham University）合辦的教育博士課程。2017 年中，他再取得江西財經大學經濟學博士學位，成為「四料博士」。

總結過去 50 年，他共考獲 20 個以上的學歷資格及 10 多個不同專業資格。他形容自己的進修之旅都是自自然然走出來的，「就好像開動的汽車，到了一站，又再啟程往下一站，沿途風光美好，興趣萬般，從來沒有想過停下來。學習，已經成為生活的一部分。」

工程師也是聲樂家

陸宏廣的學習光譜十分廣闊，工程、工商管理、法律、財務管理、國際關係、公共行政、仲裁、教育、音樂、聲樂以至世界與流行音樂都有涉獵。被問到最喜愛的科目，他毫不猶豫回答是音樂，難怪在最近十多年，他一直浸淫在音樂學習旅程中，在 HKU SPACE 及其他院校考取了一個聲樂文憑、一個聲樂本科文憑、兩個研究文憑及兩個碩士學位。

他笑着回憶：「我小時候已對樂器演奏有濃厚興趣，幼兒班上唱遊堂時便想學打大鼓，但老師只讓我敲三角鐵和木魚，十分失望，介懷

陸宏廣於1999年錄唱8首意大利拿坡里民歌，並邀得曾宇美電子琴伴奏，製成光碟。

至今！」後來他看了一齣講述意大利最了不起的小提琴家柏加尼尼（Niccolo Paganini）的電影 *The Magic Bow*（《劍膽琴心》），深深感動，便開始學拉小提琴。

中學時代的他是校隊合唱團與口琴隊成員，贏過多次冠軍。「學校專誠禮聘口琴大師梁日昭（已故）悉心指導我們。口琴隊多次在合奏比賽中奪魁；我也不負所望，在獨奏項目贏得亞軍，只輸冠軍一分而已。」至於鋼琴，他表示沒時間去上課，所以自行練習，也可自得其樂。上到大學，他就與其他同學一起彈結他唱民歌。他半認真半說笑地說：「當年大學沒有音樂系，否則我會選修音樂。」

投身社會工作後，他在一次偶然機會聽到美籍男高音歌唱家瑪利奧．蘭沙（Mario Lanza）演唱，餘音繞樑，不絕於耳，便開始由樂器彈奏轉

而追求歌唱藝術，由最初自己練習至後來因緣巧合得到不同著名聲樂家如黃飛然、支韻怡、翁笙福、張福天、莫華倫等及倪承豐教授親身指導，進步神速。他特別喜愛抒情男高音作品，並在 1999 年製作了一隻光碟，錄唱 8 首意大利拿坡里民歌，由曾宇美電子琴伴奏。「錄碟的目的是自娛，也會送朋友欣賞。有時工程界或慈善組織要籌募善款，我便送出來做義賣。」之後再出了 3 隻光碟，錄唱流行老歌、藝術及宗教歌曲。

今天的陸宏廣堪稱是造詣不凡的聲樂家，常常在不同場合中獲邀上台演唱。他笑稱：「他們不介意聽，我自然不介意唱。」

掛 L 牌的「學神」

不過，這位學界老大哥原來也有學習弱點。「最怕讀中國歷史。當年會考考 11 科，單是國文和中史已佔去了三分一溫習時間。不知為什麼，那些歷史年份和人物，以及互不相連的資料都要死背硬啃。記來記去十分沒趣，考完試不久便忘掉。這是中國教育的一個盲點，極待改善。」

陸宏廣博士伉儷。

今天的陸宏廣年逾七旬，數年前竟想起要再次接觸歷史，報讀了樹仁大學和北京大學合辦的中國近現代史碩士課程，現正準備畢業論文。「從前念中國歷史只到清末，現在只是補充不足。我最想了解清末至中華人民共和國的發展史，特別是改革開放的前因後果與發展以來的影響。這些歷史對中國和香港都極重要。」

數月前陸宏廣就學習課題接受了

幾家報紙訪問，有記者說：「你如此厲害，堪稱香港『學霸』。」他帶笑回應：「『學霸』未免太霸道了。是初學駕駛掛 L 牌的『學神』就差不多。」

求學座右銘

對於能夠一直保持追求知識的熱誠，陸宏廣表示最重要是具有好奇心。他表示，如能把不同的專業放在一起，將更容易解決個別專業以至跨專業問題。「胡適講過：『為學當如金字塔，要能博大要能高。』」這句小時候的課文，他銘記一生。

「現代的電子科技告訴我們，一座超級電腦可以同時在不同分部部分（partitioning）處理不同工作。心理學與腦部神經學告訴我們，人腦的潛力十分巨大，一般人只用了當中的百分之 3 至 5，尚有很多發展空間。心理教育家馬斯洛（Maslow）提出的需求層次理論，以自我實現（self-actualization）和自我超越（challenge yourself）為最高層次。」這些都是他求學的座右銘。

蘇樹輝：
筆墨耕耘，終身為伍

現任澳門博彩控股有限公司行政總裁。全國政協委員、葡萄牙駐港名譽領事、澳門特區政府委任為經濟發展委員會顧問及文化諮詢委員會成員、中國文聯全國委員會委員、中華文化促進會副主席、澳門中華民族文化促進會主席。2014年獲葡萄牙總統頒授司令級功績勳章（爵士）。2009年獲澳門特別行政區政府頒授文化功績勳章。

一份在童年時萌芽的興趣，灌注了逾半世紀的養分，成為事業過程及推動文化的重要內涵，蘇樹輝形容這是他始料不及的。今天，一支筆、一方墨、一張紙，依舊寫着他對書法藝術的熱情和執着，他說：「筆墨耕耘，終身為伍。」

興趣萌芽與書藝成就

小時候已十分羨慕寫得一手好字的人，蘇樹輝最愛與鄰居結伴到附近的香港仔華人永遠墳場玩耍。「看見墓碑上刻有各種字體，鐵劃銀鈎、渾厚有力，我不禁心生嚮往。」

小學時後山操場的小魚池內，幾尾金魚怡然自得，他不羨魚游之樂，卻被旁邊石塊上王齊樂校長所題「魚游賞清泉」的秀麗書法所吸引，萌發

了對書法的興趣。他開始臨習字帖，每周習字課是他最喜歡的課堂之一，功課屢被「貼堂」，可見他悟性之高。「小學五年級，我在宣紙上寫下人生第一筆，獲選為學校開放日展出的作品之一，這對我日後追求書藝是莫大的鼓舞。」

升中後，蘇樹輝不僅要每星期交書法功課，中三以前的中文及中史科考試更要以毛筆作答，但他認為這是很好的訓練。「中三、四時國文老師的毛筆字和黑板字寫得娟秀工整，見我也寫得像模像樣，又常在校內獲獎，便將他自己編製的《篆書筆法》傳授給我，指出一筆書、兩筆書、三筆書、四筆書的要訣。」他對此「秘笈」珍而重之，自此開始習篆。

大學時代的他，功課縱忙仍勤習書法，並定期拜讀梁披雲的《書譜》雜誌，接觸更多碑和帖，也受啟蒙學習不同書體。他謙稱：「大學畢業同學錄的封面由我題字，但自己總是覺得寫得不夠好。」

港大畢業後，蘇樹輝輾轉投身澳門博彩旅遊業，經友人介紹，報讀了香港大學校外課程部（香港大學專業進修學院前身）開辦的「基本書道」班。「課程雖短，但卻讓我重新奠定書法基礎。」

「老師指導，學習書法一定要從篆隸入手，再習行草。我自從得到中學老師所傳秘笈後，天天臨摹篆書，自問已寫得不錯，便開始習隸。」他於是廣臨曹全碑、嶧山碑、禮器碑、華山碑、張遷碑、石門頌、鄭文公。「每次臨寫完畢，老師都會為同學講解各帖特點，指出應要注意的地方，我因而對各種書體有更深體悟。」後來，他偶然購得《臺靜農書法集》和臺公墨寶，心生喜愛，回家反覆勤練；後來知道臺公書法參習倪元璐，便改學倪公書風。

多年潛心筆墨，融入己意，蘇樹輝深得書法奧妙，造詣非凡，已登殿堂，其作品先後入選1987年香港市政局當代藝術雙年展、1989年北京首屆國際青年書法展及1997年港大美術博物館京港名家書畫聯展，並為香港大學美術館、香港藝術館、澳門大學、澳門博物館、中國湖南博物館、台灣清華大學、美國普林頓大學美術博物館及美國國會圖書館收藏。

蘇樹輝博士書法(左)，節錄《易經‧繫辭上傳》第一章，行書。原幅高179.48厘米。原文：天尊地卑，乾坤定矣。剛柔相摩，八卦相盪。鼓之以雷霆，潤之以風雨。日月運行，一寒一暑。

以書藝弘揚中國文化

文以載道，書法亦承載着文化的重量。多年來，蘇樹輝以書法為切入點，積極推動文化交流。

1985年，蘇樹輝與書友創辦甲子書學會，30多年來擔任會長一職，透過在中國內地、香港、澳門、日本舉辦不同活動及展覽，帶領書學會推動書法藝術。「為了讓參觀者掌握展覽的靈魂，我們每次都設有主題，過去曾有《道德經》、《論語》、儒釋道、中國書法源流等，會員以不同書體演繹不同章節，讓書法與中國哲學共冶一爐，獲得參觀人士一致好評。」他補充，展覽設有導賞員介紹展品與主題的特色，以提高公眾欣賞書藝之趣味。

1999 年，他在港大美術博物館舉行首次個人書法展，同年移師澳門博物館舉行，展出的《琵琶行》長卷，得饒宗頤教授題跋：「樹輝兄未及臺公之門，嚮往最深，學摹其體，幾可亂真。此琵琶行長卷，尤其得意近制。倘更多讀碑帖，步沈氏之博瞻；書學與書藝駢進，俯視時流，指日可俟。」

2000 年，蘇樹輝獲邀為《澳門藝術——中國書法》郵票系列題字，由澳門郵電局發行。2004 年，他發起籌辦「泛珠三角洲書法聯展」（9 + 2 地區書法聯展），展覽翌年在廣州揭幕；這是一次難得的文化界盛事，對於促進中港澳三地文化交流有重要意義。翌年，他在北京舉行的書法展納入「中國與葡萄牙文化關係展」中。2015 年，他在澳門大學舉辦個人書法展，期望透過書法藝術，讓學生及市民大眾走近中國文化。

2017 年 5 月，甲子書學會在香港中央圖書館舉行會員書法作品展，主題是《易經繫傳》。「《易經》是五經之首，是中國最古老、最重要的經典之一。以此為題，旨在弘揚中國書法藝術的同時，也可將中國文化帶入社會之中。」

筆耕 50 載，悠悠赤子情

蘇樹輝是澳博的行政總裁，經常向公司提出各項推廣文教活動及文化旅遊的建議。「例如當年籌劃興建新葡京酒店時，我建議加入澳門文化元素，設計最終以澳門標誌蓮花為主題，很有象徵意義。」他又透過成立澳門中華文化藝術協會，為提高本土文藝質素貢獻力量，所以有人形容他是博彩界的「儒將」。

「工作上，我們很容易被定型為某類人士，但書法展現了我的另一面，為身邊的人帶來驚喜，讓人更樂意親近，這對經營事業和人際交往也是有幫助的。」他說，以書法怡情養性是個人對生命的追求，但以書法作為推廣文化的橋樑和事業發展的內涵，卻是他始料不及的意外收穫。無論如何，逾 50 載的筆耕豐富了蘇樹輝的人生，當年的赤子之心、對書法的熱情和執着，將一路相隨，終身為伍。

七十年代

醫務化驗課程──
與輔助醫療政策不可分割

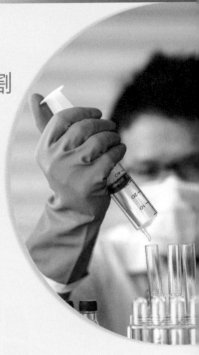

30 多年前，香港一間醫院發生一宗輸錯血的醫療事故。一名留院孕婦突然要輸血，但時值晚間，化驗實驗室的同事已經下班，當值醫生便自行為病人配血，結果因配血錯誤而導致病人死亡，事故在社會上引起軒然大波。

有鑑於此，政府決定推行一系列新政策，防止類似悲劇再次發生。首先就是檢討化驗實驗室人員的當值時間表，改為 24 小時輪值服務；換句話說，政府須招聘額外人手填補新增的醫務化驗師空缺。

創課程先河，訓練本土專業化驗師

原來，70 年代時香港的醫療法例，對於私家醫務化驗所或醫務化驗人員並無實施規管，或要求有專業註冊。因此，除了少數執業者擁有海外大學認可化驗師資格外，其餘技術員都是一邊做一邊學。

不過，香港大學醫學院對內部卻有嚴謹要求，病理學部的蘇格蘭籍教授 Professor Gibson 引入了一套在蘇格蘭行之有效的模式，訓練大學實驗室的工作人員。香港大學校外課程部（簡稱 DEMS，香港大學專業進修學院 HKU SPACE 的前身）將這套模式整理成醫務化驗技術普通證書課程（Ordinary Certificate in Medical Laboratory Technology）及醫務化驗技術高級證書課程（Higher Certificate in Medical Laboratory Technology，簡稱 HTC），是香港本土同類課程的先驅。兩者皆是兩年制兼讀形式，分別在於入讀時的學歷要求。

課程內容主要分為四大單元：臨床生物化學（Clinical Biochemistry）、醫學微生物學（Medical Microbiology）、血液學及血清（Haematology and Serology）及 組織病理及細胞學（Histopathology and Cytology）。

課程創辦於 70 年代初，原意主要是為更系統地培訓香港大學本部實驗室的化驗員，少數學生來自公營醫院，例如瑪麗醫院、伊利沙伯醫院、廣華醫院等。及至一宗輸錯血的醫療事故發生後，服務於公營醫院化驗所的初級技術員為爭取升任至醫務化驗師空缺，便積極進修，DEMS 就是當然也是唯一的選擇。現任 HKU SPACE 生命科學及科技學院總監胡永年博士解釋，當時因資源所限，每年一班最多只能收生 40 多人，無法滿足所有申請者。

唯一在職培訓，成政府指定專業資格

繼修訂化驗所值班制度外，政府在 1981 年成立了醫務化驗師管理委員會（Medical Laboratory Technologists Board，簡稱 MLT 委員會），以促進從業員的專業水準及操守；並於 1990 年正式制定醫務化驗師註冊法例，完成 DEMS 課程者被納入為符合資格者*之一：

「持有香港大學校外課程部頒發的醫療化驗技術普通證書」；

「持有香港大學校外課程部頒發的醫療化驗技術高級證書」；

由 MLT 委員會彙編完整的註冊名冊，凡未經註冊人士，不得在香港執業。

後來，DEMS 為提升從業員的學歷，便停辦普通證書課程，專注從事高級證書的在職培訓，課程改稱醫事化驗科學高級證書（Higher Certificate in Medical Laboratory Science，簡稱 HSC）。

---

* http://www.legislation.gov.hk/blis_ind.nsf/curallchindoc/8B BB4EB9391FC5C14825740A002A9250?OpenDocument

胡博士說：「法例推出後，其他專上院校亦開辦全日制文憑課程，但因 DEMS 仍是唯一提供在職培訓者，所以不論公營醫院或私營化驗所的從業員，凡有意進修者，仍以 DEMS 為首選。」

根據 MLT 委員會網頁數據顯示，截至 2016 年 8 月，全港註冊化驗師約有 3000 人。「目前醫管局轄下醫院或各私營醫院的化驗所內，肯定或多或少都有我們的畢業生。」

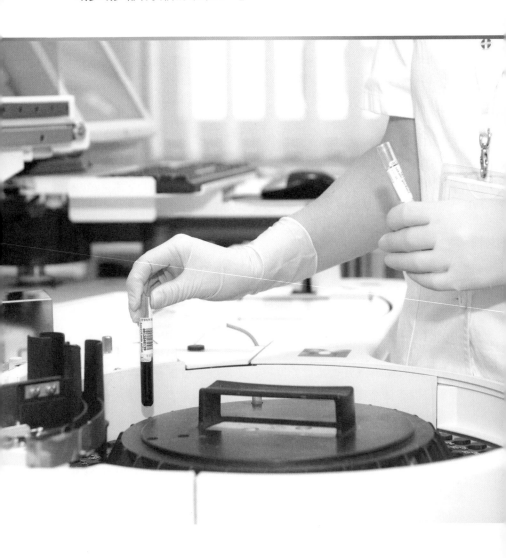

從社會考慮，協助有志者轉換行業

除了在學術領域上配合港府施政，HKU SPACE 另一個社會功能是協助在職人士轉行轉型。

胡博士解釋：「例如一些修讀普通科學的畢業生，從事其他工種後有意轉行加入醫務化驗隊伍的話，便可以選修 HKU SPACE 的課程。他們可以白天工作，晚上上課，畢業後就有機會轉行了。不過，我們的收生條件是，申請者必須是在職業界人士。」

由 DEMS 至 HKU SPACE，醫務化驗課程一直備受推崇，報讀者眾。胡博士表示，隨着輔助醫療水平日漸提高，入行條件及資歷要求一年比一年高。

「近年申請入讀者當中不乏擁有學士、碩士甚至博士學位。雖然我們現在的資源較過去為佳，但收生人數亦只限於 90 人以下，仍是供不應求。以 2016 年來說，申請者就接近 300 名。」

從業界考慮，提供完善進修之路

隨着時代進步，醫務化驗這門專業的職級架構也有改變。「以目前來說，修畢 HTC 者可成為助理醫務化驗師。拾級再上，就要具備碩士或博士學位，才有機會晉升成為醫務化驗師、高級醫務化驗師、醫務化驗室科學主任。至於私營化驗所方面，最高職級是醫務化驗所總監，統籌化驗所一切工作，兼管行政及管理事務。」

胡博士相信，這個晉升階梯令從業員很受鼓舞。他們對事業前景有清晰了解，入行後仍積極進取，深造增值。

HKU SPACE 一直致力拓展終身學習機會，在醫務化驗這個界別上，為從業員鋪設了完善的進修之路。「完成 HTC 的同學，可繼續進修生物科學榮譽學士學位課程（BSc〔Hons〕in Biological Science）或生物醫學科學碩士學位課程（MSc in Biomedical Science），為自己開拓更廣闊的專業前途。」

任永昌：
向細菌及病毒說不

現任香港大學醫學院微生物學系客席副教授，退休前曾任臨床細菌學家、科學主任、名譽副教授。主要研究範疇：結核分枝桿菌（Mycobacterium Tuberculosis）、人類免疫力缺乏病毒（HIV）。現為創新科技署微生物學實驗室評審員、香港實驗所認可計劃諮詢小組委員、創新科技基金（環境科技組別）評審委員會委員，以及食物及衛生局醫療衛生研究基金評審小組委員。

任永昌自 70 年代加入醫務化驗行業，一直謹守崗位，為防治傳染病盡心盡力，幾度與香港人一起走過疫症之路。

自強不息創造成功路

任永昌在 1970 年中學會考畢業，雖然成績不錯，但希望減輕家庭負擔，遂投身香港大學醫學院任實驗室助理。「當年的實驗室助理即是學徒，依據化驗師及教授的指示工作，邊做邊學。」

數年後，他晉升為初級醫務化驗員，發覺對實驗室工作很有興趣，相信自己找對了工作，便循這個方向進修，在 1975 年入讀香港大學校外課程部（簡稱 DEMS，香港大學專業進修學院 HKU SPACE 的前

身）開辦的醫務化驗技術高級證書課程（Higher Certificate in Medical Laboratory Technology，簡稱 HTC），主修醫學微生物學（Medical Microbiology）。「這是兩年制在職培訓課程，報讀者必須從事相關工作才會獲考慮取錄。」

HTC 畢業後，任永昌不甘就此止步。「身處大學環境，每天看見與自己差不多年紀的醫學院同學來上課和實習，我心裏很羨慕，立志要繼續向前。」往後數年，他以自學形式修讀倫敦大學的學士學位課程。「我盡量與同事換成晚上上班，以便白天可以到醫科課堂旁聽。我不是學生，但教授和同學都知道我在實驗室工作，是員工，沒有阻攔我。」

另一方面，他寫信向倫敦大學申請在香港考試，表示曾受過 HTC 課程訓練及旁聽醫學課，對方便破例讓他應考。「最大的難題是考實驗科。幸好我得到港大教授提供支援，在瑪麗醫院設置臨時實驗中心，為倫大主持我的考試。」年輕時的任永昌無畏無懼，根本沒有想過教授會拒絕他的要求；今天回想，心裏無限感激。

1981 年順利考獲理學士（榮譽）學位，任永昌在同年獲升為醫務化驗師。不過，君子學而不厭，他仍不滿足於此成就。「在港大醫學院工作，持有學士學位是平常事，我希望繼續向上游，便報讀港大的碩士及博士兼讀課程。每天下班後留在醫學院溫習、做作業。」10 年奮鬥以後，他終於如願取得博士學位，為醫學院擔任臨床細菌學家兼名譽副教授，至 2016 年榮休，現為客席副教授。

細菌專家與病毒作戰

任永昌自 70 年代加入醫務化驗行業，一做便是 40 年，不僅見證了這個專業的發展，更為香港醫療界打了不少勝仗。

1997 年香港在回歸之前，發現了全球首宗人類感染 H5N1 甲型禽流感病毒個案；11 月又出現第二宗同類個案，隨後陸續出現新個案。「當年時近聖誕，應該是普天同慶的日子，但因疫症死亡率高，人人都聞雞

色變。我們不斷嘗試各種檢測方法，直至聖誕前夕晚上 11 時許，基因檢測報告結果出爐，成功驗出病毒，大家才可以安心收工。」聖誕當天，任永昌所在的部門正式確認了分辨 H5N1 病毒與普通流行性感冒的方法，馬上通告醫生，由醫生給患者對症下藥。

不過，要數最大挑戰者，任永昌說非 2003 年沙士疫潮莫屬。當時全港陷入一片恐慌之中，市民戴着口罩惶然度過百多天，旅遊及飲食業受到嚴峻衝擊，而偵查病毒源頭的重責則落到港大微生物學系身上。「H5N1 爆發，大家都知道源頭在禽鳥，容易追蹤。但沙士襲港，大家完全不知道是什麼一回事，十分懊惱。當時袁國勇教授在廣華醫院取得病人標本，帶回瑪麗醫院做化驗，我們日以繼夜、夜以繼日研究檢測病毒方法。」

疫情在 2 月出現，至 3 月 25 日港大醫學院微生物系和美國疾病控制中心同日公布冠狀病毒乃沙士源頭，並成功研製出快速基因測試方法，以檢測病人是否已受病毒感染。「美國疾控中心有 2000 多人，我們只有 15 位同事，能同時找到病毒源頭，算是很不錯了。」

任永昌表示，除了報章媒體廣泛報道的大型疫情外，醫務化驗工作對很多傳染病的細菌和病毒，例如肺結核、豬流感、寨卡、中東呼吸綜合症、日本腦炎等，也做了很好的監控；再配合海關部門監察入境人士健康狀況，可減低病毒在香港境內傳播的機會。

醫務化驗防治傳染病

化驗師在幕後謹守崗位，醫生在前線執勤，兩者合作非常緊密，前者做得快而準，後者給予病人最佳治療方案，既可加快治癒時間，也有助節省醫療服務成本。「微生物學是醫療化驗其中一科。我們每天的常規工作是為病人標本做檢測，為防治傳染病把關。」

任永昌指出，醫務化驗工作並不輕鬆，工作量大，又要輪班，遇上緊急或嚴重個案時，兩小時內就要出報告，精神壓力甚大，但十分有意義。

「病人的獨立報告對病人本身的治療有幫助，而總體病人的報告則可用作分析公共衛生情況的大趨勢，有助政府更準確評估購入不同疫苗的數量。」

誨人不倦傳承知識與經驗

任永昌在 70 年代經 HTC 課程洗禮，得以在學業路上繼續前行，十分感恩，所以自 1991 年起在不同大專院校兼任講師，希望可以將自己的工作經驗及從書本上學到的知識傳承下去。「我教過 HTC、學士、碩士，也做過博士生導師，他們有些已成為大學助理教授、副教授。」

目前全港註冊化驗師約有 3000 人，服務於公立醫院、私營醫院和化驗所。至於每年由 HKU SPACE、理工大學及東華學院所培訓的醫務化驗畢業生平均不足 100 人，任永昌認為此數字遠不及行業需求。「退休潮開始出現，新醫院相繼落成，醫療界出現大量空缺，希望更多年輕人考慮入行，為香港貢獻力量。」

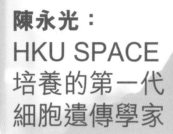

陳永光：
HKU SPACE
培養的第一代
細胞遺傳學家

香港養和醫院細胞遺傳學專家，日本 Ritz Medical Institute 細胞遺傳學科技特別顧問，應用細胞遺傳科技公司細胞遺傳學科技顧問。曾任香港中文大學和威爾斯親王醫院婦產科高級醫務化驗師、衛生署遺傳學服務中心高級醫務化驗師及細胞遺傳學實驗室負責人。香港公開大學工商管理電子商務碩士、工商管理碩士，愛丁堡龍比亞大學和香港大學理學碩士（生物醫學）、生命科學理學士（應用醫學），香港中文大學婦產科學系博士研究生。2001 年獲香港大學專業進修學院頒發終身學習傑出學員獎。

陳永光是第一屆醫事技術高級證書（Higher Certificate in Medical Laboratory Science，HTC）的畢業生（1973 年），早已學有所成。他從政府退休之後，便在養和醫院和威爾斯親王醫院兼職擔任細胞遺傳學家、日本 Ritz Medical Company 的顧問。數十年後回憶上課情況，他說：「第一屆相當墟冚，幾乎要『爭崩頭』才可入讀。」說的是香港政府醫務衛生署的化驗員們。當年政府是專業化驗人才較好的出路，私營機構的待遇和前途多所不及。陳永光就正是政府的醫務化驗員（Medical Laboratory Technician，Medical & Health Department）。

「雖然沒有明文規定，但我們都知道進一步的資歷對升職很重要。」升職即是成為醫務化驗師。所需的專業資格，也是只有通過英國的考試才可以取得。「去英國第一花費很大，第二很辛苦，第三我們也不熟悉考試範圍。」

幸好他入職不久，HKU SPACE 就開辦了 HTC，這原也是受政府所託。舊贊育醫院 1970 年代曾發生一宗孕婦輸錯血事件。時值深夜，沒有醫務化驗師（Medical Laboratory Technologist）當值，醫生自行驗血，結果發生悲劇。政府檢討之後，增加了許多醫務化驗師的空缺，需要在醫務化驗員中挑選勝任者升職為醫務化驗師。

提升專業知識

「醫務化驗是一個專業資格，就算你已是一個化學博士，如果沒有通過相關的專業履歷，仍是不能成為化驗師的。」就算來到今天，想成為化驗師，大學學位之中都要有一半以上的課程與生物化學、微生物學、血液學、組織學有關（Microbiology、Biochemistry、Hematology、Histology），否則就要修進 HKU SPACE 的 HTC 或者其他機構的相關課程。

他憶述，第一、第二屆 HTC 的學員中，九成以上是政府化驗所的職員。課業很繁重：每星期上課三晚，每晚兩至三小時，還要另行做實驗、交功課。陳永光笑說那時年輕，撐得住。「上班時，我專選擇當夜更，日間就可以靜心學習、上課、做實驗。」他曾連續當更 16 小時，只為了爭取之後一整天安靜的讀書時間。「其實當更的壓力挺大的，因為我在血庫工作，不能出錯。」

HTC 就像給他的工具箱加入不同工具，讓他在專業工作上應用出來。「專業知識，有兩個很重要的用處：第一，令你知道某些做法背後的原理、原因；第二，你可以思考怎樣改良這些方法。」

自第一屆課程後近 20 年，HKU SPACE 都是全香港唯一頒授此項專業

資格的機構，讓本地醫務化驗人才免卻負笈海外之勞，利用工餘時間學習。當年 HTC 需求尤殷，是因為本地幾乎沒有這種課程，而海外大學學費又昂貴。其實莫說海外大學，就算是本地大學的其他相關課程（例如醫科），很多家庭根本都負擔不起。陳永光就是因為逼於家計，無論如何都要出來工作，「又覺得在化驗所做事幾有趣」，才入行的。

邁向學位之路

1980 年代開始，HKU SPACE 與英國 Edinburgh Napier University 合作，頒發生命科學（Life Science）學位。陳永光遂於 1995 年取得該學位。此後他再接再厲，繼續在 HKU SPACE 進修，取得了應用醫療科學碩士（與 Edinburgh Napier University 合辦）。1999 年，他還當上兼職講師，回到 HKU SPACE 教授師弟妹專業知識，直到今日。「現在許多在私營機構當主管的化驗人員，都是 HKU SPACE 訓練出來的。」他亦覺得，HKU SPACE 聯繫校友的工夫做得很好，從課堂而來的緣份，畢業後還可以細水長流。

他說，HKU SPACE 的進修課程啟發他日後不斷學習，而在此取得的專業資歷，也為日後深造舖就坦途。自 HKU SPACE 「畢業」之後，他在其他大學取得了商業管理深造文憑、商業管理碩士、電子商務碩士學位。他笑說：「但我猜想，不是很多人像我這樣的。我實是喜歡讀書、喜歡鑽研學問。」

他說 HKU SPACE 的課程，向來很善於回應時代需要。1990 年代，政府開始為所有輔助醫療的專業從業員設立註冊制度，第一個註冊專業就是醫事技術。有 HKU SPACE 醫事技術高級證書的從業員，經過審核之後就有資格註冊，不須另外考試。後來 HKU SPACE 更主動為所有修畢醫事技術高級證書的學員註冊。

1992 年，香港理工學院（The Hong Kong Polytechnic，香港理工大學前身）開辦了醫療生物科學理學士課程，後來改為醫療化驗科學

榮譽理學士學位課程。其他大學亦陸續開辦，分擔 HKU SPACE 獨力執行了 20 年的任務。陳永光認為，HKU SPACE 可以考慮重新定位 HTC，專為已畢業但希望轉型的成人而設。

陳永光自己不斷進修之外，還回饋行業發展，實踐「學以為人」（Learn to Serve）的校訓。2011 年，他成立了香港細胞遺傳學學會（Hong Kong Society of Cytogenetics），一年舉辦四次學術會議、研討會，定期邀請專家演講。「細胞遺傳的診斷技術曾經幾乎被取代，後來卻發現在一些病症的診斷中，它仍能發揮作用，難以取替，特別是產前孕婦和新生嬰兒。我希望它能夠不斷改良，繼續應用在醫療化驗上。」

HKU SPACE 除了醫事技術高級證書，70 年代時還曾因應行業發展需求及為年輕輟學者提供二次學習機會，開辦了醫事技術證書（Ordinary Certificate in Medical Laboratory Science，OTC），共須修讀兩年，修畢後等同中五畢業，可以在實驗室擔任一般技術支援工作。同學可通過此課程提升個人學歷，開拓更好的事業出路。

資訊科技課程—
求才若渴,與時俱進

過去數十年,香港社會見證了電腦科學革命大時代。由昂貴的超級電腦發展至廉價的微型電腦;由信息處理、數據處理過渡到知識處理;由專業編程員涵蓋至普羅大眾。香港大學專業進修學院肩負服務社會的使命,早在 70 年代時,已成為當時提供在職電腦技術課程的先驅。

數碼時代,為社會訓練資訊科技人才

70 年代末至 80 年代初,微處理器的成功研製揭開了微型電腦發展的帷幕,微型電腦以小巧機身及低廉價格走入了商業世界及千家萬戶。資訊科技成為新興產業和學科,香港社會及經濟迎來了新挑戰和新機遇。各行各業積極邁向高增值、高科技、高創意,商業機構紛紛推行電腦化及電子化,以提高營運效率及競爭優勢,但硬體可買,人才難求,當時就業市場上懂得運用電腦者着實不多。

香港大學校外課程部(簡稱 DEMS,香港大學專業進修學院 HKU SPACE 前身)致力培育專業人才,早在電腦普及之前,已開辦相關課程,課程主要分為兩大範疇:電腦基礎知識和專業電腦程式編寫,為有志投身或轉型至電腦相關行業人士提供學習機會。

曾服務於 HKU SPACE 資訊科技學部的陳訓廷博士說:「當年香港大學雖有電腦學科,但資訊科技學系尚未成立,所以 DEMS 的電腦課程便由港大電腦中心的一組同事負責,我是其中一員,我們根據大學本部課程大綱設計內容,同時兼任導師。」

擴大基礎,與海外大學合辦電腦課程

80 年代中,香港政治局勢出現動盪,引發移民潮及精英外流,大小企業都鬧人才荒,不少專業領域出現空置職位,電腦專才更是炙手可熱,即使只對電腦技術略有認識者也往往獲高薪羅致。上班人士為爭取上游機會及提升個人競爭力,積極利用工餘時間學習,社會上一下子進修成風。DEMS 是當時主力提供在職電腦培訓課程的教育機構,自然是首要之選。

陳訓廷博士說:「因應科技及企業發展需求,我們開辦不同單元,例如操作入門、中文打字技術、文字處理、程式編寫等,課程非常受歡迎,報名人數持續超額,但因資源所限,無法接納所有報讀人士,有些學員申請了幾年才能成功入讀。」

為擴大課程基礎,DEMS 在 90 年代初開始與海外大學合辦電腦科學課程,包括:英國倫敦大學(University of London)的學士學位、澳洲墨爾本大學(The University of Melbourne)的深造文憑及查爾斯特大學(Charles Sturt University)的文憑和碩士學位,讓學員取得世界認可的學術資格。

陳訓廷博士補充:「我們又開設考試預備班,培訓學員應付英國電腦學會(The British Computer Society)的入會考試,讓他們可以取得業界認可的專業會員資格。」

培訓教師,支援資訊科技教與學政策

90 年末,互聯網日漸普及,全球進入資訊爆炸時代。面對時代轉變,

香港特區前特首董建華在 1998
年的《施政報告》中表示，香港
必須在「資訊科技新紀元遙遙領
先」，並提出以資訊科技提高教
學成效，使學生掌握必需知識及
技巧，以迎接資訊年代的挑戰。

教育統籌局在同年發表了第一
份資訊科技教育策略文件：
《與時並進──善用資訊科技
學習：五年策略 1998/99 至
2002/03》，提出要將教與學提
升至更廣闊的資訊世界層面。為
了實踐在小學推行電腦輔助教學
的目標，第一步先讓教師學習應
用資訊科技授課。

陳訓廷博士解釋，當時政府邀請
不同院校遞交計劃書，經過一輪
篩選，最後拍板由 HKU SPACE
負責，為每間小學一至兩名教師
提供資訊科技應用於教與學證書
培訓。「當時有 800 多間小學，
分上下午部，即共千多人。我們

聯同香港大學教育學院，用了一年多時間完成整個訓練計劃。」

除了這個大型職訓項目，DEMS 又開設小規模的課程單元，介紹如何
在不同科目利用電腦作教學之用，協助教師掌握資訊科技技術，刺激
學生學習動機，促進課堂效益。

資訊及通訊科技發展一日千里，從前只能出現在科幻電影中的情節和

東西,今天已是真實世界的平常事物。HKU SPACE 在過去 60 年與科技一起進步,為不同目標人士提供專業課程,讓不少人夢想成真。

學習是通向進步的環節,新思維往往產生於學習過程之中。我們無法預知下一個新科技旅程何時啓航,不斷學習的人卻已做好準備,立於起點,隨時出發。

許漢忠：
當年幸得貴人相助
今日亦願作育英才

現任 Nintex Pty Limited 北亞區經理。曾任微軟香港技術經理。電腦資訊系統
科學碩士。現為香港大學專業進修學院校友會委員、香港電腦學會企業架構小
組執行委員、香港按揭證券有限公司小型貸款計劃導師及審查委員會委員、和
富千禧企業家精神計劃導師及籌劃委員。2015 年獲微軟 Share Fighter 亞軍。
1989 年獲中華航空年度最傑出員工獎。

許漢忠曾在微軟任職技術經理多年，2015 年起獲 Nintex 重用，出任北
亞區經理至今。電訊科技是一門高深的專業，許漢忠年輕時已自修成
才，本應可以輕易考取高學歷，但人生際遇往往就是跌宕起伏，他的求
學之路亦一波三折。

中學時期，他在香港電腦學校修讀了一門電腦暑期課程，自此他已對程
式編寫產生興趣。預科畢業那年，他自知成績不足以考上大學，便受聘
於旅行社擔任辦公室助理。「工作一段時間之後，我想自己應該已經勝
任銷售員一職，於是就去航空公司應徵，聲明不想再做辦公室助理了，
想試試做銷售，面試官卻叫我照照鏡子！」他說罷哈哈大笑起來。

與行銷無緣，面試官卻問他有沒有興趣出任貨運文員。他覺得這還算可

以增廣見聞，便答應下來。上任不久，正覺得出納貨物枯燥乏味，香港貿易署（今香港工業貿易署）忽然修改法例，公司需要大幅改動入口櫃位的運作。他正好發揮所長，不惜連續三晚通宵留守，與同事合作將出入口處理系統電子化，立下大功。後來，台灣公司總部準備推動全球分部辦公室電子化，賞析許漢忠的才華，力邀他調職台灣。「然後卻問我：你在哪一間大學畢業呢？我心中一沉，只好坦承自己沒有大學學位，對方說，那沒有辦法了，就此作罷。這件事當時對我打擊很大。」

先「賭」為快

許漢忠意興闌珊，不久離開航空公司，再謀出路。他在家中翻開報紙找工作，一張招聘廣告重燃他的戰意。「那是一間時裝批發公司，工作與電腦有關，就我的履歷表而言，是一塊很好的踏腳石。我就想，何妨先累積經驗，徐圖正式向資訊科技轉型。」他入職同期，亦在英華美教育公司（Informatics Education）入讀高級文憑，希望彌補早年學歷的不足。「本來應該要讀兩年，陰差陽錯之下我被迫要一年就完成。」原來有兩位同窗曾打算與他合作，各自專攻不同科目，交換讀書筆記，以求一起提早畢業，省下一年時間。誰知他們後來均轉讀學位課程，剩下他一個人面對排山倒海的功課考試。「試過一天考三科，考完我已經氣若游絲。」拚死無大害，最後他仍能如期畢業。

後來朋友告訴他，持有高級文憑者可以直接入讀香港大學專業進修學院（HKU SPACE）與倫敦大學合辦的電腦及資訊系統理學士學位 (B.Sc. in Computing and Information Systems)，並豁免第一年課程，當下他不顧一切，立即報讀。「讀一個學士學費要十多萬，當時我根本不夠錢，積蓄只夠讀一個單元（module），心想就賭這麼一把，到時再想辦法吧。但到時其實是沒有辦法的話（笑），我只好輟學。」

拿不到這一個學位，他並沒有放棄，不久決定再與命運豪賭。以為走投無路，但皇天不負有心人，有日他午寐初醒，福至心靈，核對一張六合彩電腦票據，發現自己中了三獎，獎金剛好夠他生活一段日子。不久朋

友又在閒談間相告，政府提供持續進修基金和免息貸款。「我找最好的朋友做貸款擔保人，他卻説命中不能替人作保。最後還是多得我以前一位客人願意擔保我。」有人雪中送炭，他也不負所望，年內以優異成績畢業，終於得到碩士資歷。「這是我人生的轉捩點。此後我的能力有客觀證明，收入倍增，也才有他後來日後加入微軟、Nintex 工作的故事。」

他後來報讀 HKU SPACE 與倫敦密德薩斯大學（Middlesex University London）合辦的碩士學位，「本來要有學士學位才能報讀，我就自薦接受 Middlesex 面試。」面試後主考官説，很有信心他一定能夠完成課程。其實他歷年來不斷自學，已讀通了許多專業書籍，加上職場上的實戰經驗，才學早就有餘，只恨財力不足。「HKU SPACE 取錄了我，我就用一年讀書，一共三個學期。第一個學期完結那日，我仍記憶猶新：手頭現金只夠交多一個月租！」

他在 HKU SPACE 讀書時，還有一段柳暗花明的小插曲：話説他向來樂於與同學交流學習心得，做分組習作時亦不介意「包底」，比同組同學承擔更多。唯獨一門經濟科，他卻自顧不暇，無計可施，只覺大禍臨頭。考試前一天，他打電話向精於此道的同學求救，無奈對方就是三緘其口，一句不教。「我很無助，只好祈求天主幫我，讓我發揮記性，死記硬背——雖然我打開課本，根本完全不知所云。忐忑不安的來到考

場，開考前幾分鐘，有位同學仗義指點我一兩種題型，我才如夢初醒，知道如何應付。一打開試卷，居然便是我剛剛學懂作答的題型！」天命難測，客觀結果則是人間有情，好心有好報。

學以為人

許漢忠自覺一生之中，時常得到貴人扶持，不但長輩、朋友、同學鼓勵他讀書，職場上也總是遇人提攜。「微軟、Nintex 的工作，並不是我自己找的，都是熱心的朋友堅持幫我安排面試。其實我加入微軟之前，最想服務的是智行基金會。那是一個照料愛滋孤兒的志願團體。不過當時我身不由己，和微軟簽約之後，智行的負責人才有時間見我，因為這樣才加入了微軟。」

不過扶掖後進、照料兒童的志業，也不一定要在職場中追尋。他如今參加的許多志願團體，都以服務年輕人為主。「例如 Junior Achievement，會讓學生在義工的引導之下，嘗試做生意。我發現 Band 1 學校的學生，許多年紀小小就周遊列國，見多識廣，做出來的產品也水準超卓，你完全不用替他擔心。但是有些稍遜的學校，學生就未必有同樣的成長環境。我見到他們的差距，就會思考如何令他們也有 Band 1 學生的視野。」

他憶述在和富社會企業服務時，曾遇上一位年輕人，自信低落、游手好閑，後來在他的指引之下，在基金舉辦的企業營辦比賽中奪得獎項，人生豁然開朗。「他的老師說，本來他活得漫無目的，毫無光彩，這次經歷後卻脫胎換骨，立志要考入香港中文大學商學院，將來從事社會企業工作。」年輕人努力不懈，後來果然考入中大。

「我指導年輕人學習企業營運之餘，偶爾也會談及自己的人生起伏，希望他們明白困難不必害怕，更加不要停止學習。他們知道我身處險境，依然力爭上游，就會明白：自己有什麼不可以？」

陳婉玲：
資訊科技教育
讓同學高飛

現任聖士提反堂中學校長，在教育界有超過 30 年經驗。2001 年獲 HKU SPACE 頒授終身學習傑出學員獎。2002 年在第二屆 Asia-Pacific Conference on Continuing Education and Lifelong Learning 發表研究文章 "The Use of Hypermedia to Facilitate Learning"。現為多個組織執委會成員，包括：聖公會中學校長會（兼副主席）、香港津貼中學議會（兼秘書）、香港島校長聯會（兼秘書）、中西區校長聯會（兼副主席）、香港中學議會及十八區中學校長會聯席會議、香港校長中心、公益少年團中西區執行委員會（兼主席）。

陳婉玲在 90 年代踏上資訊科技教育高速公路，她認為，電子教學貼近年輕人節奏，與時代接軌，同學遨遊於多采多姿的課堂，愉快學習，創意飛翔。

早觸先機，走在資訊科技教育起跑前線

90 年代末開始，互聯網日漸普及，全球資訊爆炸；教育界既與社會接軌，也迎來了科技革命新紀元。香港特區前特首董建華在上任後第一份《施政報告》中，提出以資訊科技提高教學成效；教育統籌局在 1998 年發表了第一份資訊科技教育五年策略文件：《與時並進──善用資訊

七十年代──資訊科技課程

科技學習》。2005 年，政府又倡議在學校推動 STEM 教育，以應付未來因創新及科技推動的新經濟而產生的人才需求問題。

不過，身在教育界的陳婉玲在這之前已踏上資訊科技高速公路。她在 1998 年已完成了四個相關的證書及文憑課程，包括：Certificate in Database Design and Management、Certificate in Advanced Digital Computer Programming、Diploma in Information Technology、Graduate Diploma of Applied Science（Information Technology），並在 2002 年取得 Master of Information Technology 碩士學位，前兩者由香港大學專業進修學院（HKU SPACE）開辦，其餘則由 SPACE 與澳洲查爾斯特大學（Charles Sturt University）合辦。「我一直喜歡學習不同領域的知識。當時整個社會趨勢走向電腦化，我便想，自己若能及早起步，做好準備，迎接新挑戰時就無需戰戰兢兢了。」陳婉玲選擇入讀 HKU SPACE，一來對母校香港大學有一份信任和感情；二來是 HKU SPACE 教學中心位於地鐵沿線，在學校下班後前往上課十分便利。

陳婉玲解釋，施政報告出爐之前，教育界使用電腦作為教學工具只具雛型。及至五年策略文件面世，提出先讓教師掌握運用資科技的知識與能力，逐步將資訊科技融入不同科目的課堂之中；校內則大興基建，闢出多媒體學習中心和電腦室，並添置教學軟件，資訊科技教育才正式推行。「HKU SPACE 的課程為我打好了基礎，讓我輕鬆地適應這個改變，更可以支援其他同事及協助校方推動改革。」

網上資源豐富，使學與教既活潑又有趣

「老實説，電腦或資訊科技並非靈丹妙藥，讓你一步登天；但用得好的話，的確可以令課堂更生動，從而提升教與學的質素。」當時，陳婉玲是聖經及數學科老師。她解釋，聖經故事的時代背景和聖地在時空及地理上與我們有非常遙遠的距離，難以讓同學感受當時的情況，幸好網上資源豐富，她可以擷取相關圖片和介紹，製成電子簡報或影

刊於2000年1月14日《星島日報》的Graduate Diploma of Applied Science (IT) 畢業照。後排左一是陳婉玲。

片教材，這樣對同學理解就有很大的幫助。

「聖經又有提到一些道德和倫理問題，網上可以找到很多相近的當代議題，例如新聞或訪談，可以用之與同學討論，十分方便。」由於課時不長，未必容許深入探討，她就可以提供有用連結讓同學回家閱讀。

至於在數學課堂上，她會用各類軟件，與同學一起解答數學難題；數學軟件幾何畫板則可幫助學生理解空間及三維概念。「學生的理解方式各有不同，有些可以輕鬆掌握抽象概念，有些需要視覺協助理解，有些則要靠實際體驗；網上可見的材料和軟件，可以幫助不同需要的學生掌握課本知識和概念。」後來，陳婉玲又負責教授電腦科，使用電子教學工具自然更加得心應手。

2007 年，陳婉玲加入聖士提反堂中學擔任校長。當時教育界剛完成了兩個五年策略，資訊科技教育已趨成熟，不論老師或同學都已完全適應，通過內聯網發放或遞交功課已是平常事。「最初，老師會純粹為了達到教育局規定的課時比例而使用電腦教學，可以說是為用而用。現在

這項規定已不存在，老師反而更揮灑自如，課堂變得更健康。」陳婉玲認為，推動教育新政策，最終目的是要讓同學得益，教材用得其所，質素便有保證。

Wifi900 全啟動，實踐互動式電子教學

2015 年，資訊科技教育策略進入第四代，重點在於加強學與教的互動，以及提升學生的自主學習、解難及協作能力。教育局在同年推行 Wifi900 計劃，為全港學校提供無線網絡服務及其他配置設施。聖士提反堂中學配合電子教學的發展，2016 年完成 Wifi900 工程，實踐全校 WiFi 覆蓋、師生間互動的教學，達至即時回饋和即時反思的效果。為迎接未來電子教學上速傳輸的需要，學校更換全校交換器和電腦，並將骨幹網絡頻寬提昇至 20GB。「不但如此，我們亦幸運地得到教友捐款，將其中一個課室改裝成電子學習室，配備 iPad、互動式電子白板、Apple TV，是一個完全互動的環境。」

陳婉玲認為，Wifi900 改善了資訊科技環境，使電子學習資源更豐富，教學方法更多樣化，課堂趣味盎然，學生得益不淺。「例如音樂課，現在可以利用網上的電子音樂器材，未必需要純粹依賴實體樂器。」

靈活調配資源，推動資訊科技教育向前

為推動資訊科技及 STEM 教育，教育局向全港所有官津學校提供經常性綜合津貼，供學校按本身步伐和需求自行決定如何使用。「政府撥款的其中一項用途是聘請技術支援人員，局方預算每間學校一個職位。不過，兩項教育策略都需要大量人力資源，無論是實驗室或資訊科技層面，技術支援工作都十分沉重。」

為了平衡老師和同事的工作負擔，陳婉玲將撥款靈活分配，組成五人的資訊科技核心團隊：由副校長兼電腦科科主任主導、一位負責相關項目的資訊科技統籌主任、三位技術支援人員；加上科組老師協作，讓發展

起動。「團隊中副校長和技術員組長都是我們的舊生;技術員組長畢業、進修之後,再回到母校工作,至今已接近十年。他協助學校的資訊科技教育發展,為我們作了多方面構思,不吝付出。我非常感謝他的貢獻。」

數碼科技進步,催化教育模式翻天覆地

由純課本至投映器至微型電腦至互聯網至流動上網設備,香港的教育模式在過去數十年發生了翻天覆地的變化。

從前是傳統單向式教學,老師拿着課本講讀,學生囫圇吞棗,不求甚解。踏入電視黃金時代,老師講課開始受到挑戰,由於學生都是看電視長大的,每一小時電視節目有四個廣告時段;來到課堂,老師每隔 15 分鐘就要讓學生動起來,否則他們必然喊悶。「假如連續講課半小時,我們留得住他的人,也留不住他的心。換句話說,在一個大約半小時的課節裏,起碼要有兩個不同的授課策略。」

來到 21 世紀的新生世代,學生都是擁抱電子產品及科技長大的網中人。「他們活躍於網上平台,幾分鐘就會轉到新頁面,老師管理課堂更具挑戰,既要常變,又要活潑,也要豐富,才能留住學生的人與心。」

數碼科技劇變為教育界帶來了範式轉移,由過往以教師為中心的教學模式,轉為以學生為中心的學習模式。資訊科技教育實施至今接近 20 年,雖然沒有實際數據反映成效,但陳婉玲認為,已見的好處是,課堂內容更豐富、活潑,貼近年輕人節奏,與時代接軌。「社會與學校是互動的,兩者皆與科技脫不了關係。教育要為社會未來發展做好人材培訓,而學校作為教育機構,有責任讓學生更廣泛及有效地應用新科技,使他們將來在社會上具備競爭力。」

課程貼近生活,實踐愉快學習

陳婉玲表示,對於教育局針對不同科目所頒布的課程指引,老師並不需要死板硬套,可以因應同學的程度設計合適的內容。「以我校為例,

同學由小學來到中學,都已掌握了一定水平的電腦技術,老師便會教授一些大家感興趣的知識,例如剪片、編輯影片,又或者編寫應用程式。視藝科老師知道同學喜歡攝影,就指導他們如何把照片拍得更有美感;近年的 3D 打印技術也提高了設計的自由度。同學在課堂學到的東西,馬上就可用於生活上了。」

資訊科技教育不僅豐富了課堂內容,更為課外活動增添了燦爛色彩。「去年,我們舉辦了第一屆 Drone School 101 跨學科工作坊,通過操作小型無人機教授英語、科技和物理知識,寓學習於娛樂;同學更於港島區校際無人機障礙賽獲一冠一亞三季的佳績。今年年初又有好消息,三位分別來自中一、中三及中四的同學榮膺全港 mBot 機械人挑戰賽 2016 季軍。」

陳婉玲領導學校,在管理上沒有太多介入,盡量給予老師、同事及資訊科技團隊最大發展空間,讓大家展翅飛翔。她形容,校內的老師不但專業精湛,最令她感動的是,他們都有一顆寬容、恩慈的心,並以這顆心去教、去聽、去愛,栽培學生成長,了解他們身心需要,為不同學習需要的同學提供合適教導,為大家營造一個快樂而關愛的校園環境。

聖士提反堂中學在 2015 年度獲頒「關愛校園」榮譽;早在 2012 年,他們已開始在校內推動低碳生活。關愛學生、愛護地球,正正就是生命教育核心意義。

人力資源管理課程——
由幕後走向董事會

人力資源管理（HRM）學科蛻變自傳統
人事管理，不僅代表一個專業的誕生，
更是由選人、用人提升至育人、留人的
職能革命。

香港大學校外課程部（DEMS，香港大學
專業進修學院 HKU SPACE 前身）作為培
訓專才的重要基地，一直掌握教育發展脈
搏，不管是 70 年代的人事管理課程或 90
年代開始的人力資源管理課程，都扮演着
牽頭角色，為在職者提供最新最優質的學
習機會。

由人事管理發展至人力資源管理

DEMS 在 1971 年 創 辦 的 人 事 管 理 證 書（Certificate in Personnel
Management）課程，在當時堪稱絕無僅有，吸引了不少大學畢業生報讀。
HKU SPACE 人文及法律學院榮譽助理教授林美凝博士表示，他們大都
是加入了大機構擔任中層管理人，這個課程正好讓他們學習管理技巧。

隨着 HRM 學科的問世，HKU SPACE 與英國萊斯特大學（University
of Leicester，UL）和香港人力資源管理學會合作，在 1996 年推出
人 力 資 源 管 理 文 憑（Diploma in Human Resource Management，
DHRM），成為這個專業之內第一也是唯一的學術課程，協助有志人士
入行，也給人事管理從業員帶來最新管理概念及知識。

「傳統人事管理視人力為企業生產的成本，人力資源管理則以人力為企業的重要資產。前者的職能屬於支援性質，例如處理員工招聘、薪酬和假期等；後者的功能更着重長遠培訓和開發員工的才能，從而提升機構競爭力，以求最終能實現企業目標。」

林美凝形容，這種角色轉變體現為 from the backroom to the boardroom（由幕後走向董事會），因為人力資源總監已是現代企業董事局中不可或缺的成員。

DHRM 是一年制在職進修班，內容分為四大單元：人力資源管理（Human Resource Management）、員工資源管理（Employee Resources Management）、員工關係（Employee Relations）和機構內部培訓（Training within the Organization）。「除了理論知識，課程也着重培養學員撰寫學術論文的技巧。」

第一屆收到逾 300 份申請，結果收生 150 人。由於課程反應熱烈，以後每年招生兩次，最高收過接近 200 人。學員除了來自具人力資源背景的企業顧問和培訓人員，也有公務員、中學老師和文職人員。

2002 年，HKU SPACE 決定將 HRM 知識帶到中國內地。林美凝轉為全職課程主任，將 HKU SPACE 與 UL 的合作項目人力資源管理及培訓碩士（MSc in Human Resource Management and Training）分拆成科，整理成全新的人力資源管理研究生文憑（Postgraduate Diploma in Human Resource Management，PDHRM），先後在上海及廣州開課。學員修畢後可銜接至此碩士遙距課程。

2006 年，應用社會科學副學士（人力資源管理及發展）（Associate in Applied Social Sciences〔Human Resource Management and Development〕）落戶港大保良局社區學院（現港大保良局何鴻燊社區學院），傳授商業及人力資源管理的知識和技巧，合資格畢業同學可升讀本地大學的商管或相關學位課程。

優化課程，提升資歷級別

2010 年，HKU SPACE 鑑於與 UL 和人力資源管理學會的合作計劃結束，便將 DHRM 優化及更新，推出人力資源管理專業文憑（Professional Diploma in Human Resource Management，PDHRM）課程，加入員工投入度（Employee Engagement）、薪酬與福利（Compensation and Benefits）等內容。

林美凝指出，此課程強化了人力資源管理的實用性，達到香港資歷架構第四級。「我們又調整了上課時間，由每周一晚及星期六各三小時課，改為星期六下午上課五小時，既可以更集中學習，也不妨礙周末家庭樂，學生都很喜歡這個新安排。」

2014 年，HKU SPACE 又將 PDHRM 升級為人力資源管理及發展專業文憑（Professional Diploma in Human Resource Management and Development，PDHRMD）課程，進一步加入學習與發展（Learning

and Development）、組織設計與發展（Organizational Design and Development）等內容。

「PDHRMD 屬香港資歷架構第五級，標準更高，教學內容更廣泛，仍然強調理論與實踐並重。」

教練學課程面世

人力資源管理關注人才培訓，與教練學（Coaching）息息相關。2003年，香港大專教育中出現第一個行政人員文憑（企業教練）（Executive Diploma in Corporate Coaching，EDCC）課程，由 HKU SPACE 開辦，內容涵蓋：教練技術、教練模式、職場教練學等，用以提升高級行政人員的領導和指導能力。

「教練學是一門新興學問，專業教練是高速發展中的行業，潛力極大。EDCC 以英語授課，水準很高，學員都是社會上的精英，當中不乏律師、醫生以至企業行政總裁。」林美凝説，為了將教練學普及化，所以 HKU SPACE 又開了一些以粵語授課的短期班，學員可分階段學習，逐步掌握各項知識。

2015 年，HKU SPACE 與英國牛津布魯克斯大學（Oxford Brookes University）合作開辦教練與導師碩士（MA in Coaching and Mentoring Practice）。「此課程是全歐洲的先驅。我們將它引入香港，也是全亞洲第一個。學員的質素甚高，有社工、護士、中學老師、企業顧問、iBanker，也有擁有兩個碩士學位的人來報讀。短期內，我們打算增加一門教練與導師博士（Doctor in Coaching and Mentoring）課，為碩士畢業生提供升讀途徑。」

七十年代──人力資源管理課程

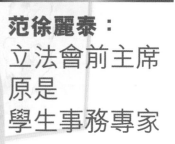

範徐麗泰：
立法會前主席
原是
學生事務專家

港區全國人大代表，中華人民共和國第 11 屆全國人民代表大會常務委員會委員。1983 年獲委任為立法局議員， 1989 年起兼任行政局議員。曾任教育統籌委員會主席、教育委員會主席。1997 年至 2008 年擔任香港臨時立法會及回歸後首三屆立法會的主席。香港大學名譽社會科學博士，香港大學社會科學碩士，香港大學人事管理文憑，香港大學理科學士。2009 年香港大學進修學院傑出校友。2012—2017 香港大學專業進修學院校友會名譽贊助人。

曾領導立法會的前主席范徐麗泰，原來曾為兩所大學的學生就業輔導服務投入過許多心力，服務長達 20 餘年。當年她剛剛畢業，母校香港大學就業輔導處就羅致她出任行政助理，工作是幫助畢業生找到個性與能力適合的工作，也協助企業在大學畢業生中尋找人才。

時維 60 年代初，港大仍是唯一的大學，學生只佔適齡學生約 3%，是天之驕子，許多企業爭相聘用。當有企業來電表示希望聘請畢業生，范徐麗泰就會代表大學登門造訪，了解工作性質和企業文化。工作中她漸漸發現，招聘和人事管理有許多學問，而她的大學學位是科學，終究有所不足，於是報讀了香港大學校外課程部（DEMS，香港大學專業進

修學院 HKU SPACE 前身）的人事管理證書（Certificate in Personnel Management）。「我本身是港大畢業生，上課地點又方便，沒有想過報讀其他課程。」課程當年在港大本部大樓教授，范徐麗泰的工作地點正是大樓對面的辦公室（今包兆龍樓）。

為畢業生做好準備

「以前我的人事管理知識相當薄弱，讀過這個課程之後，我才掌握到一套人事管理的語言，向企業提問時，問題更加精準。我也更加了解企業招聘人才的想法和關注事項，甚至可以從公司發展的角度，為他們提供一些人事管理的意見。」

她也明白到，原來人事工作不只招聘和管理人才、按時出糧；企業還要培訓僱員、培養接班人。對學生來說，供職於企業則除了是工作（job），還是發展事業（career）的機會。

她服務港大時，創下許多新猷，例如曾與政府勞工處兩名高官合作，在校內舉辦職業展覽。「政府各個部門都派員前來，而派來的往往是港大畢業生。學生都覺得很開心，可以從師兄師姐口中了解在政府工作的甜酸苦辣。」後來一些商業機構風聞展覽大受歡迎，也請港大為他們舉辦展覽。這些一年數度的展覽，後來便發展成不同的就業講座。

她幫助學生找工作時，亦親身培訓他們。「我會根據不同機構的面試形式，幫助學生做好準備。」時興小組討論式（group discussion）的面試，用以觀察學生的應對，她便在校內親自帶領畢業生熟習這種方式。「他們起初不太習慣，沒有辦法流暢演繹自己的想法，後來才慢慢建立自信，可以在人前展示自己的潛質。」

原來當時許多面試形式，都已經不太傳統。例如一間大企業的最後一輪面試，是帶學生去吃西餐，測試他們的禮儀。「於是我又要教畢業生西餐禮儀，例如湯是向外舀的，飲用時要安靜。進餐之後，餐具的安放位置也有講究。」

港大畢業生供不應求，企業聘得他們不久之後，往往就被挖角。范徐麗泰說，60年代末70年代初的香港，往往只有外資大行才會實行有系統的人事管理，而且會開設管理實習生（management trainee）的職位。這些企業往往會投入三年的人力物力，培訓入職者成為管理人才。「有些公司跟我說，不少畢業生做了一年、兩年就離開，公司培訓他們的努力於是付諸東流。於是我就想辦法，代為開導一下學生。」

她發現許多畢業生之所以頻頻「跳槽」，是看中了薪金的升幅，於是她推行了一個長達五年的薪金調查。結果發現，原來留在同一間公司服務的畢業生，五年後收入最多。她於是根據這些數據，說服學生不要輕言轉工。「短期看似有利的決定，長遠來說未必幫你賺到最多錢。」

逆境中勉勵學生

港大畢業生雖是企業寵兒，但原來也不總是一帆風順。60年代末香港出現移民潮，對畢業生來說，本應是最好景的時候：已經入職的升得快，未入職的很快會找到工作——唯獨土木工程的畢業生享受不到這種幸運。「那幾年建築業曾一度低迷，他們畢業後根本找不到本行的工作，有人就被迫去教書。我就勉勵他們，何妨先嘗試一下教學，等到市場需求多一點時，再去找工作呢？教書其實是很好的人生經驗。你如何用學生最容易接受的方式，將知識傳授給他們呢？這可以鍛練你的表達能力。」兩年之後，建築業果然好轉，學生紛紛重投自己本來有興趣的行業。

當年港大畢業生還不像今天這麼多，每個她都會接見，和他們討論前程。「有一位已退休的稅務局局長曾跟我說：Rita，當年是你建議我入稅務局

的。其實我已經沒有印象。原來我曾幫她做過一些能力傾向的測試（按：范徐麗泰持有心理學碩士學位），告訴她的長處應該在數字方面。同時她的個性也很開朗，能力比較平均，於是我建議她投考稅務局。稅務局的工作其實不只處理數字，還要與納稅人溝通，解決稅務問題。」

在港大服務七年之後，她轉到香港理工學院（香港理工大學前身）擔任學生輔導處主任（後來稱處長），成為該校就業與輔導服務的「開荒牛」。創始之時，學生事務部就只有她和秘書兩人。她開設的除了就業輔導，還有一般輔導、體育教學，同時承擔與學生會的聯絡工作。部門的醫生、護士、輔導員等，均由她聘請。

與港大的學生不同，當年理工學院的學生，一般不太有自信。「我問他們為什麼選讀理工呢？他們會回答我：因為考不上大學。他們不知道，自己已經很了不起。當年能入讀理工的學生，已是適齡學生的頭 8%，能力絕對不差。我也告訴他們，大學重視的是學習程度，理工卻是走專業路線。以會計為例，港大會計學系的畢業生，要通過六個考試才能成為專業會計師，理工畢業生只要通過兩個考試就可以。他們將來是專業的會計、設計、紡織人才，一點不用自卑。」

她又在理工推行補充學習制（Complimentary Studies），學生必須在第一年進修一科與本科無關的課程，不用考試，不苛求他們的表現。「我希望他們文中有理，理中有文，視野廣闊一點。」

後來獲委任為立法局議員，她始料不及。「我從來沒有想過從政。當時我與丈夫商量過，他覺得這是難得的人生經驗，又可以為香港出一分力，我的老闆又沒有意見，我才答應下來。」

80 年代末、90 年代初她再獲委任為教育委員會（後稱教育統籌委員會）主席，為免利益衝突，便離開了服務 16 年的理工大學。范徐麗泰走出校園踏足政壇之際，正是中英談判的關鍵時刻。

楊家聲：
HKU SPACE
培訓本地
人事管理專才
地位獨一無二

曾任香港房屋協會主席、社區投資共享基金委員會主席、僱員再培訓局委員、香港城市大學校董會成員、公務員薪俸及服務條件常務委員會主席。退休前任職香港中華煤氣有限公司，為企業人力資源總監。其他公職包括社會福利署工商機構義務工作推廣小組召集人、康復諮詢委員會及婦女事務委員會成員等。羅富國教育學院畢業、香港大學社會科學學士。2012 年，獲香港特區政府頒授金紫荊星章。

1970 年代，香港正從製造業轉向商業發展，不少海外成功企業落戶本港，準備大展拳腳，並陸續羅致本地精英，訓練他們成為專業的企業管理者。商界求才若渴，教育界亦推出了香港第一個有系統的人事管理課程，即香港大學校外課程部（簡稱 DEMS，香港大學專業進修學院 HKU SPACE 前身）的人事管理證書（Certificate in Personnel Management）。

而立之年任銀行實習生

1975 年，楊家聲正在銀行的人事管理部門工作。「可能老闆覺得人事比較複雜，希望由比較老成持重的員工處理。我因為較遲大學畢

業，比同期的其他實習生年長些。」原來他早年已於教育學院畢業，任職小學教師，後來自覺有大學學位才有更可觀的前程，於是辭職入讀香港大學社會科學學士學位。再畢業時，剛是而立之齡，萬國銀行（今花旗銀行）隨即羅致他為管理實習生，這在當時是十分為人稱羨的進身之階。

不久他再踏足校園，報讀 DEMS 的人事管理證書。這門課程有一個好處，常常為人忽略：「它建立了一個交流平台，讓本港人力資源管理者彼此相識，日後可以互相切磋幫忙。」這不但有助同學本身的事業發展，香港的人力資源專業，亦受惠於此，水準更上層樓。「例如我們在 DEMS 學過一些面試員工的技巧，就未必能夠只靠經驗累積得來，涉及到一些心理學的學問。」

課程既有理論，亦重實踐。「除了職業心理學，還有社會學、調查方法等等。在職者即使在本行打滾過一段日子，亦未必學過這些知識。知道如何行事，是一回事，但要知道為何如此行事，便講求理論根柢。」

學習外國公司經驗切合本地發展

香港當年有過不少私營商業學校，然而 DEMS 以香港大學之名，在市區闢室教學，其品牌優秀，交通便利，尤為在職者所喜。其時 DEMS 已在中環環球大廈（今南洋商業銀行）購置物業，楊家聲則在香港大學本部大樓一個小課室上課。

及至他畢業有年，以金鐘統一中心地段更佳，又適逢低價放盤，建議校方（時已易名香港大學專業進修學院）放售信德中心的物業，改於金鐘置業，果然成事，師生受惠至今。「其實許多香港人都在晚間進修，即使上班 11、12 個小時後進修亦覺平常，樂於在工作當中、工作以外學習。」

他的同窗大多任職跨國企業；這些企業規模不小，人事管理亦經驗老

到，條理分明，不同於小企業一律由老闆視事，人事安排一個人説了算。「香港企業本無人事管理經驗，諸多舉措都由跨國企業傳入，教授本地新晉。」

他工作過的萬國銀行乃至其他洋行，如怡和集團、匯豐銀行等，都各有完善制度管理僱員。「我們學習這些經驗，亦要思考如何使之切合本地發展。」

楊家聲説，外國公司多採納各種心理測試、性格測試，以選拔最適合企業文化與工作要求的應徵者。「香港比較西化，一些性格測試適用於本地，但是我們的文化與外國始終有別，心理測試就未必可以全部照辦煮碗。」

楊家聲退休前在中華媒氣公司管理人才，早已並非一味追隨外國大行的措施。「我們要訂立一套制度，讓其他地方的部門跟隨，很考工夫。在 DEMS 學過的、日後在職場上學過的，便都實踐出來。這是一個學習過程，而我有系統的學習，一部分是在 DEMS 開始的。」他説行使職權之時，總是期許自己能夠持平處理。「我常説自己代表僱員，不是代表僱主。我會為僱員發聲，而非只顧老闆的利益。」

香港人事管理的傳承

楊家聲憶述本地訓練人事管理人才的歷史時説，他那一代 DEMS 的學子，可説是香港第二代人事管理專才。「第一代的人才都在大洋行如太古船塢，出任大寫等職，跟隨外國上司學習，一般沒有大學學位。當時學位是極為稀罕的。我們這一代同樣在外資大行學習，但多數已有大學學位，只不過並非專修管理，而是後來進修相關的證書或文憑。如今第三代的專才，許多已有專業學位了，例如公關、職場關係（industrial relations）等等。」這段歷史上，DEMS 曾有獨一無二的地位。「而且一班只有十餘人，一年只開一班，所以競爭非常激烈。」

他又談起當日為東家聘請人才時,如何選拔大學生。「我總會考慮他們有沒有成為行政總裁的潛質。一個人的視野,往往在談吐之間流露。我發現外國留學生視野一般較廣,可能因為他們孤身在外,必須自理生活,又要應付日常可能遭受的歧視。此外,許多外國學生英文比香港學生好,而內地的中文水準又比香港高。香港學生以英語行文時,用字往往不夠精準,偏偏英文最是講究用字的語言。一個字用得準了,文字自然精煉,不知省下多少累贅。因此我偶遇文字佳作,便即剪存傳閱,希望公司的年輕人能夠好好學習。」

八十年代

營養學課程——
人人可以成為營養學家

營養與健康是近年香港人愈見重視的議題，香港大學專業進修學院（HKU SPACE）自 1995 年起開通此學科的進修之門，開辦的營養學深造文憑是東南亞唯一獲英國衞生及護理專業委員 會（Health and Care Professions Council）認受的課程；至於其他兼讀證書、文憑、學士、碩士等課程，可協助學員逐步取得高等學歷；還有短期班為對營養學科有興趣人士提供優質及實用教育，從而根據個人志願投身此行業。

開本地培訓先河

90 年代末以前，香港的營養師都是由海外學成歸來的，至於本地學生則只有少數由政府設立獎學金保送負笈英國，完成課程後回港執業。

當時 HKU SPACE 有見及此，決定開辦本地專業課程為有志入行人士提供更方便的學習途徑，並於 1995 年與英國阿爾斯特大學（Ulster University）達成協議，合辦營養學深造文憑（Postgraduate Diploma in Dietetics，PgDD）。

HKU SPACE 首席課程主任兼香港大學生物科學學院榮譽副教授阮陳健貞博士解釋：「我們選擇與 Ulster 大學合作，是因為他們的營養學課程獲英國衞生及護理專業委員會（Health and Care Professions Council）認可，畢業生可成為註冊營養師，擁有在英聯邦國家執業的資格。」

課程是晚間兼讀制,每兩年一屆。第一年是理論;第二年是全職臨床實習,在醫院進行,這方面必須有醫管局的支援,才能實踐。「很幸運,我們得到當時醫管局配合,同意為學員提供實習指導,讓課程在 1996 年順利出爐。」

精英中的精英

不說不知,原來營養師(dietitian)與營養學家(nutritionist)互有不同,兩者在工作崗位上各司其職。營養師要完成認可課程(包括臨床營養治療實習),而營養學家則只要完成營養學位。營養師的工作以跟進個案為主,主要出路包括公私營醫療機構;而營養學家多為健康人士提供飲食建議。

食物及營養學學士畢業的同學可以銜接 PgDD,合格及完成臨床營養治療實習後就可以成為註冊營養師。「每屆報讀情況競爭相當激烈,250 人爭 25 個學位,申請者不僅來自港大或中大,也有從新加坡、加拿大、英國或美國回流的海外畢業生。」

1999 年,第一屆約 20 名畢業生正式誕生,成為第一批本地培訓的精英營養師,有加入了衛生署至今躍升為高級營養師,有在倫敦擊敗眾多申請者爭得高級營養師一席,有在新加坡醫院正擔任高級營養師,也有進入私人市場或自立門戶,開設私家診所。

後來醫管局增加職位,PgDD 畢業生便成為被羅致對象。陳博士說:「業界內眾所周知,我們同學的水平達到國際級標準,能力受到高度認同,而且他們都在醫管局實習,熟悉醫院運作,更了解香港人的生活和飲食習慣,自然比外國來港的執業者更具優勢。」

孕育營養師的重要基地

PgDD 課程的標準大綱以 Ulster 大學為主要根據,並隨着國際營養資訊革新而作出更新調整;此外,由於英港兩地生活習慣相異,課堂上討

論的議題也會較本地化,例如英國研究酗酒問題,香港則關注食物安全。

「第二屆開始,我加入了一個教學小單元:營養基因學(nutrigenomics),以基因為基礎分析不同人士對食物成分的不同反應,從而影響健康與疾病之間的平衡。這是一門新興科學,可視為營養學上的重大突破。Ulster 大學對此舉十分稱許。」

按香港營養師協會資料顯示,目前香港註冊營養師數目估計不足 300 人。陳博士表示當中約有三分之一是 HKU SPACE 的校友,故 HKU SPACE 可算是孕育營養師的重要基地。

「香港人平均壽命愈來愈長,患上糖尿病、膽固醇高、血壓高等慢性病的人愈來愈多,未來的醫療系統將要應付大量病人。換句話説,香港對營養師的需求也將持續增加。」

人人可以進修營養學

為普及營養學教育,除了 PgDD 這個旗艦課程外,HKU SPACE 建立了一個十分完整的學習網絡,開設了一系列兼讀證書及文憑課程,包

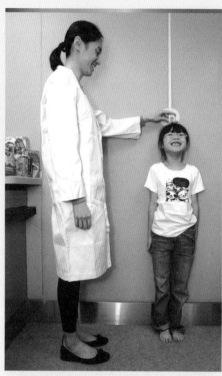

HKU SPACE與阿爾斯特大學合辦全東南亞首個營養學深造文憑課程，於本地培養註冊營養師。

括：Advanced Certificate in Nutrition、Advanced Certificate in Clinical Nutrition and Health Promotion、Advanced Certificate in Food Service Management 等，任何在職人士例如銀行從業員、教師、行政或管理人員，以至中五程度而具備工作經驗者，都可以在 HKU SPACE 找到通向學士學位之路，成為營養學家。

「我們引入了英國的過往學歷認可計劃（Accreditation of Prior Learning），所有營養學證書或文憑都得到 Ulster 認可學歷。學員按照個人情況及時間表逐步完成指定課程後，便可升讀至 HKU SPACE 與 Ulster 合辦的食品及營養學榮譽理學士（BSc〔Hons〕Food and Nutrition）。」

2008 年，營養學課程邁向另一里程碑，在社區學院開設了兩年全日制營養及食品管理高級文憑（Higher Diploma in Nutrition and Food Management），畢業同學可銜接食品及營養學榮譽理學士。

「HKU SPACE 的使命是將教育普及至各個階層和界別。我們所建立的學習網絡，就是希望實踐人人可以進修營養學的目標。」

黃詠恩：
HKU SPACE
培訓本土營養師
功不可沒

香港特區政府衛生署高級營養師（長者健康服務），香港中文大學健康教育及推廣理學碩士、英國阿爾斯特大學營養治療學深造文憑。

追尋自己的終身事業並不容易，黃詠恩於衛生署任職高級營養師（長者健康服務），是畢業後的第一份工作，雖踏入第 18 個年頭，卻未想過離開，只因工作上獲得滿足；娓娓道來，教人羨慕。「如果沒有香港大學專業進修學院（HKU SPACE），我就不能成為專業的營養師，因為我當時沒有條件再去外國留學。」

她說，營養師在本地訓練，事半功倍。「只有本地訓練的營養師，才最了解香港的飲食文化，與病人溝通時，對學習如何提出最貼身的問題、作出最相關的飲食評估，尤有幫助。另外也會比較了解本地醫院的制度、做法、風氣。例如公立醫院就有一套糖尿病專用的飲食治療教材，適合香港病人使用。營養師如果不是本地訓練的話，在香港執行職責的初期，難免有一定程度上的不適應。」

她能入職衛生署，全因先在 HKU SPACE 裝備好自己。當時她已在私家醫院任職營養師，心裏想的卻是等待機會工餘進修。原本她在加拿來

多倫多大學修讀營養學學位，臨畢業才發現學位並不等同拿到營養師的專業資格，而且她是海外學生，不能申請在加拿大入讀註冊營養師的課程。因緣際會，她從香港一位教授處，得悉 HKU SPACE 即將開辦培訓本土營養師的課程。「考慮過家庭、經濟等等因素，我決定回港工作，然後進修。」因此，雖然當時她的職位亦是營養師，但尚未持有正式的營養師專業資格。

在私家醫院工作，須負責管理廚房的膳食和營養部運作，始終覺得力有不逮，何況廚房裏的員工，每個都比她年長、有經驗，「自己的資歷卻未完全預備好」。不久她終於等到 HKU SPACE 開辦第一屆營養治療學深造文憑（Postgraduate Diploma in Dietetics）。這一屆學額供不應求，超過 100 餘位申請者中，校方只取錄了 20 餘人。

雖然是兼讀課程，學術要求也不低。「最忙時，每星期有四至五晚要上課，每晚上課三小時，還有不少習作。」同學多數從事營養產品銷售，亦有供職於食物環境衞生署、私家醫院者。

「當時有些學科，我在大學時曾經涉獵，但也有不少學科是新學問，例如傳意、社會學、心理學，當中最重要的便是營養治療（dietetics），這必須與一般營養學（nutrition）區分開來，是學習透過如何調節病人的飲食，來控制病情或改善健康（例如糖尿病、心臟相關疾病、腎病、管治飲食等），是一項專業資格。」

這一門課程不只有全職導師，還有現職的營養師、其他醫護人員、甚至外科醫生教授。「外科醫生會為我們解釋一些疾病的病理，讓我們更加明白康復者的身體需要。」

精心安排的實習 也是學習

她說最大的挑戰，是如何應用這些學問。HKU SPACE 也希望學生能夠學以致用，於是在一年的兼讀課程之後，安排了長達 28 個星期的全職實習，讓同學嘗試不同的工作環境和崗位，涵蓋醫院、餐飲場所、體

育學院。「在體育學院的實習經歷頗為有趣。」黃詠恩說:「不必像其他實習地方要經常穿著嚴肅的服飾,可以如運動員一樣輕裝上陣。我曾學習評估運動員的水份攝取量,觀察食堂如何為運動員預備食物,還有營養師如何幫助運動員控制食量。為了爭取最佳表現,許多運動員在飲食上,都很自律地遵從營養師的建議。」

實習期間,她還曾在大型醫院的廚房工作,其中一份功課就是如何改善廚房衞生。「我們也會觀察送餐和分餐的過程、如何控制份量、如何準備特別餐,還要了解廚房裏的分工例如洗切部、煮食部甚至派發嬰孩牛奶的工作。有了這些經驗,將來我們設計菜單時,便會考慮到廚房實際上如何運作,並作出可行的病人餐預備指引。」

HKU SPACE 的實習安排,循序漸進。學生首先安排在大型醫院實習,有老師處處指點照顧,之後才到規模較小的醫院實習。「這時候,老師們對你的期望已經提高,希望你能夠不再那麼倚賴,差不多可以獨立工作。老師通常只在旁觀察,很少出手。」

專業不外乎人情

HKU SPACE 文憑畢業後,黃詠恩加入香港特區政府,成為公務員,一待 18 年。她診斷過的病者,很多教她畢生難忘。「長者都很有人情味,在新年應診時,又會堅持要好好款待你,他知道我們不接受任何錢財上的報酬,便會送一個賀年柑。」她笑說。營養師與病人的聯繫,並

不限於一次短短的會晤。「每位病人，通常起碼會見三次，每兩至三個月請他們回來一次，每次見面半個小時。」

HKU SPACE 的傳意、心理、社會學訓練，讓她明白要 "speak the client's language"，説求診者的語言。「有一位婆婆曾經跟我傾訴，要根據我的指示更改家中膳食，有點困難。因為她家中一向由媳婦做飯，她覺得如果自己要求多多，媳婦可能會反要求她來做飯。她説：那我豈不是『一身蟻』？──我覺得她形容得很有趣，就記住了。下次她來覆診時，我就問她：你是『一身蟻婆婆』對嗎？她不禁大笑起來。能夠與病人建立良好的關係、明白他們的難處，然後安排合適的建議，他們也會更樂意接納你的意見。我很享受單對單的輔導工作，既能自主地工作，也有滿足感。雖然現時的崗位比較偏重行政工作，我還是堅持希望能夠會見病人。」

由於工作的編制，黃詠恩曾經在全港各區機構轄下的診所留下服務的足跡。「去到北區，你會聽到家鄉話，有時不免要猜猜老人家在説什麼，猜得到我便會心微笑。有些長者不肯吃東西，可能是家庭關係問題，在飲食上與家人抗衡，我就要思考如何與他們建立互信關係。這些輔導技巧，在 HKU SPACE 我曾經學過。」

她不但服務地區廣泛，要擔任的角色也很多。其中最難忘是到伊利沙伯體育館「開 show」（辦講座），向千多名準退休公務員講解適應退休的飲食建議。「傳意學的知識，此時就用得着了。針對不同的講座對象，要設計不同的教材，用不同的語氣、用詞。」

黃詠恩説，隨着她工作的歲月，香港的社會情況、人口結構、教育水平都有改變。「例如要照顧小孩的祖父母多了，婆媳衝突也多了，長者使用智能手機的普及化等，我們如何對應社會變化，為長者、長者的家人提供更合用的營養健康教育資訊呢？這也是很大的挑戰。」

黃瑋君:
為醫療系統
把守第一關

現任醫普健醫學皮膚中心行政總裁,兼任香港大學專業進修學院營養學課程臨床導師,英國註冊營養師。曾任伊利沙伯醫院營養師、倫敦 St. Pancras Hospital 高級營養師、香港衛生署長者健康服務營養師。

黃瑋君是香港本地培訓的第一批營養師精英,向市民灌輸正確營養及飲食知識,與醫生一起照顧病人,在醫療系統上扮演重要角色。

過五關斬六將

黃瑋君在香港大學主修食物及營養學系,說自己當初純為興趣而選科。大學最後一年,各同學開始計劃未來學習之路,有人決定負笈海外,而有意成為註冊營養師的她則報讀了香港大學專業進修學院(HKU SPACE)與英國阿爾斯特大學(University of Ulster)合辦的第一屆營養學深造文憑(Postgraduate Diploma in Dietetics)。

當時她已在明愛醫院的牛奶房上班,營養部經理知道她打算晚上深造,盡量帶她上病房了解營養師的實際工作。「可能因為我有這個優勢,在 HKU SPACE 面試時表現良好,所以幸運地被取錄。」

「課程是兩年兼讀制，第一年每周上課三晚，周末又有特別課，還要做習作。第二年則是全時間在醫院實習，所以要辭掉工作。」

她形容實習過程並不容易，導師要求很嚴格。不過，即使通過實習，仍有最後一關的口試（Viva Examination），合格了才能成為英國註冊營養師。

「HKU SPACE 與 Ulster 合作邀請了英國衛生專業委員會（Health Professions Council）幾位負責人來港，為我們進行口試，達到要求就可以成為註冊會員，在英聯邦國家工作。」

終於，黃瑋君在 1999 年正式成為第一批本地培訓的註冊營養師，並於翌年加入衛生署，負責長者健康服務。

「長者健康服務旨在增加長者的營養飲食意識，鼓勵他們培養良好生活習慣。我們的工作則是多方面的，包括在社區舉辦推廣活動、開設講座、培訓老人院舍員工、編製飲食小冊子，乃至接受電台、電視台、報章訪問等。」

黃瑋君解釋，她會將醫學報告及營養數據轉化為大眾容易明白的信息，透過在社區推行營養教育，提升市民對健康的關注，預防疾病，從而減輕公共醫療開支。

香港精英在英國顯光芒

2005 年，她的醫生丈夫前往英國進修皮膚科，她決定嫁夫隨夫。到了倫敦，原本打算學些新東西，適逢聖潘克拉斯醫院（St. Pancras Hospital）招聘高級營養師，她明知競爭激烈，只抱着姑且一試的心態申請，想不到自己竟能在眾多求職者中脫穎而出。下午面試，當天傍晚已接到醫院來電，説她表現很好，要聘請她。

「我是香港人，又從未在英國工作過，竟可以擊敗其他對手，所以心

情很興奮,馬上打電話回香港向 HKU SPACE 負責營養學課程的陳健貞博士報喜。」

黃瑋君補充,面試時談及工作範圍內的長者服務,而她有衛生署的經驗,所以發揮得不錯。不過,由於英國人的習慣與香港人大不同,她上任後努力了解當地生活、飲食及文化。

在 St. Pancras,除了為門診及住院病人提供臨床飲食輔導外,也要組織外展隊伍,家訪病人,亦要訓練營養學系學生。工作期間,她感到香港培訓出來的精英質素甚高,她完全符合崗位的要求,表現絕不遜於當地營養師。「反而有來自其他國家的同事,也要向我請教一些工作範疇內的知識。」

學以致用,服務市民

時光匆匆,兩年晃眼便過。黃瑋君與丈夫回歸香港,隨即加入伊利沙伯醫院(QE Hospital)。「當時 QE 約有 12 位營養師,工作十分忙碌,要兼顧門診部及病房的工作,由普通科至專科如兒科、腎科、腫瘤科等病人都要照顧,跟進他們的飲食情況。至於訓練營養學系學生,也是工作的重要部分。」

她表示，在醫院裏，營養師的重要角色是輔助醫生治療，絕對一絲不苟。「例如照顧管餐飲食的病人，必須要精準計算各種營養素分量，為病人選擇最合適的營養奶，以及控制餵餐速度。遇上患有代謝性疾病的初生嬰兒，我們也要慎重地揀選及計算合適的奶類，既不可影響他們成長，也不能讓身體被過量的代謝物影響。」

後來小女兒出生，她希望照顧家庭及孩子，決定辭掉 QE 的職位，改為在丈夫開設的診所任兼職私人執業營養師。2015 年她接受陳健貞博士邀請，開始為 HKU SPACE 擔任兼職臨床導師，培訓營養學課程的學員，回饋母校，貢獻力量。

把守醫療系統第一關

營養師為醫療系統把守第一關，黃瑋君建議政府由兒童教育做起。「飲食習慣是自小培養的。最好讓營養師多做外展工作，定期到學校辦講座或工作坊，不斷提醒學生如何選擇優質食物，長遠可減少他們因不良飲食習慣而患上慢性病的機會。」

據她了解，目前香港約有註冊營養師 300 人，除了本地培訓外，其他大多來自澳洲。

「學員在本地醫院實習，過程艱苦，但成果很好，水平很高。他們通過實習後，已對醫院運作充分掌握，畢業後可以馬上投入工作，所以也有一定的優勢。」

她希望醫管局在未來可增撥資源，為學員提供更多實習機會，為香港培訓更多人才。

會計及財務課程—
締造商科教育
黃金歷史

500 多年前起源於意大利威尼斯的會計學，一直是商科教育中不可缺少的主流學科。香港大學校外課程部在 90 至千禧年代所開辦的會計及財務課程，掀起一波又一波報讀浪潮，為香港持續教育界締造了一段黃金歷史。

會計文憑通向專業資格的出路

90 年代以前，在香港要成為特許會計師，主要途徑是參加英國特許公認會計師公會（The Association of Chartered Certified Accountants，ACCA）所設的考試。現任港大保良局何鴻燊社區書院常務副校長林培燦博士解釋：「考生須按公會時間表逐張卷報考，擁有會計學文憑或學士學位者，可獲免試部分考卷。」

香港大學校外課程部（簡稱 DEMS，香港大學專業進修學院 HKU SPACE 前身）在 80 年代開辦的會計學課程，就是為學生應付專業考試而設。直至 90 年代初中期，DEMS 引入加拿大註冊會計師協會（CGA，Canada）的會計學文憑（Diploma in Accounting）課程，採用 CGA 全套考試教材，學生念完 13 個科目，再報考 3 至 4 張卷，合格後不單可獲 HKU SPACE 頒授文憑，更可取得 CGA 會計師認可資格。

「此文憑課的最大特色是與國際專業公會合作辦學，打開了會計學課程通向專業資格的出路，相對於 ACCA 考試更方便、更直接，對學生非常吸引。」

林博士憶述，報名熱潮長期維持高溫狀態，每期收生數以百計，在讀學生一直保持超過 1000 人，遠超任何大學在讀會計學位人數。據資料顯示，由 1997 至 2008 年共累積接近 10000 名學生。

接通港大學位，會計課程再起旋風

繼 CGA 課程後，HKU SPACE 又與澳洲柏斯的科廷大學（Curtin University）合辦會計學學士學位，學員念完文憑可銜接至學位，再分別通過 CGA 及澳洲會計師公會最後幾張考卷後，便可獲授 HKU SPACE 文憑及 Curtin 大學學士學位，並取得加拿大及澳洲專業會計師牌照。

「90 年代中以前，大學學位只是少數傑出學子的囊中物，故擁有專業會計師資格而沒有大學學位者不在少數。HKU SPACE 提供了由文憑至學士學位以至專業資格的一條龍學習之路，又吸引了很多在職會計文員以至專業會計師報讀。」

不過，直至千禧年代初，HKU SPACE 與香港大學合作推出會計學學位課程，會計學課程才踏入另一個高峰期。「港大學位要修 30 科，念完 HKU SPACE 的文憑可豁免十餘科，直接銜接至港大，完成餘下科目便獲頒港大學位。至於擁有專業資格的會計師，只須補修 10 科就可取得學位了。」

林博士表示，港大學位彌足珍貴，此計劃為教育界帶來極大震撼，更將 HKU SPACE 會計學課程收生推向顛峰，雖然只辦了數屆，學生人數已經超過 1300。

財務策劃課程應運而生

1999年，美國國會通過廢除強制金融分業經營的條例，打破過去銀行商業、投資分家的規限。2000年，強積金（MPF）制度在香港正式實施，為金融市場提供了一筆新興資金。於是，全球銀行及保險業務一起邁向多元舞台。

林培燦博士解釋：「從前的客戶都是存錢、提錢，對銀行來說是一種負債，但銀行業務開放及 MPF 的誕生令這種負債變成資產，因為每一位客戶都是他們推銷理財產品的對象，可以為銀行帶來生意。」

要在龐大的個人投資理財市場分一杯羹，銀行及保險界認為有必要提升業界同工的理財質素，故打算引入財務策劃師（CFP^{CM}）資格認證。與此同時，美國財務策劃師標準制定局（Certified Financial Planner Board of Standards，CFP®Board）亦有意進駐香港。

「我作為 HKU SPACE 的代表出席香港 CFP^{CM} 籌辦小組的會議，參與規劃和設計適用於香港的 CFP^{CM} 課程，協助成立香港財務策劃師學會（Institute of Financial Planners of Hong Kong，IFPHK），並招募了包括上海匯豐銀行、瑞士銀行、星展銀行、友邦保險、保誠保險、永明金融、進邦匯理等共 29 個創會會員。」

2000 年 11 月，IFPHK 獲 CFP®Board 正式授權，負責考核及頒授 CFP^{CM} 認證資格，並監管教育機構的 CFP^{CM} 辦課質素。「課程分為六個科目。HKU SPACE 在 2001 年年初正式開辦第一科，第一批學生人數逾千，九成是上述創會會員的員工，百餘人來自公眾。為配合業界培訓人才的策略，我們又與不同銀行及保險公司合作，為他們提供內部訓練課程。」林博士說，當年報名盛況空前，學額供不應求，不少人天天致電 HKU SPACE，只求一學位。

不過，市場求才若渴，要等學員畢業成為 CFP^{CM} 尚有一段時間，所以學會便推出兩年期限的權宜方案，凡符合學歷標準及理財工作年資的在職人士，可參加考試，合格後可成為 CFP^{CM}。

「為協助他們順利通過考試，HKU SPACE 又特別推出試前預備班，第一次招生便吸引了超過 500 位申請者。」

林博士補充，當時有銀行發出內部指引，要擔任前線客務經理最好要具備 CFP^{CM} 認證資格；保險公司又希望將保險代理人提升至理財策劃師；再配合 MPF 政策出爐，種種因素加乘下，製造了一波巨大 CFP^{CM} 課程浪潮，並維持了接近十年黃金期，直至 2008 年爆發雷曼事件，這股熱潮才慢慢降溫。據 HKU SPACE 統計資料，2001—2008 年，課程共錄得 28,000 入學人數，佔就讀 CFP^{CM} 課程總人數 60%，對業界影響至深。

吳安儀：
會計課程，
擴闊cue后視野

13歲開始打桌球，2010正式成為香港全職桌球運動員，其後多次當選香港傑出運動員。2010年IBSF世界業餘桌球錦標賽冠軍，2013年及2015年IBSF世界業餘桌球6個紅球錦標賽女子個人冠軍，2015年及2017年WLBSL世界職業桌球錦標賽女子個人冠軍。持有香港大學專業進修學院金融商業學院會計學高等文憑。

吳安儀13歲迷上桌球之後，便打算長大後像父母一樣，在桌球室上班、閒時打球，一生圍繞桌球度過，課本與學校，並不特別吸引她。不過到了2014年她24歲時，卻報讀了香港大學專業進修學院（HKU SPACE）金融商業學院修讀會計學高等文憑（Advanced Diploma in Accounting）。「成為職業運動員之後，我有機會出席不少場合，發現自己原來還有很多事情不懂，於是決定回校進修。」學習會計，不會學到桌球技巧，然而她進修的目標，正是學習一些與桌球無關的科目，好擴闊自己的眼界。「這一次進修是自己的選擇，想法與以前上學不一樣。」

她笑說在HKU SPACE第一天，見到整齊的桌椅，感覺很奇異。多年後重回校園，她也曾擔憂讀書會影響比賽表現，後來卻發現雖然打球的時

間少了，但每當回到桌球檯前，她卻更加珍惜，更加投入，思考也更加清晰，反而愈打愈好。

職業運動員時常要到外地作賽，HKU SPACE 酌情通融她，不限出席率，並且容許她提早或延遲呈交習作。「有一場考試，剛好在出發比賽同一天舉行，我如果出席，就會錯過飛機航班。學校知悉後，為我的考試另作安排，真是幫了我很大的忙。」她也試過在參與世界賽前趕赴考場：「那天黃昏我拖着行李箱、桌球棒去考試，一停筆便趕去機場了。」

除了老師和校方不吝支援，她身邊的同學也樂意代幫助她的學業，在她缺席的日子代取筆記，一同研究課題。「讀會計讓我認識不同背景的同學，有會計師、銷售員、全職學生，我的社交圈子因而擴闊，不再限於桌球圈子。」

2015 年她奪得世界賽冠軍之後，見識的機會更多，得以出席更多場合，認識各色人物，嘗試不同活動。「我以前也會害怕接觸新事物，例如拍攝硬照、接受訪問，但後來做多了，又會覺得挺好玩，就當是一些學習機會。」如今走在街上，也有路人認得她，請她合照，又或鼓勵她繼續努力。「這些友善的鼓勵，我收到也覺得很開心。」

cue 后的低潮

吳安儀的桌球生涯，曾有過一段迷失的時間。2014 年她才正式成為職業運動員四年，與世界冠軍伊雲斯（Reanne Evans）對戰，她落後到 0：6 時，大哭不止，其後一年都無法打出水準。「很多比賽，我都很快便出局，特別

第一屆亞洲桌球錦標賽女子個人賽：第一名。

世界女子桌球錦標賽冠軍。

是有些球我覺得是不應該打失的。我無法接受,也覺得迷失,自己是不是不適合打桌球呢?我會與同場練習的球手比較,練習時又會忍不住哭起來。」

那一年捱得很不容易。教練教她失球不要怪責自己,當作一個學習機會,然後檢討、進步。她慢慢領悟到當中的道理,想法開始改變:「很多人不懂得接受自己的失誤,其實犯錯不是世界末日,只需要下次改正,不再做錯就可以。特別是年輕人,日子還有很多,有什麼做不到?不要輕言放棄。」

練習與休息

吳安儀漸漸明白,自己的表現應該與自己比較,才最有意思。不過,教練希望她向其他球手學習,她亦依言而為。兩人會一同觀察世界排名比她高的球手表現如何,討論他們各方面的長處和短處:短處有則改之,無則加勉,長處則思考如何追趕甚至超越。這亦是一個學習過程。

她有一本桌球日記,每次練習都會記錄三個項目:Good、Better、

How。「Good ：今天有什麼做得好？ Better：有什麼可以再做好？ How：如何做得更好？」教練會閱讀她的日記，提供改善建議，兩師徒用書寫溝通，追溯進度。

「平時練習，我既有固定的練法，亦有較有彈性的練法。通常每個練習（exercise）我會打五次，計算、比較自己的得分。但有時我不會規定自己打多少次 exercise，以便放膽嘗試不同的打法。」

要掌握好桌球技藝，也不是日以繼夜不停練習就可以，也需要懂得休息。「爸爸、媽媽都在桌球室工作，老闆因而准我免費練球。我試過有一段時間，日日夜夜都練習，卻忽然間對桌球莫名生厭，覺得很苦惱。於是教練就教我，每個星期要好好休息一兩天，才能持久作戰。大賽之後，我有時會去旅行放鬆一下。我最近就發現，原來有時旅行放鬆之後，表現會更好！」

壓力來時，她喜歡和自己的小狗玩耍。「養狗之前，我練完球回到家，會因為不能繼續打球而有點不舒服，但現在回到家見小狗來迎接我，牠是那麼的簡單、開心，我也就會覺得很開心、很放鬆，什麼不快都忘記。」所以在香港的時候，吳安儀會盡量抽時間每天陪小狗玩。到了比賽前夕，為了避免緊張，她會戒喝咖啡、奶茶、可樂，聽聽音樂放鬆心情。

「桌球很講求心理質素：一個專業的桌球手，無論得球、失球，都一定要有風度地平和面對，不可以情緒失控。但只有改變了心態，盡量做好自己，不盲目地與人比較爭勝，表現才會更加穩定。」

2015 年，吳安儀除了贏得 IBSF 世界業餘 6 個紅球錦標賽女子個人冠軍外，亦打出了當屆賽事最高的一桿 68 度。6 個紅球每局賽事最高度數是 75 度，打出一桿 68 度，即僅差「黑柴」就清檯。她說，桌球給她的成功感，她以前從未有過。如今位處高峰，她的目標仍然清晰。「來到現在這個階段，我已經知道想如何走下去，感覺很踏實。」

溫浩源：
從會考不合格
到註冊會計師
希望行業更團結

會計師事務所合夥人，曾任上市集團中國部財務主管。比立勤國立大學工商管理哲學博士、香港城市大學會計學文學碩士、維多利亞大學會計學商學碩士、清華大學中國法學學士、普頓大學工商管理文學學士。教學方面，歷任澳門科技大學客席助理教授、香港大學及香港中文大學兼任講師。歷任公職包括：香港特別行政區選舉委員會委員（2012-2017）、醫療輔助隊長官聯會執行委員會成員、香港會計師公會增值稅工作小組成員等。

溫浩源說，香港大學專業進修學院（HKU SPACE，前身為香港大學校外課程部 DEMS）有教無類，讓他有機會進修。「我當年會考只有兩科合格，學術基礎不好，中英文也不好，只好出來社會謀生，第一份工作是銷售員。」

那是 90 年代初。他工作不久，決定「半工讀」，自覺與銷售行業較有關連者，似乎是市場學。DEMS 收生不論中學成績，只要年滿 21 歲，即可報讀學歷課程。「這個再次讀書的機會，我特別珍惜。」可是兩年後，他取得市場學證書之後，發現原來做銷售員原來並不需要市場學知識，只需要有生意。於是又重新思考前路應該如何走下去。

「以前香港很多人說『發三師』，就是醫生、會計師、律師，於是我決定試試讀會計。」

他自覺這次「不成功便成仁」，必須力爭上游。他沒有令自己失望，課程也沒有教他失望。「這會計課程十分實用，我讀完之後如同『升仙』，考獲會計師資格——從會考不合格，變成一個 qualified accountant（會計師），這不是升仙是什麼？」他笑說。

他在 1994 年取得會計學文憑，其後薪金幾級跳，在職場平步青雲，不久升任一間上市集團的中國部財務主管，負責集團在中國的投資。不過他謙稱自己運氣不錯：「關於工作，東家平常只聘用幾間大會計師樓訓練過的人才，只不過這個職位正好需要製造業背景，我曾在製造業工作過，幸而獲聘。數年之後，又遇上香港 97 移民潮，我的上司即財務部原主管也移民了，自然有機會。」不浪漫的現實往往如此：既非全靠運氣，也非努力就可以登天。

主管是一位以身作則的好上司。那時是 1998 年，香港遭遇金融海嘯，公司也盛傳老闆要每個部門「交人」，準備解僱。「會計部其實是最危險，因為市道不好、生意慘淡時，好像更加沒什麼特別需要。當時我的上司帶着我兩個人，走進老闆的房間說：如果你要交人，這裏就是兩個。結果我們的部門一個人都沒有解僱。——我就明白，原來做大哥大姐，要有承擔。」他說，事實也證明會計部「後勁」凌厲，並非白賺薪水：「會計部做得好，可以幫公司省大錢。」

天外有天

即使步步高升，溫浩源仍然不斷讀書，從 DEMS 的文憑到後來的大學、碩士、博士，皆是兼職進修。一星期五天工作，他卻七晚都要讀書。問他有何策略應付課業，他說：「考試算是一個遊戲，要學懂遊戲規則。此外，當天的事當天做，不要拖延。」

他說其實所學愈多，愈會發現自己什麼也不懂。上海財經大學教授曾經給他上過一課，讓他更加知所行止。那時是 2000 年代，他的事業已更上層樓，正式向會計師公會註冊為專業註冊會計師（Cerfitied Public Accountant），不久又開設了自己的會計師事務所。「我原是上海財經大學三年來取錄的第一個香港博士生，不免有些沾沾自喜。第一晚到了上海，和老師吃飯聊天，老師侃侃而談，出口成章，我卻只是瞪目結舌，完全接不上話。當下我就知道，原來天外有天，我並沒有那麼厲害！結果我暫時放棄在上海讀博士，明白自己以後更要腳踏實地好好學習。」

不久他取得香港城市大學的碩士學位。「其實那時我所想的，已不只是市場需要或者他人的眼光。我是心生愧疚，覺得自己的功夫，與真正的高手相比，根本就不入流，微不足道！」這個碩士課程以研究為基礎，他自覺更加懂得什麼叫讀書。

他亦重返 HKU SPACE 進修法律，取得其與清華大學合辦的法律學位。「因為會計與法律就如孿生兄弟。我正從事與內地相關的會計工作，應該學習內地法律的知識。」HKU SPACE 慶祝 45 周年時，他獲頒終身學習獎（Lifelong Student Award），表揚他不斷學習的毅力與成就。

90 年代中，他開始在院校授課，「最初只為幫朋友替更」，後來因緣際會，回到 HKU SPACE 貢獻母校。他稱讚 HKU SPACE 設計財務策

劃課程（Financial Planning）很成功。「學生有保險從業員、銀行家等，一開始多數是大公司安排職員入讀，後來個別報讀的學生漸漸增多。尤其 2003 年香港沙士（SARS）之後，最多人進修。」這門課程範圍較闊，學生或會覺得辛苦，所以他樂於以活潑方式教授。「以前的老師大多依書教學，我會多用生活化例子，讓學生較易理解。」

行業發展

溫浩源說，他從事會計數十年來，時代改變，行業也改變了很多。以前從事會計的多是精英，現在大家似乎都不特別尊重會計師。他嘆息「會計師」三個字，並不受香港法律保護。「在香港你不能自稱醫生、自稱律師，卻可以自稱會計師。」

「不錯，如今當會計師還是不會餓死的，但在香港我感覺不到會計師以自己的專業為榮。香港會計從業員不少，卻由少數幾間公司壟斷市場，這樣並不健康。」

他處理過一些稅務個案，需要為客戶解決一些以前委託的會計師所留下的問題。「有時是因為客戶想節省會計支出，不聘請註冊會計師，又或者所委託的會計師粗製濫造，一味廉價招徠。」客戶原本想節省支出，最終卻損失不菲。

「其實會計這門專業值得尊重，因為不但講求知識，對專業道德、工作態度亦有要求。你是不是體貼、細心呢？在關鍵時刻，會計師會先考慮客戶的利益還是自己的利益呢？如何可以在法律框架之下，盡量幫助客戶節省支出呢？會計師都應該有自己的判斷。如今註冊會計師為上市公司核數的收費，居然比 1970 年代還低，簡直難以置信。」

他說，最希望行業可以團結。「香港不少專業人士，以自己的專業為榮，也為行業爭取更好的待遇與發展。我希望所有會計師也會朝這方向發展。」

九十
年代

中醫藥學課程——
昂然步入專上教育

中醫是中國的傳統醫學，已有悠久歷史。近數十年來，香港專上教育百花齊放，各門學科都有發展，只是一直缺少了中醫學這塊拼圖。直至 1991 年，香港大學校外課程部（簡稱 DEMS，香港大學專業進修學院 HKU SPACE 前身）開辦了全港第一個中醫學證書課程，拼圖才變得完整。

中醫學課程走入專上教育

90 年代任職於 DEMS 的許少珍教授是開拓中醫藥課程的先行者，她介紹道：「1991 年，DEMS 開辦基礎醫學證書，開中醫學課程走入香港專上教育的先河，這對中醫學及教育界來說都是一件大事。」此課程為中醫師而設，主要教授西醫生理學方面的基本知識，也有簡單的實驗，例如觀察青蛙心臟受外來刺激所表現的收縮情況。課程是一年兼讀制，總課時 100 多小時。

翌年，中醫學進修證書課程出爐，供中醫師修習正規中醫學，反應更加熱烈，報名人數遠超預期，最後共收了 101 名學生。當時 HKU SPACE 邀得暨南大學醫學院前副院長張大釗教授及著名中醫師趙少萍教授擔任老師，顆顆巨星，但因學生人數眾多，普通課室無法容納，終後終於以大角咀周鴻標中心作為上課地點。

中醫學進修證書課程也是一年兼讀制,平均每星期上課五小時,總課時超過 200 小時。課程內容包括:中基(中醫學基本概念)、中診(中醫診斷學)、中藥(臨床常用中藥)、方劑、經典著作、婦兒、內外、針灸、骨傷,臨床科一應涵蓋。

1995 年時,中醫學課程已錄得超過 700 名學生,反映這方面的確有很大需求。

讓西醫遇上針灸學

針灸學是研究經絡、腧穴及刺灸的方法,是中醫學範疇中具備廣泛科研文獻支持的中醫學科。HKU SPACE 為推動中西醫協作及中醫學教育的發展,遂於 1996 年開辦第一屆針灸學證書課程(Certificate in Accupuncture),以英語授課,主要讓西醫先從針灸學開始理解中醫學。

第一屆吸引了來自不同背景的學員,例如執業西醫、物理治療師、牙醫等等。課程不但教授針灸理論,也包括一星期的實習課,實習基地選址於浙江中醫大學。「香港沒有可以接受實習診症的病人,但內地中醫大學林立,可以為香港學生提供便利。」有鑑於學員畢業後希望繼續深造,香港也有很多在職針灸治療師有意進修,HKU SPACE 在第二年便開辦針灸學進修文憑,並以中文授課。

為中醫學各科培養人才

90 年代中開始,香港政府醞釀規管中醫師的專業水平,以保障公眾健康。HKU SPACE 前瞻中醫業未來發展,陸續開辦相關課程,包括全港第一個骨傷科學進修文憑課程,也是理論與實習並重,後者則在上海進行。至於三年制的推拿學文憑,則聘請上海醫師來港教授。「坊間有很多推拿課,只學幾個月就可以拿到證書,質素參差。推拿是對人的工作,除了要學習技巧,理論也很重要,搞不好就會弄傷病人,絕對不可馬虎。所以,我要求學員要認真上課,由淺至深學足三年。」

接下來，就是將中醫進修證書課程內的單元獨立成科，例如：中醫學基礎理論、臨床常用中藥、中藥配劑，進行更深更闊的講課。

中醫學位課程正式誕生

1998 年，HKU SPACE 得到港大教務委員會同意，正式成立中醫藥學院，由港大鄭耀宗校長及許教授分別出任正副院長。

中醫全科學士課程正式誕生，由於是兼讀形式，故採用學分制度，學員在五至十年內修滿學分便可獲頒學位。凡持有 DEMS 或 HKU SPACE 頒發的中醫學相關證書或文憑者，皆可獲豁免部分學分。「學士學位課程推出後，反應非常熱烈。但學分制有必修條件，學員必須要先念完中基，才可報讀中藥，再讀其他。」當年許多人蜂湧前來報讀中基班，除了要增加班數，更要每班收至近百人。

「我又走遍全國，從不同大學禮聘了 70 多位著名中醫師來港擔任課程講師。另外就是找尋合適的實習基地。為了讓學員接觸不同地域的病例，我也由南至北挑選了十數間合適的大學附屬醫院，最遠去到黑龍江。」

課程認真，一絲不苟

為確保質素達到水平，許教授編製了一本實習手冊，將課程標準化，詳

位於金鐘海富中心的中醫臨床中心。

列臨床實習期的具體內容，比如十個星期的內科實習，第一周第一天要觀察哪個病種，第二天要實習何種辨症，全部清楚列明，老師學生人手一冊，完全按照當中的要求進行。許教授又會不定期到各個實習基地觀察實際操作情況，每個基地停留數天，讓內地實習醫院的老師明白HKU SPACE 極度重視實習質素。「學生說各地醫師均不吝指導，他們甚至可以走遍醫院各部門見習，得益不淺。」

為配合課程發展，在中醫藥學院成立的同年，位於金鐘的中醫臨床教研中心亦正式開幕，為學員提供見習訓練，觀摩老師診症，為赴國內實習做更好的準備。

全日制學位課程別具特色

中醫藥學院成立以後，HKU SPACE 在 2000 年又增設針灸碩士學位課程，屬兩年兼讀制。2002 年時，學員與首批數十名中醫藥學位同學一起舉行畢業禮。同在 2000 年，學院開辦全港第一個非教資員資助的全日制中醫全科學位課程。「我們共錄取了 30 名學生，並聘請最好的中醫師為他們授課。」

碩士課程的最大特色是「一個學位，兩種學習模式」，全日學習模式是五年，彈性學習模式是六至十年，無分全日制或兼讀制，兩者所獲頒授的學位完全相等。「當時這個建議受到質疑，我便提倡考核學生質素。結果，由港大、中大、浸大共同組成的評估委員會，證明了全日制和兼讀制的學生，水平一致。」

HKU SPACE 自 90 年代初引入中醫學課程至今 20 餘年，已累積數以千計證書、文憑及學位畢業生。1995 年，許少珍教授獲委任為中醫藥籌備委員會委員；四年後中醫藥管理委員會正式成立，負責制定監管中醫師政策，她是第一屆委員。第二年，中醫註冊制度正式實施。據委員會網頁顯示，目前註冊中醫超過 7000 名，當中不乏 HKU SPACE 的校友。

伍國智：
HKU SPACE
是大學有系統
地開辦中醫藥
教育的先行者

1998 年開始行醫，2003 年起按政府規定成為註冊中醫。1991 至 2000 年間，分別修畢香港大學專業進修學院七個中醫藥學課程，即基礎醫學課程、中醫進修證書課程、針灸學文憑、中藥學、方劑學、中醫診斷學、中醫骨傷科學。學院校友會成立之際，即為創會委員，曾服務校友會七年之久。亦曾在中醫師公會擔任理事。

伍國智先生原本是政府公務員，卻在 1991 至 2000 年間，分別修畢香港大學專業進修學院（HKU SPACE，前身為香港大學校外課程部，簡稱 DEMS）七個中醫藥學課程。原來當初是因為機緣巧合：「當時太太和妻姊在深圳跟一位師傅學習中醫，我跟他們一起去。師傅很擅長用中西合璧的方法治療，由此引起我的興趣。」

後來他在一個中醫師公會擔任理事，獲推薦修讀 DEMS 於 1991 年為中醫師而開辦的基礎醫學課程（Basic Medical Science，BMS）。「當時要讀這課程並不容易。很多人都想讀，但學額有限，往往要公會推薦的人選才有機會。」他說很幸運能成為其中一員。

這門課程與他後來於 1994 年修讀的醫療科學課程（Medical Science）一脈相承，均是介紹西醫的基礎理論，「連心電圖、X 光也要學懂看。」他說，當你了解中、西醫理論到一定程度，就會發現不少共通之處。因此，在往後的臨床上，為了使病人更易理解其病情，中醫治療其疾患的原則、方法及療效，有需要時會運用一般西醫學的常識、詞彙向病人解釋。」

回應社會訴求 培訓專業人才

1992 年，校外課程部易名香港大學專業進修學院 HKU SPACE，伍國智也於此年修讀學院開辦為期一年的中醫進修證書課程（Certificate Course in Traditional Chinese Medicine for Practitioners，簡稱 TCM），是為第一屆學生。這課程基本上是為在職中醫師設計，旨在提升他們的專業水平，同時亦有兼職、業餘中醫師報讀。第一屆學生中，更有一位是西醫。

伍國智說它來得非常合時。「當時傳媒、立法局議員、一般市民，都開始要求加強中醫行業的規管。當時的確時有聽聞與中醫有關的醫療事故，但在我看來，很多事故其實並非肇因於中醫醫術不精，而是藥材問題。有時是藥房出錯，或者有人誤購、誤服，不一定是中醫的錯。」香港的中醫註冊制度要到 2003 年才實行。HKU SPACE 卻在此前十餘年，已經開辦中醫課程，及時回應社會對中醫質素的要求。

TCM 設計全面，既是一個中醫學的濃縮課程，亦深入介紹診斷的方式和治療理論。伍國智說，「課程能成功開辦，既多得時任院長支持、許少珍教授努力不懈，亦少不了名中醫張大釗教授的協助。」張教授授課嚴謹，在他指導下，學生必須提交畢業論文才可畢業。

第一屆同學後來還成立了同學會，近年因應實際情況，更名為「香港大學中醫校友會」。直到現在，同學會／校友會與 HKU SPACE、香港大學仍然聯繫頻繁，關係密切。

結識大江南北名醫

HKU SPACE 除了聘請本地導師外，亦禮聘不少國內名中醫教授，伍國智由此結識了不少內地中醫，更經常接待來港授課的老師。「多得許少珍教授努力開拓，HKU SPACE 的中醫學術網絡非常廣，我們不時有機會接待訪港的名醫。」求教以外還能磨練普通話，是另一宗意外收穫，他與內地老師亦師亦友的情誼，亦於此時開始。及後有一段時間，他每赴上海都會與當年來港授課的老師敘舊。

「其後，得到學院院長的支持，許少珍教授又努力拓展，HKU SPACE 的中醫藥課程與時俱進，從單一的證書課程擴展至全科學士學位課程，發展一日千里。」伍國智說，這個專業、有系統、全面的課程吸引許多有興趣者報讀，各行各業都有，其中更有不少西醫，同學最後均修畢全科學位課程。

最教他眼界大開者，還得數 1997 年繼續在 HKU SPACE 進修的針灸學文憑（Diploma Course in Acupuncture and Moxibustion）。當時學生均須到上海中醫藥大學所屬醫院及門診部臨床學習，他憶述了一些有趣見聞：

「有一位柏金遜症病人，身體不停抖震，但教授為他施針之後，他便完全靜止下來。」

「有一位婆婆，教授須以一個特別器材——皮膚針——為她施針，這器材上面總共有七支針。施針的位置是頭皮，我只見教授一邊施針，婆婆一邊出血，教授則為她抹血。可是她竟然說很舒服，還說會每個星期都來！」

「內地病人一般比較願意回饋，會立即告訴醫師施針後有沒有感覺。」

內地臨床學習的經歷，讓伍國智更加了解中醫藥學何等博大精深，出神入化。他感激內地教授以親身經驗授業解惑，毫無保留，教他獲益良多。

為港大開辦中醫藥學院創造契機

回港之後，伍國智還修讀過四個中醫學課程，即中藥學（Chinese Materia Medica）、方劑學（Chinese Medical Prescription）、中醫診斷學（TCM Diagnonsis）、中醫骨傷科學（TCM Orthopaedics & Traumatology）。「當時 HKU SPACE 在香港、九龍都有教學中心，每班都有數十個學生。我很驚訝，原來有那麼多人來讀中醫！」

他在訪問中多次感嘆，HKU SPACE 對香港的中醫藥教育的發展有先見之明，還為培養人才付出許多心力，無可否認，貢獻良多。「如果你問我，我覺得 HKU SPACE 在這方面空前成功，為後來香港大學開辦中醫藥學院創造了良好的契機。」

其後香港大學成立中醫藥學院，與上海中醫藥大學合作，開辦中醫藥學位課程，HKU SPACE 也出力不少，尤其是授課與行政方面。學位課程草創之時，七位全職教師均屬 HKU SPACE 編制之內。

時至今日，HKU SPACE 仍繼續提供中醫藥專業進修課程，供註冊中醫進修。而 HKU SPACE 校友會成立之際，伍國智即為創會委員，服務校友會七年之久。

吳建葦：
透過針灸科研
走向國際

中國註冊牙醫、香港表列中醫、澳洲註冊針灸師，澳洲悉尼大學牙科碩士及公共衛生學文憑、澳洲阿德萊德大學牙科學士、香港醫學專科學院院士（牙科）、香港牙科醫學院院士、澳紐皇家牙科醫學院院士。現為香港口腔醫學會秘書長、香港前山聯誼會會長。發表超過 15 份國際文獻。

親身體驗過針灸的神奇療效，吳建葦師承針灸技術，學藝成功，並透過臨床科研數據發表文獻，踏上國際醫學層面。

因病而自學成醫

70 年代時由香港赴澳洲念牙科，吳建葦在當地因病求醫，癒後竟踏上自學針灸之途。「大學三年級時，有一天胃痛得厲害去看醫生，他用針灸為我治療，10 數分鐘後就完全止了痛。我覺得非常神奇，便請他教我。」

他憶述，這位西醫原是越南華僑，後來移民澳洲行醫，但只懂說中文。兩人便協議，一個教針灸，一個教英語。「每天下課後我就到醫務所做助理，他為病人施針時，我在旁邊觀察；有外籍病人時，我兼任翻譯。

沒病人時，他傳授針灸理論和技術，我則教他英語。如是者以兩、三年時間，由見習到實習，我學完了整套療法。」

1980年，吳建葦取得阿德萊德大學牙科學士學位。翌年，他先後考獲南澳針灸協會（South Australia Acupuncture Association）及墨爾本針灸中心（Melbourne Institute of Acupuncture）的針灸學文憑。「我沒有修讀他們的課程，只是報名考試。但由於我以中文學習，看的是《黃帝內經》，為了應付英文為主的考試，我便自己買書看。針灸療法在澳洲十分盛行，參考書很多。結果一次就合格。」

回港後，他加入醫務衛生處任牙科醫生；1984年開始私人執業。對於針灸學問，雖然他已經考獲專業文憑，也有實戰經驗，但學而知不足，況且並非師承正規大學訓練，所以一直找機會進修。直至1995年香港大學專業進修學院（HKU SPACE）開辦針灸文憑課程，他正式成為第一屆學員。

「課程是兩年晚間兼讀制，英語授課，既教理論，也有數星期在上海做臨床實習課，完全符合我的要求。」

牙科醫生從事針灸科研

親身體驗過針灸的神奇療效，吳建葦深深覺得這門學問是中國國寶，但因缺乏足夠數據支持，難以得到充分發揚，實在很可惜，於是利用自己的科學背景，積極從事針灸科研。

「首先是抗體測量。我為病人進行針灸，在療程前後抽取病人口液，比對兩者的抗體含量變化。」每個個案以大約半年時間跟進，他用5年做了150個例子，證實病人在療後產生大量抗體，他將報告作為畢業論文，在1988年取得澳洲悉尼大學牙科碩士。第二年，他在《美國中醫雜誌》（*American Journal of Chinese Medicine*）發表了研究文章。

吳建葦的另一個科研項目始於90年代在HKU SPACE念書時代。「楊

教授是課程的兼職講師，本身是骨科醫生，擁有澳洲針灸學學士學位。一次，他談起針灸經絡治療痛症，我便決定做一個相關的臨床個案研究。」

他解釋，當病人出現無緣無故的骨痛、腳掌痛等症狀，楊醫生經過診斷認為是經絡發炎或阻塞所導致，而源頭又在於口腔的話，就會為病人照 X 光，若發現真有牙瘡或牙齦等問題，便會轉介給他。「我為他們做了適當治療、徹底清理口腔之後，病人在離開診所的一刻，已經表示身體上其他部位的痛症已經消失。」

經過 3、4 年時間，吳建葦做了 50 多個例子，證實移除口腔病灶可以疏通經絡，治癒無名腫痛。2001 年，他將研究結果發表成文，在澳洲《太平洋東方醫學雜誌》（*Pacific Journal of Oriental Medicine*）刊登。

從事牙醫超過 30 年，吳建葦觀察到有些病人反應異常敏感。「他們的牙齒一旦被觸碰，就會嘔吐，使治療無法進行。」去年 5 月，他得到港大牙科學院的支援，進行了一個與此相關的針灸穴位治療計劃。「這是繼承英國幾位醫生推行的科研項目，我們負責香港站的臨床個案，為病人針刺承漿穴，觀察止嘔療效。」經過 3 個月左右時間，做了百多個例子，病人在針灸十餘分鐘後便停止嘔吐。他表示數據有效，有關研究報告將在今年內發表。

「我並非執業針灸治療師，但我卻在這門學問上得益不淺。它為我完成了不同科研計劃，讓我通過發表文獻走向國際醫學層面。」

針灸治療在香港的限制

針灸療法流傳久遠，中、日、韓使用尤其普遍，世界衛生組織亦已確定了針灸經絡穴位的名稱和標準位置，更制定了《針灸臨床研究指南》；然而，西方國家在這方面的發展似乎比香港走得更前。

吳建葦對此認同：「以澳洲為例，全國有 6 間大學開辦針灸學位課程；醫學界中，每 6 名西醫就有一個兼做針灸；市民方面，大都崇尚天然療法；加上保險公司接受針灸治療索償，所以普及性很高。可是，香港針灸師的質素參差，醫療保險又未必涵蓋，故比澳洲更難推廣。」

對於針灸療效，吳建葦一直予以稱許和肯定。「除了我的個人經驗及為病人臨床測試外，也有不少其他佐證。」他指出，HKU SPACE 的同學有在東區醫院口腔頜面外科及牙科部擔任醫生的，他經常使用針灸為病人治療牙骹痛及三叉神經痛，效果顯著。另一次有趣經驗發生在澳洲他學習針灸期間，有人帶着他的馬匹來求醫，治療後，馬匹在比賽中勝出，當地報章曾大肆報道這則「奇聞」。

他希望香港在未來可以突破以上的掣肘，讓針灸治療可以在本地發揚光大。

郭綺妮：
在HKU SPACE
深造醫術
領略醫德

香港政府註冊中醫師，執業逾 30 年。浙江中醫藥大學博士，香港中醫藥科技學院中醫學博士理論文憑，香港大學中醫藥學院中醫學碩士（針灸學），國家人事部中國人才研究會高級營養師。曾任香港中醫藥科技學院副教授、客座教授、學院院長。2001 年獲香港大學專業進修學院頒發終身學習傑出學員獎（Outstanding Lifelong Learner Award of HKU SPACE）。香港大學專業進修學院中醫全科文憑、中醫針灸學進修文憑、中醫骨傷科學進修文憑、中醫進修證書。

郭綺妮 90 年代已是在職中醫。為何進修？她笑道是丈夫幫她報名的。他當時修讀了香港大學專業進修學院（HKU SPACE）的基礎醫學證書課程（Certificate in Basic Medical Science，簡稱 BMS），覺得太太也不妨一試。兩夫婦都讀中醫，但當時卻不常交流中醫知識。「我實在太忙了，既要照顧兩個孩子，又要應付考試、病人，有時一星期上課五天。」

丈夫是中醫，母親與老爺也是中醫，她自小跟着母親耳濡目染，長大又在老爺的醫館幫忙，後來找她幫忙斷症的街坊愈來愈多，很自然入了

行。不過她説，當時中醫要在香港謀生，殊不容易。「除非你是名醫。當時許多中醫都是兼職的。」

香港不容許中醫採用西醫的診斷方式與療法，BMS 概括介紹的西醫理論卻仍然實用。「日後閱覽相關書籍時，我會更容易明白，行醫的考慮面也會廣闊些。」當時西醫理論由王紀慶醫生教授，學習過程非常緊張。「他只會派發提綱，我們要一邊聽他講課，一邊自己抄寫筆記，才能應付考試！」可是收穫豐富，後來她從 HKU SPACE 畢業，仍繼續跟隨王醫生學習，參與他私人舉辦的診斷課程。

「另一位湯增新醫生則會派發筆記。臨考試時，他將教授過的內容撮要，方便我們研讀。雖然如此，我們還是得埋頭苦讀，因為撮要也有 200 多段！」

從沒有學士到博士畢業

完成西醫理論課程後，她再進修中醫藥學，先後修畢中醫進修證書、中醫全科文憑（Certificate Couse in Traditional Chinese Medicine for Practitioners，簡稱 TCM）、骨傷科學文憑（Diploma Course in Orthopaedics & Traumatology）、針灸學文憑（Diploma Course in Acupuncture and Moxibustion）等。她記得當時連課堂上的小息時間，都在研讀講義，整理心得。

中醫進修證書修讀一年、骨傷文憑一年、針灸學文憑一年，全科文憑則須進修數年。她原本並沒有學士學位，卻憑着在 HKU SPACE 努力學習的成果，先後獲香港大學取錄修讀中醫學碩士、浙江中醫藥大學取錄修讀博士。港大碩士課程收生嚴謹，不只要求一定工作經驗，還會考慮學歷。「如果我沒有在 HKU SPACE 進修過，沒有拿到這些文憑，便沒有機會了。」在 HKU SPACE 和港大進修長達十年，她笑説非常感謝 HKU SPACE、許少珍院長和黃雅各教授諸位設計出色的課程，聘請頂尖教授，令學生收穫甚豐。

如今她仍進修:「中醫要定期進修才可續牌,我每期都超額完成。」
2001 年 HKU SPACE 45 周年紀念,她獲頒終身學習成就獎,表揚她
的毅力與學術成就。為何她能如此努力學習?郭醫師非常謙厚,只說是
多得同窗鼓勵,又已經習慣了讀書考試。當年在 HKU SPACE 進修中
醫,有位來自澳門的同學為了學習醫術,每日來回香港澳門。她又與三
位同學特別投契。「他們見到有新課程開辦了,便會叫我一起報讀。我
見有伴,便繼續讀書。」這三位同學都是在職中醫師,「不過有一位近
來年事已高,沒有診症了。」

同學老師與她緣份都深。在內地實習讀書時有一位教授,至今還會送她
聖誕卡;以前是郵寄,後來改用電郵,近來用微訊。「而且很早就傳來。
我要早點傳,才能夠早過他傳達,以示對老師的敬意!」

唯恭唯勤 謹小慎微

提起內地實習,她不禁說有些場面怵目驚心。「內地中醫有時會採用西
醫的診斷和治療方法。我觀看過人工流產的手術,甚至用屍體來學習針
灸。」解剖室的照片她保存至今,她說當時在場也不寒而慄。「不過了
解到人體的組織之後,醫師會學懂小心一點。」

她憶述,跟隨內地醫師診症之後,要撰寫病歷報告,述說病情和治療方
案。HKU SPACE 的中醫課程,涉及中醫基礎理論、中藥、方劑、診斷、
骨傷、針灸、內科、外科、婦科、兒科、基礎醫學(分 I、II 部分)、
中醫經典著作、臨床見習和實習等,都要求學生各方面都深入學習。基
礎紮實,行醫便有根有據,不至「符碌」過關。她說,課程令她「不那
麼容易撞板、犯錯」。「愈讀書,愈知道自己懂得少。」

老師傳授知識之餘,還引導她注重醫德,思考如何待人接物。她見過有
些醫師初學推拿便得意洋洋,尤其引以為誠。「我有一個行事標準:病
人來問診求醫,即使我力有不逮,未可藥到病除,也至少不要加重他們
的病情。這是老師教我的,他們正是如此行醫。」

與湯增新教授（左）攝於HKU SPACE 45周年優異導師及終身學習傑出學員頒獎典禮。

針灸時，如針穴準確，就算不慎刺到皮下微絲血管，只要手法不太粗暴，微量出血，按壓止血後，會自行吸收滲出的血液，過程並不太危險；唯獨是在危險的穴位施針，稍一不慎，就容易傷及內臟。既有研習人體的體會，她便加倍謹慎：盡量避免在危險部位例如胸、背、內臟施針。「病人肥瘦不一，一定要小心拿捏深淺。」

問她是否比一般中醫懂得多、更謹慎，她説：「不可這樣説。有時候我聽其他醫師談論，他們經驗豐富，也很值得參考。即使有時候聽到似乎不妥之處，自己心裏明白便好了。」

母親從小教她中醫知識，她的子女也受益於行醫的雙親。她會善用中醫藥知識照顧家人健康，適當時送上四時湯水，不適時調配中藥醫治。兒女需要跌打、針灸、按摩，都可以仰仗父母。「現在他們偶感不適，很自然便懂得叫我們開方。」

黃雅各：
香港首位
大學中醫教授

香港衛生署名譽顧問，香港創新科技署中藥研究和發展委員會委員，香港中醫藥管理委員會中醫組前主席，曾主持香港中醫註冊事務、中醫紀律操守、中醫執業考試、中醫大專學位課程評審、中醫道德事務等工作，完成六年中醫組主席的職務後繼續擔任多項公職。現為香港大學中醫藥學院名譽教授、香港大學專業進修學院（HKU SPACE）客席教授。曾任香港大學副教授，是香港第一位中醫學大學教授，亦是香港大學、HKU SPACE 中藥課程的創始人之一。

黃雅各醫師在香港行醫數十載，以擅長治療癌病聞名。他年輕時原來曾經打算攻讀音樂。「我 15 歲時，父親因病去世。為了幫助我排解悲傷，母親就讓我學習音樂。我學過兩年鋼琴、五年小提琴，又參加過教會樂團。」他完成中學課程時，本欲投考上海音樂學院的指揮學位，但卻適逢學院當年不開辦指揮學位。

他的父親因腦溢血早逝，他一直都想了解相關病理，母親亦希望他習醫。既然不能學習音樂，他遂決定投考醫學院。他一度猶豫於中醫、西醫之間，與母親一同祈禱請示上帝，最終決定聽從校內老師的建議，投考上海中醫藥大學中醫學位。「我小時曾經生過大病，西醫無計無施，最後是中醫治好我的。」

大學訓練嚴格，學生每星期須修習 45 個學時。他習醫六年，共計修讀近萬學時。「除了平日學習，我們周日晚上還要參加夜間自修。」他發現，中醫學雖是傳統醫學，卻與其他國家的傳統醫學大不相同。中醫學有深厚的理論基礎，而且融入哲學（尤其易學），因此學者可藉研究《周易》，領悟中醫學經典如《黃帝內經》的道理。

「明代中醫藥研究，成就最為輝煌。清代道光皇帝廢除針灸之後，針灸技術在北方基本上失傳了，唯獨在長江一帶仍能流傳，當中以無錫的承淡安醫師最有名。他的高徒謝永曾在香港大學專業進修學院（HKU SPACE）講課，可惜講得兩個星期便與世長辭。」

學有所成 回港濟世

黃雅各於 1981 年回到出生地香港，1983 年於北角新都城開設中醫針灸院。1992 年，HKU SPACE 準備開辦有系統的中醫證書課程，負責人張大釗教授便禮聘黃雅各授課。黃雅各教授的第一個課程是傳統中醫學——《黃帝內經》。

他在 HKU SPACE 執教以前，原來已曾經授徒。這位徒弟名喚 Eric，帶給他不少啟發。Eric 是美國人，卻醉心中國文化，專程來香港中文大學學歷史、讀古文，後來還向黃雅各請教《黃帝內經》，學習中藥、針灸。Eric 持有心理學碩士學位，在美國長大，不太習慣中國人被動的教學方式。「我指導了他兩年有餘。他有時覺得我教書很悶，令他睏意難當，於是我便開始思考如何用 active education，讓學生主動學習。這對我後來教學頗有助力。」

黃雅各在 HKU SPACE 教學之餘，還應邀到外地講課；奔波勞碌，漸覺調攝違和。「1994 年我去了三藩市講課，其後應邀前往洛杉磯多講一場，中途又不得不停留西雅圖探親，又因答應了親友，講課之後便與他們同去拉斯維加斯遊玩。一輪忙亂之後，身體不適，回港就遭遇了一場惡疾。」他被迫暫停 HKU SPACE 的授課工作，處靜調養，至 1995 年才再執教鞭，在北角城講授中醫經絡學說。

與當年推行中醫高等教育的鄭耀宗校長（右）合影。

1996 年初，香港大學校長鄭耀宗教授提出開辦中醫學大專學位課程。港大遂於當年延聘黃雅各，統籌 HKU SPACE 的大專文憑課程中醫針灸學進修文憑課程（Diploma Course in Acupuncture and Moxibustion），是為本港第一個中醫大專課程。

黃雅各笑說：「這個課程的英文名字也是我改的，當中有一點講究。Acupuncture 是針，Moxibustion 是灸。針是指針刺穴道，灸則指點燃艾草、薰、燙穴道，兩者不可混淆。」針灸既係黃雅各所長，他又慮及當時香港市民對針灸認識不深，而針灸之效，往往立竿見影，值得推而廣之，因此便作為第一個課程，為日後的系統學位立下基礎。

「我記得當年帶着 50 個學生到上海五個機構實習，得到許多當年大學同班同學、師兄弟幫助，後來同學還撰文回憶這次學習經歷，分享心得，由我主編出版了一本紀念文集。鄭耀宗校長看過文集之後，就邀請我加入港大兼職教書。」

1997 年 9 月，他獲聘為香港大學副教授，是香港第一位大學中醫學教授，主持中醫藥課程，同時在 HKU SPACE 統籌大專針灸學文憑和大專骨傷科文憑（Diploma Course in TCM Orthopedics and Traumatology）。翌

年 9 月，香港大學成立中醫藥學院。學院院長由鄭耀宗校長兼任，黃雅各則主持開辦兼讀制中醫全科大專文憑（Diploma Course in Traditional Chinese Medicine），畢業文憑由校長親自頒發。同時 HKU SPACE 亦由時任院長楊健明主導推動開設中醫臨床中心全科門診及針灸、骨傷專科門診，為學生提供臨床見習基地。黃雅各說：「開辦門診對教學很有好處，能讓教學與臨床互相結合。」

建議採學分制 鼓勵中醫學生

兩年後的 1999 年 9 月，香港大學中醫藥學院率先開辦香港首個兼讀制、學分制中醫全科學士學位。「學分制是我的建議。上海中醫藥大學校長曾送我一本他的著作，當中分享了不少教學理念，學分制的構思乃由此而來。曾讀文憑的學生便可獲得學分，藉以鼓勵他們求學。學位學生最多時，達四、五百人。」

當年黃雅各晚間常常留守在 HKU SPACE。他教書之餘，因身為課程統籌，要觀察其他教師的課堂，確保教學質素。此外他還負責招聘教師，並擔任考試副總監（總監是院長）。「每星期我只有一日能留在自己診所，其餘時間多數在金鐘 HKU SPACE 的門診應診，或者教書，或者在課室觀課。」

1999 年，黃雅各慨允特區政府邀請，成為香港中醫藥管理委員會中醫組委員兼註冊事務小組主席。「小組當年要審核 2001 年前開始行醫的醫師，以確立註冊中醫、表列中醫制度。小組主席的工作，一做就是六年。到了 2001 年，會務開始十分繁忙，逢星期日朝九晚八全日開會，時任衛生署署長陳馮富珍女士常在會後請我們吃飯。」

「魚與熊掌，不可兼得，於是我在 2001 年離開港大和 HKU SPACE，專注應付香港中醫藥管理委員會的工作。」黃雅各離職之前，仍為港大開辦了兼讀制針灸碩士課程。他對港大和 HKU SPACE 感情深厚，特別讚揚 HKU SPACE 彰顯、傳承歧黃醫術，努力耕耘。「香港大學專業進修學院對香港推行傳統中醫學高等教育，功不可沒。」

體育及康樂管理課程──

學員受惠，市民得益

香港自 80 年代起大力推動康樂及體育發展，至近年定期舉辦不同國際體育賽事，例如渣打馬拉松、七人欖球賽、六人木球賽等，積極創造體育氛圍，力求打造成為體育盛事之都。香港大學專業進修學院（HKU SPACE）亦早於 20 多年前已開辦相關管理課程，為香港培訓專業人才。

康體管理課程應運而生

80 年代是香港體育及康樂活動的高速發展期，先後有銀禧體育中心（現香港體育學院）的建成及香港康體發展局（康體局）的設立，為培育體育精英及統籌康體設施打好基礎；HKU SPACE 配合時代脈搏，在 90 年代初開辦體育管理文憑（Diploma in Sports Management），課程是兩年兼讀制，學額只有 20 多名，來自各個體育總會的員工佔了大多數。

HKU SPACE 生命科學及科技學院高級課程主任杜麗莎（Ms Dendle Elizabeth Anne）補充：「當年，政府委託研究報告指出，香港的康體設施將持續發展；換句話說，對於有經驗的管理人才，需求將不斷增加。」她說，除了政府部門及非牟利體育組織之外，社區內的遊樂場、游泳池、球場等設施也需要由專門人員管理，以實踐最大的效益。

這時期，私人屋苑出現新現象，住客會所興起；私營健身中心亦如雨後春筍，遍地開花。HKU SPACE 意識到，這些康樂及消閑場地將需要許多有經驗人士擔任管理，便將課程調整為體育及康樂管理文憑（Diploma in Sports and Recreation Management），擴闊學習的層面。

及後，香港政府開始保送有潛質的公務員前往英國深造，回港後出任較高級職位。HKU SPACE 認為這反映市場對更高階的管理課程有需求，便於 1995 年與澳洲墨爾本維多利亞大學（Victoria University）合辦康樂管理碩士學位（Master in Recreation Management），是為香港第一間提供康體研究生課程的教育機構。

「90 年代中以前，香港體育科老師除了負笈海外，並沒有其他途徑考取本科學位。HKU SPACE 的碩士課程也是為了這個群體而設。」

杜麗莎解釋，康體管理在當時是一個較新的教育領域，別説是香港，即使在其他國家也不多見學位課程。因此，第一屆講座便吸引了超過 100 人參加，當中體育科老師佔了頗大比例。

後來，有鑑於政府推動大型及國際體育項目與康樂活動的政策，HKU SPACE 又開設體育節目及康樂管理高等文憑（Advanced Diploma in Sport Event and Entertainment Management），涵蓋活動宣傳推動、節目編排和管理及世界各地體育運動的發展，幫助學員擴闊思維，開拓國際視野。

事業有 take 2

目前，HKU SPACE 有數十個康體管理課程。學員可透過這些課程獲取專業資格，業內人士可以提升工作水平，業外人士則可以在事業上嘗試一條沒有走過的路。

香港一些全職運動員在學期間已被選拔為青年軍，中學畢業後馬上投

入訓練。雖然可以及早掌握運動技術，但卻犧牲了升學的機會。HKU SPACE 正好提供了方便的途徑，讓他們重新學習，取得學歷資格，退役後可按個人興趣選擇第二事業。「事實上在過去 20 多年，不少運動精英都曾修讀我們的課程。」

杜麗莎提到，有在職人士年輕時獨愛體育而討厭學術科目，公開試成績不好，無法升學，投身社會時又被迫放棄自己的興趣。這些人亦可在 HKU SPACE 找到喜歡的課程。豐富個人履歷之後，便有機會從事自己喜歡的工作了。

據資料顯示，HKU SPACE 的畢業生中，有體育科老師轉職成為會所

經理，也有加入了康樂及文化事務署工作；有在會計界工作多年但一直熱衷於體育的同學，完成課程後如願晉身康體行業。

年輕畢業生出路更多元

除了晚間兼讀課程照顧在職人士之外，HKU SPACE 在 2006 年創辦港大保良社區書院後，正式推出全日制課程：體育及康樂管理高級文憑（Higher Diploma in Sport and Recreation Management）、運動教練學及運動表現高級文憑（Higher Diploma in Sport Coaching and Sport Performance），為中學生開拓學術科目以外的升學之路。

「除了教授管理知識和籌辦、設計活動的技巧外，我們又會安排學生到不同機構做暑期實習，與 HKU SPACE 合作的僱主單位超過 100 個，包括香港賽馬會、康文署、體育總會、康體私人機構、各非政府組織，如保良局營社、香港中華基督教青年會、香港遊樂場協會等。實習計劃讓學生體驗業內的運作，為未來工作做好準備。」

杜麗莎表示，HKU SPACE 與這些僱主一直保持緊密溝通，並根據他們的回饋及意見調整課程內容，以適應社會實況需求，在更加強調實用之餘，仍維持課程應有的學術水平。

康體行業經歷二、三十年發展，至今已臻成熟，全日制畢業生的出路更廣闊多元，除了公營部門外，私營機構也提供了不少職位。以去年為例，有同學加入了一些體育總會，有同學成為全職私人健身教練，有同學創辦康體活動統籌公司，也有同學開設私人健身工作室。

「HKU SPACE 的康體課程已累積超過 5500 名全日及兼讀制學員，他們掌握了良好的管理技巧，提升了個人競爭力，事業前途變得更加美好。市民大眾與他們互動時，可以得到更加優良的服務，是生活中的一種得着。」

張偉良：
揮劍柔情在，
十載劍客情

退休前為助理消防區長。現任香港復康聯會主席、香港復康會副會長、香港社會服務聯會委員、復康巴士管理委員會主席。曾任傑出青年協會主席、香港傷殘青年協會主席。1996 年殘疾人士奧運會四金得主，1995—1998 年意大利國際輪椅劍擊世界盃個人花劍冠軍。2016 年獲授銅紫荊星章，2015 年傑出社會貢獻大獎，2000 年卓越服務獎，1998 年世界傑出青年，1997 年香港十大傑出青年及獲頒授 MBE 勳章，1984 年獲頒授女皇英勇獎章。

一次捨身救人行動在張偉良的身體上留下不可磨滅的傷痕，卻間接將他帶到輪椅劍擊的競技場上，十年舞劍，技驚四座，在鎂光燈下贏盡掌聲，讓他活了一個比別人更精采的人生。

風雨過後，迎接晴天

1983 年 9 月 9 日，颱風愛倫襲港，當時任職見習消防隊長的張偉良在摩星嶺參與前線救災工作，全力捨身救人卻被山泥壓傷左腳，被迫截肢。只有 20 多歲的他，受傷後情緒一度十分低落，腦裏不斷浮起同一個問題：「失了一條腿，以後的日子怎麼過？」

幸好他很快便從悲痛中走出來，自勵自勉，借助義肢重新站起來。數月後，他重新回到消防崗位，轉任文職工作，積極面對人生。這一年，他獲頒授女皇英勇獎章（QGM）。

1997 年，他升任助理消防區長，並獲授予英帝國員佐勳章（MBE），至 2014 年退休，先後擔任消防訓練學校總教官培訓後進，在防火組審批各類牌照申請、宣傳防火知識，在招聘組招募各職系人員，以及執行新舊建築物消防條例，以不同角色實踐救人救火的初心。

關了一扇門，開啟一扇窗

張偉良自小已是運動發燒友，視李小龍為偶像，常模仿他的動作招式。意外發生前，他幾乎玩盡所有水、陸運動，有時興之所致，晚上帶隊踏上大東山、蚺蛇尖。「我是開路先鋒，拿着開山刀，沿途劈樹上山，樂趣無窮。」

意外發生後，他重新投入體育運動，輪椅籃球、輪椅乒乓球、游泳、划獨木舟，保持鍛煉體能的習慣。後來在一次機緣之下，他參加劍擊

訓練班，誰知一開始就愛上了。「很神奇，過去學過的詠春、雙截棍技術竟然全用得上。」某次他與查良鏞先生在理工大學同場做講者，笑着跟對方說：「原來獨孤九劍真有其事，我把招式都耍出來了。」

張偉良形容自己對於劍擊達到了狂熱程度，他會提早抵達訓練場地，協助裝置劍擊設施。在沒有訓練的日子，他主動尋找及要求教練增加訓練時間；甚至在辦公

張偉良與劍擊結下十載情。

1996年出戰亞特蘭大傷殘人士奧運會，張偉良（中）包辦花劍和重劍個人及團體四面金牌，贏得「天下第一劍」的美名。

室置好一切裝備，爭取午飯數十分鐘時間自己閉門練習。「劍擊講求體力和戰術，身體靈活性及控制劍尖的能力亦是不可或缺的技術。」

十年磨一劍。他憑着一腔熱誠，不斷鍛煉，在本地公開賽中，由名落孫山至名列前茅，最後被招攬入體育學院接受正式訓練，自此進步神速。1995 年至 1998 年，他連續四屆勇奪意大利國際輪椅劍擊世界盃個人花劍冠軍。1996 年時出戰亞特蘭大傷殘人士奧運會，他更成為首位在同一屆奧運會包辦花劍和重劍個人及團體四面金牌的香港選手，贏得「天下第一劍」的美名。

金牌背後的汗水與壓力

比賽金牌為勝利者帶來榮譽和讚美，但走到領獎台前的道路卻是充滿汗水和辛酸。張偉良表示，練習劍擊的日子並不輕鬆，經常弄至「周身傷」，每晚回家要敷冰止痛，有時甚至要做物理治療。

「最難過的是，自己一味死練，但成績卻停滯不前。尤其有一段時間經常遇上左手持劍或身型高大的外籍對手，因為無法掌握對方出劍的套路，心裏先打定輸數，結果就真的輸了。」雖然挫折感很大，但他卻堅持不放棄，努力克服內心的不安，並專找左手劍的隊友練習反應和速度。

不過，要數由天空掉進地獄的經驗，毫無疑問是 1995 年在英國黑池舉行的歐洲錦標賽。「當年我剛剛在意大利贏了世界冠軍，心想英國這一役一定不能輸，否則如何向自己交代？由於心理包袱太大，晚上睡不着覺，白天精神緊張，無法發揮應有水準，結果很快就被淘汰。」

這次滑鐵盧對他的打擊極大,幾乎就此放棄劍擊,幸得運動心理學家為他疏導心理,才慢慢走出失敗的陰影。再度投入訓練的張偉良,狀態大勇,終於在翌年的殘疾奧運會締造四金神話。「我很感激陪我一起練習的隊友,他們與我一起克苦練習,亦是我獲得獎牌背後的無名英雄。」

文韜武略,助己助人

談到張偉良 30 多年的自強之路,除了他的劍擊成就,不得不提他重返課室的決定。「當時劍擊尚未做出成績,工作上也看不到遠景,覺得必須要自我增值,所以便報讀了香港大學專業進修學院(HKU SPACE)的法律學文憑(Diploma in Legal Studies)課程。」

他解釋,選讀法律的原因,一來自己在紀律部隊工作,念法律會有助益;二來亦考慮過以後循這方面發展事業。「要記的東西很多,普通法條例、個案年份、人物和內容等都要記得滾瓜爛熟。課程後期,比賽開始頻繁,上班、上學和練劍的時間表已經排得密密麻麻,又要抽空做作業,實在非常吃力。但我不想放棄任何一件事,唯有咬緊牙關堅持下去,終於在 1994 年順利畢業。」

數年後,他再度萌生讀書的念頭,又報讀了 HKU SPACE 與澳洲墨爾本維多利亞大學(Victoria University)合辦康樂及體育管理碩士學位(Master of Arts in Recreation and Sports Management)。「平時游泳、練劍擊是實際運動,但上課時則從理論角度看運動,利用數據分析運動成效,不但開闊了視野,也培養了邏輯思維。」他說課程對他日後從事公職的影響最大,處事能按部就班,系統性更強。

2000 年,張偉良剛滿 40 歲,決定結束運動員生涯,投身社會服務,參與公職事務,推廣傷健共融,鼓勵傷殘人士自強不息,為他們爭取應有的關注和福利。回顧十年劍客生涯,他說:「除了磨練了我的意志,也將我由一個平凡小子變成眾人認識的金牌選手。」

曾小強:
長跑冠軍
保護大自然
扶持下一代

消防處救護隊目,跑步好手,熱愛大自然,積極保育郊野公園。政府曾採納他的建議,停止在郊野公園以石屎鋪路,改用天然材料。目前積極組織戶外活動,為基層家庭的孩子提供機會參與及體驗運動、擴闊眼界。他是唯一曾勝出 Action Asia Challenge 的香港華人,也是目前唯一一位華人於環勃朗峰 100 英里超級越野賽(UTMB)中連續三年(2013—2015)躋身首 20 位,四次奪得全港山野之王冠軍,2008 年戈壁沙漠七天 250 km 馬拉松亞軍,2007 年香港 100 km 毅行者冠軍。

曾小強以前有一段時間,每個星期日都參加比賽。停不下來,因為好勝。「當時我常常都會計較成績,會做很多訓練,看很多書、參考別人如何訓練,希望進步得更快。壓力大得出門跑步前,也會覺得苦惱。」終於一次受傷之後,調理了幾個月才能康復,他更覺自己衷心喜歡這項運動,成績並不那麼重要,從此豁然開朗,不再只計較輸贏。後來成家立室、有了孩子,心態改變得更多。「我出門前會看看地圖,尋找一些新的路線,留意周圍的風景,不再只是望錶、望心跳、重複相同的路線、只想着如何再跑快一些。」

天地有大美

探索自然，在山野草木間奔跑，他愈來愈懂得大自然的美麗。「你見到大自然如斯美好，會覺得人生的不如意，有時實在不算什麼。登上山頂，更覺豁然。你會泛起一種感恩、崇敬的感情。」

如今夏天來時，他會帶着幾歲大的兒子，去山澗游水、看蜘蛛織網，讓他有個心靈豐足的童年。或者因為自己試過不斷追求勝利的艱苦，他沒有逼迫兒子參加很多興趣班。「小孩子最重要有得玩，其實父母陪在他身邊，做什麼他都開心。」兒子與他一樣有運動細胞，四歲便能和爸爸一起踩單車上學去，而且是踩兩個輪的單車，用不着輔助輪。

曾小強現職救護隊目，輪更上班，可以經常接送兒子上學。原來他中七畢業後，希望有一份穩定工作，於是加入消防處成為救護員。後來想更上一層樓，應考主任級職位，便報讀香港大學專業進修學院（HKU SPACE）的健體與運動高等文憑（Advanced Diploma in Fitness and Exercise Studies），後來繼續在 HKU SPACE 修畢工作為本學習榮譽理學士（健體與運動學）（Bachelor of Science〔Honours〕in Work Based Learning Studies〔Fitness and Exercise〕）。

「我喜歡運動，又覺得自己所懂的不夠用，所以再讀書時，便選擇了這個科目。」課程並非直接教授運動員如何訓練自己，而是探討相關的理論和研究。曾小強以前從未受過學術研究訓練，課程又以英語授課，他要比別人用多一倍時間才能跟上進度，第一年辛苦得差點放棄。然而他下定決心要學好英文，苦讀之下終於完成學位。「梁民安導師教了我很多，常常與我交流，教我如何搜尋資料。我覺得這課程最大的得着就是學懂如何做研究。」

曾小強為了完成課程，結婚前夕也要交 paper（論文），可是太太體諒之餘，還一力承擔婚禮安排。他說幸好身邊有這位終身伴侶，支持

他跑步、讀書。「如果跑完步回家，另一半有怨言，我也不會跑得開心。我很感激太太支持我，我才能享受自己喜歡的運動，又能好好讀書。」

修畢學位之後，他曾有機會轉職做警察。這本來是他心目中更理想的職業，但他思考再三，終於決定不轉行。「做救護員其實幫到好多人，每一天你都不知道所服務的社區會發生什麼事。」他是電單車救護員，千里走單騎，往往最先到場，有時要一個人面對許多傷者，或者受了重傷的人。他感嘆說，工作讓他見到天水圍、元朗許多基層家庭的苦況。「於是我更加珍惜現狀。以前也會想轉工，想賺更多錢，現在我明白金錢慾望的追求並無止境。最重要是有空間去做自己喜歡的事情。」

曾小強一家現在衣食無憂，他卻心繫基層家庭，與朋友組織一系列露營、跑步、行山活動，邀請這些家庭參加，又籌集資金及尋找贊助商，為小朋友和家長提供交通和活動津貼。活動之後，有運動天份或者志向的小朋友，有機會獲得更多資源參於訓練及比賽，擴闊眼界。

「運動改變了我，也讓我認識不同的人。」曾小強回憶，自己 17 歲才移民來港，不熟諳廣東話，與校內朋友又有年齡差距，朋友不多。直到逼於生計在快餐店兼職，才認識到一班朋友。畢業之後，他受同

事啟發參加跑步比賽，於是開始到外地參賽遊歷。他冀盼基層家庭的小朋友，也有這些擴闊眼光、結識朋友的機會。「大自然也會澆灌他們的心靈，多少錢都買不到。」

跑步改變生命

曾小強敬愛大自然，跑步時看見綠意盎然的山林鋪滿石屎路，深覺可惜。他曾到訪各地參賽遊歷，見外地一律只用天然材料鋪設郊野公園的路面，於是找來外地有經驗的專家，向政府提供意見。「此前我先發起了網上關注組，收集市民的意見。想不到大家反應熱烈，我收到的問卷差不多有 6000 份，後來便愈來愈多傳媒關注。我想我們最終成功說服政府的原因，是表明我們並非一味反對，而是把客觀的資料、觀察和意見呈上，供他們考慮。政府裏其實亦有有心人。」

「以前有市民反對鋪石屎路時，政府曾說這是為了長者、小朋友乃至一般行山者的安全。其實郊野公園保留原本的泥路，對大家的健康才是最好的。在 HKU SPACE 讀書時我就學過，在泥土上跑步和行走，比起走在石屎路上，更能鍛煉核心肌肉。此外，我經常參與攀山搶救的工作，眼見不少行山者都是因為沒有做好準備或者缺乏行山的安全意識，才扭傷或遇上其他意外，並不是郊野公園的原始環境有問題。要防止這些意外，並非要鋪設石屎路，而是要教育大眾。」

曾小強最終成功向政府爭取保留郊野公園的原始風貌，「跑友」亦幫助甚大。「有朋友介紹外地的專家，有朋友幫忙翻譯社交媒體專頁上的文章，還有朋友教導我如何應對媒體。這些都是開始跑步時，意想不到的得着。」

他決心保護神聖的大自然，也以自己衷心熱愛的運動雪中送炭。兩個善舉都一呼百應，真可謂得道多助。

九十年代 — 體育及康樂管理課程

羅曉鋒：
由充滿激情
至瀟灑自如
的蛻變之路

香港賽艇代表隊隊員。個人獎項：2000 及 2001 年亞青錦標賽單人艇金牌。2001 年東亞運動會輕量級單人艇銅牌。2002 年亞運會公開組單人艇銀牌、輕量級單人艇銅牌。2003 年世界 U23 錦標賽輕量級單人艇銅牌。2004 年奧運會公開組單人艇第 18 位。2008 年奧運會公開組單人艇第 20 位。2016 年亞錦賽單人雙槳艇銅牌；同年亞沙運單人雙槳艇銀牌。2001 年獲選香港傑出青少年運動員。2003 年獲選為香港傑出運動員。

勝利者站在領獎台上的一刻光榮，都是以無數汗水換來的。羅曉鋒在運動員路上贏過掌聲，也走過下坡；從幕前退向幕後，再重新回到起跑線上，他對賽艇仍然充滿熱誠，但心情卻比過去平靜，不再執着勝負，划得更加瀟灑。

初生之犢的逐夢之旅

1997 年唸中三時，羅曉鋒透過香港賽艇協會招募計劃，第一次接觸划艇運動，由於表現出色被羅致入青年軍，徐徐揭開了他運動事業的序幕。自此以後，他每天早上五、六時先做一節訓練，八時上學，下課後

再去練習，直至傍晚才回家。「我家住沙田，每天經過城門河，常常看到有人在划艇，想不到我竟能成為當中一分子。」

兩年後，他第一次隨隊參加訓練營，並參與本地舉辦小規模賽事。2000年唸中五時，他正式代表香港赴印度參加亞洲青年錦標賽，贏得人生第一面單人艇金牌，鋒芒大露，成為賽艇界的耀眼新星。會考完結後，他正式簽約成為全職運動員，入住香港體育學院宿舍。「除了星期日外，我每天訓練六、七小時，絕不輕鬆，但我樂在其中，因為我熱愛運動，一直渴望將運動變成事業，現在夢想成真，甚至可以代表香港出賽，感到很光榮。」

2001年，他在亞青錦標賽蟬聯單人艇賽冠軍，成功衛冕。翌年，18歲的羅曉鋒出戰釜山亞運會，勇奪單人雙槳公開組銀牌和輕量級單人艇銅牌，被評為「香港歷來最出色划艇手」。2003年，他參加世界U23賽艇錦標賽，摘下輕量級單人艇銅牌，為香港賽艇代表隊贏得有史以來首面世界賽獎牌。

滾滾浪花，淘盡英雄淚

往後數年，羅曉鋒拼盡全力，但一次又一次與獎項擦身而過。有一次，他隨隊參加海外訓練營，為大賽備戰。當時的他自覺成績停滯不前，不管如何努力也無法更上一層樓，對於能否勝出比賽實在心裏有數，可是，運動員好勝的心態卻令他背負着重大心理壓力。

帶着極度惡劣的心情練習，表現更不理想，他一面強迫自己進步，一面埋怨教練，直至有一天情緒「爆煲」，由水中走回岸上之際，將水樽大力擲向教練前方，水樽隨即爆開。「隊友呆了，教練也呆了，他站在原地看着我，我回瞪了他一眼就憤然離開。」回到房間，眼淚終於決堤，羅曉鋒痛快地大哭了一場以後，冷靜下來，便自我檢討，對於自己竟然如此失控感到十分慚愧，亦非常內疚。在第二天早上開會之前，他誠懇地向教練道歉，幸好得到教練原諒，逃過了被逐回香港的命運。「這是一次極不愉快的經驗，但也是我人生一個轉捩點。我學懂了控制自己的情緒，不再向人發脾氣。」

復出做運動員。

划艇名將的急流勇退

北京奧運以後，羅曉鋒開始思考自己的前途，究竟做運動員要做到何時呢？直至 2012 年倫敦奧運會前，他在內部遴選賽失落了單人艇出賽位置，剛巧遇上賽艇協會招聘教練，便毫不猶豫寫信申請。「申請很快被接納，我便向教練表示想退役。他覺得很可惜，認為雖然我未能突破往績，卻仍具備比賽實力，但既然我希望轉換身份，他也尊重我的決定。」

由運動員轉職教練，羅曉鋒解釋並非衝動的決定，而是經過長時間考慮。「我沒有因為成績不好而氣餒，也從沒想過離開運動場，只是覺得到了改變的時候而已。」

他退役的消息輾轉傳到港協暨奧委會，負責教育計劃的同事建議他申請進修資助。經過一輪資料搜集，他決定報讀香港大學專業進修學院（HKU SPACE），以兩年時間修畢了康樂及體育管理證書和康樂及體育管理高等文憑課程。

角色轉換的蛻變覺醒

羅曉鋒形容，回到課室的感覺十分美妙。除了知識增長外，學習也讓他的生活圈子擴闊，性格也改變了不少。「過去大部分時間都是面對教練、同伴，現在衝出體院，與來自不同背景的同學一起做作業，交流多了，說話也多了。」不過，課程給他最大的收穫是，他對過去教練所提的「無理要求」恍然大悟。「原來，管理團隊是一門大學問，面對不同運動員要使用不同方法。除了在訓練場上傳授技巧外，背後也要做很多分析工夫，幾乎所有時間支配都以隊員為中心。」教練生涯亦讓羅曉鋒明白到，工作並不如表面般簡單，用心良苦未必有人體諒，耐心糾正隊員的錯處可能被視為挑剔。他開始從別人的角度去看事情，對人更包

容，更照顧他人的感受。另一方面，他又相當享受教練負責的文職工作，他學習使用電腦軟件做紀錄及數據分析，感覺新鮮又有趣。

賽艇之旅，再次起航

2013 年，為迎戰翌年亞運會，體育學院聘請了內地教練吳紀寧來港，為港隊進行針對性訓練。吳教練知道羅曉鋒沒有停過練習，狀態上佳，鼓勵他重拾運動員夢想。「他對我說，運動員生涯非常短暫，年紀太大就做不成；相反，教練就隨時可以做。就是這句話令我重新規劃未來。」

他決定出戰同年底的亞洲賽先試水溫，與另一隊友參加雙人單槳賽，結果摘得一面銀牌。2014 年 4 月教練合約期滿，他正式請辭，轉回全職運動員。「回到賽艇上，感覺良好，也放下了對前途的憂慮，畢竟自己曾經走過出去，明白是什麼一回事。加上近年香港政府對退役運動員的支援有所提升，自己又進修過，覺得將來出路還是不錯的。」

正式復出後，羅曉鋒的心理質素甚佳，對勝負沒有從前般執着，只盼望能以運動員身份盡力做到最好。再戰亞運會，結果不成功，但沒有打擊他的自信。「過去的我會因為贏不到比賽而不開心，甚至會哭，但現在我已懂得調整自己的心情。」當發現自己在原地踏步時，他會停一停、想一想，檢討自己的不足，再次執槳時，往往能見進步。

2015 年 9 月，這位香港賽艇隊的「老大哥」在浙江亞洲賽艇錦標賽贏得雙人艇銀牌及復出後首個個人獎項——單人雙槳艇銅牌。同月在越南舉行的亞洲沙灘運動會中，他摘走單人雙槳艇銀牌。他表示，獲獎的心情比以前平淡，雖然開心，但已沒有興奮得要跳起來的感覺。

今天的羅曉鋒，已由火氣十足的小伙子蛻變成沉着冷靜的選手，在賽艇上享受自己喜愛的運動，瀟灑划一回，也隨時準備卸下運動員的光環。當然，勝利仍會讓他喜悅，但挫折已無法打敗他。他的下一個目標是 2018 年印尼亞運會，不過，對於能否取得出賽資格，他只會隨緣。「我同時會留意未來前途出路，遇到合適的機會，說不定我就會放棄比賽了。」

千禧年代

反貪課程──
打造廉潔世界

根據國際反貪組織「透明國際」（Transparency International）在 2017 年 4 月發表的「2016 年清廉指數」，香港的廉潔度在全球排行第 15 位。

公正廉潔是和諧社會的重要基礎。70 年代成立的廉政公署一直為香港守護着這份核心價值，而香港大學專業進修學院（HKU SPACE）則挑起教育的擔子，在 2003 年開辦全球第一個國際反貪深造證書課程，至今吸引了超過 40 個國家派員來港學習，相信可號稱為大專教育中最國際化的課程。

香港的蛻變，海外的借鏡

以「茶錢年代」形容 60、70 年代的香港社會，相信不會有太多人反對。昔日香港，「走後門」、「孝敬」、「打賞」成風，不但黃賭毒受到警察包庇，甚至連醫院、消防車也是貪污溫床。直至 1974 年廉政公署成立，數十年來積極打貪，香港才贏得廉潔都市之美譽。

「能夠由烏煙瘴氣、貪腐嚴重成功蛻變為廉潔公正的社會，全世界公認的只有香港和新加坡。」前副廉政專員兼執行處首長郭文緯說。

郭文緯在 2002 年榮休後，為 HKU SPACE 擔任義務課程主任，策劃及設計了全球首個反貪課程。翌年，為期三星期的全日制貪污研究深造證

書課程（Postgraduate Certificate in Corruption Studies，CCS）正式出爐，他以榮譽講師身份延續反貪理念。

「香港的反貪、防貪工作在國際上廣受推崇，值得我們引以為榮。我曾到訪許多國家，例如毛里裘斯、柬埔寨、菲律賓等，人民飽受貪污之苦，領導者均希望能借鏡香港，建設廉潔國家。」他解釋，這個課程面向國際，目標就是讓這些國家使節或反貪專員學習香港的成功經驗，也讓世界知道香港是國際的反貪培訓基地。

學員回饋，影響深遠

CCS 課程分為六個單元，涵蓋貪污研究、反貪立法執法及防貪教育等內容；重量級導師來自三大領域：大學教授、廉政公署退休首長和法律界權威；國際組織如世界銀行、澳洲廉政公署、新加坡貪污調查局等專家，也會應邀來港擔任嘉賓講師，與 HKU SPACE 學員分享反貪經驗。課堂學習以外的參觀活動，則會探訪廉政公署、警署、海關、審計署、申訴專員公署及歷史博物館等部門和單位。

「這套專業課程既重理論，也重實踐。學員不是單純聽課，還要做小組報告及個人作業，前者以五、六人一組，挑選三個國家進行反貪制度比

2011年度學員到審計署參觀。

來自9個國家的22位學員攝於2015年畢業典禮。

較,畢業前要完成;後者是分析自己國家或所屬機構的防貪及反貪情況,並提出改善建議,在課程完結後四星期內繳交。」郭文緯指出,學員都是國際精英分子,他們所做的作業就是一份回饋,在某程度上可以推動其國家或組織的反貪發展。

截至 2016 年底,CCS 共辦了 14 屆,累積了 334 位畢業生,來自加拿大、肯雅、荷蘭、巴基斯坦、菲律賓、東帝汶、贊比亞、越南等 45 個國家。至於曾參與課程的 90 個機構則有聯合國開發計劃署、世界銀行、亞洲發展銀行等世界組織。HKU SPACE 人文及法律學院高級課程主任魏俊博士說:「當中值得一提的是不丹、斐濟、尼日利亞等國家,他們從 CCS 課程中取得經驗,回國後成立了反貪組織,此後每年都派員來港學習,以 HKU SPACE 作為他們的反貪訓練學校。在 2012 年 CCS 課程成立十周年時,他們特別給我們發送賀函。」

除了海外學員,香港政府部門如懲教署、律政司、海關、消防處及一些私營機構,以至中央紀律檢查委員會,也有派員入讀。

CCS 在國際上打出名堂,在 HKU SPACE 也奪得學院兩大獎項:課程

質素管理獎（Programme Quality Management Award）及團隊表現獎（Team Performance Award）；課程的兩位導師郭文緯及沈仲平，更從數以千計的 SPACE 講師中獲選為傑出教師。郭文緯也讚揚幕後同事的專業支援：「學員來自不同國家，同事要為他們辦簽證、訂酒店、接機送機、安排交通，貼心又周到。學員臨走前或回國後，都特別向我們的同事表達謝意。」

誠信管理，至關重要

CCS 課程放眼世界，但 HKU SPACE 不忘本土，考慮到香港企業也有強加誠信的需要，便在 2010 年推出資深行政人員證書（機構誠信管理）（Senior Executive Certificate in Institutional Integrity Management）。此課程為期九天，分成三個單元，可說是 CCS 的濃縮版。

「希望香港的公司，尤其金融機構和上市企業，好好利用我們的培訓課程，以鞏固內部的誠信管治，從而強化香港的國際地位。」郭文緯指出，學員修畢課程，可以擔任機構的誠信主任，這個崗位在美國企業愈來愈普遍，他們為公司制定誠信準則，訂立正確價值觀，角色舉足輕重。

近年中國政府倡議一帶一路合作計劃，這個經濟戰略將帶動沿線 60 多個國家及地區的基建及物流行業迅速發展。當中有不少屬於第三世界國家，貪污問題似乎無可避免。郭文緯希望可以將 CCS 課程帶到這些國家及基建、物流相關的機構，為廉政建設編織防護網。

「在未來，我們亦希望將學員的作業和報告重新整理、分門別類，開設防貪資源網站。這些都是很寶貴的資料，若能與全世界分享，將會非常有意義。」

許佐恒：
懲教署防貪軟硬兼施
最難忘少年改過自新

懲教署懲教事務高級監督，1984 年加入懲教署，服務 30 餘年，至 2017 年退休。退休前是喜靈洲區域指揮官，負責監管喜靈洲四個懲教院所的運作，包括喜靈洲戒毒所、喜靈洲懲教所、勵顧懲教所、勵新懲教所。曾任職歌連臣角懲教所監督。香港中文大學工商管理學士，香港大學公共行政碩士。澳洲維多利亞科技大學文學碩士、香港公司秘書公會會士。

許佐恒是懲教的懲教事務高級監督，負責管理喜靈洲四個懲教署院校，今次接受訪問後不久就會退休。2005 年，他入讀香港大學專業進修學院（HKU SPACE）的貪污研究深造證書（Certificate in Corruption Studies，CCS），成績優異。「懲教署推薦我入學，學費由部門支付，我自覺有責任學好。」

他年輕時已喜歡運動，也有興趣加入紀律部隊。1984 年入職懲教署後，他不斷進修以彌補知識不足。1992 至 1994 年間，他在香港大學進修公共行政碩士課程（Master of Public Administration）。1996 至 1997 年，則修讀 HKU SPACE 與澳洲維多利亞科技大學合辦的康樂及體育文學碩士課程（Master of Arts in Recreation and Sports Management），及後亦完成香港公司秘書公會的專業考試。

「我曾有機會轉到行政主任職系，但有前輩建議我留在懲教署。他覺得無論從職務或者待遇而言，懲教署的前景都比較好。」

來自世界各地同學具使命感

2005 年他得到懲教署推薦入讀 CCS，連續三個星期在海富中心上課。「同學來自世界各地，主要是政府高級官員和行政人員，包括尼日利亞、奧地利、越南、俄羅斯、菲律賓等等，簡直是一個『聯合國』。」香港同學則除他以外尚有三個，分別是律師、保險從業員、企業高層的私人助理。同學需要分工合作，在畢業前一天呈交分組報告，還需各自完成一份個人專題論文。當時許佐恒所屬小組的題目，是比較日本、泰國、尼日利亞、坦桑尼亞、澳門的防貪情況。他說，來自外地的同學都有理想、有使命感。「他們希望來港學習之後，可以為自己國家對症下藥，改善貪污，特別珍惜這個學習機會。」

香港早已成立廉政公署，許佐恒在此土生土長，又在紀律部隊工作，防貪舉措算是早窺門徑，課程卻有助他明白舉措背後的理論。他當時服務懲教署的服務質素處，其中一件工作，便是確保職員清正自持，不與在囚人士同流合污。他說前線人員每日督導在囚人士的起居飲食，如果意志不堅，就容易墮入貪污陷阱，尤以新入職的職員入世未深，特別容易受人哄騙（sweetening）。例如曾有在囚人士在前線人員欠債時介紹財務公司，藉以取信，最後卻以此脅逼他們將違禁品甚至毒品帶入監倉。「懲教署對於毒品和貪

時任律政司司長梁愛詩頒授課程畢業證書予許佐恒。

2005年貪污研究深造證書師生合照。

污，都絕不容忍姑息。一旦發現貪污，會主動呈報廉政公署。」

2010 年，許佐恒有更多機會從事防貪工作：協助部門的操守委員會制訂防貪計劃，強調團隊精神、健康生活。他說，打擊貪污並非只靠懲罰、警告和宣傳口號即可，而是要鼓勵職員生活得健康均衡。「不賭博，自然不會欠債。不欠債，便沒那麼容易受人擺布威脅，被人牽着鼻子走。」

在囚孩子可以從壞學到好

許佐恒服務懲教署30餘年，職級已經較高，「可以帶來的改變較多」，但最難忘的經歷還是在歌連臣角懲教所擔任監督的日子。「我在歌連臣角差不多三年，發現有些所員（即青少年在囚人士）其實是『有得救』的，例如有些只是一時無知，被人利用犯案。我見證他們脫胎換骨，滿足感很大。」

香港法例規定，判入教導所的少年在院所內必須接受教育和職業訓練，直到表現滿意，才由進度評審委員會批准釋放，隨即接受三年監管，奉公守法者才算是正式「畢業」。「如果他們在監管期內違反任何一條監管令，我們會發出由署長簽字的召回令，召回他們再接受訓練。」

14 至 21 歲青少年在教導所的刑期，由半年至三年不等。有能力學習者，院所會安排他們參加文憑試學習班（以前是會考班）。「文憑試

班在 7、8 月開課，翌年 4 月便考試，即是他們只能用十個月不到的時間，追趕別人用三年讀完的課程。」但是所員的成績往往不錯，甚至有人最終考入大學。

學業稍遜者，院所會訓練他們從事不同類型的工作，包括理髮、餐飲、水電、文書處理，並會安排他們應考相關的公開試，接受基本的語言和算術訓練，希望他們學得一技之長，將來不必重蹈自己的覆轍。他們還有機會參加童軍、舞獅隊、銀樂隊。「學餐飲的，有機會招待貴賓。參加銀樂隊的，會接受音樂訓練，在懲教人員的畢業禮或社區活動上表演。不要小看他們，他們學習新事物可以很快。在表演壓力、互相切磋之下——加上學得好又可以加分，早點升級——他們有本事用兩個月便掌握一種新樂器！」

懲教署默默耕耘，未必像其他紀律部隊，偶然有「英雄事跡」廣為傳誦，可是只要少一個釋囚再犯案，其實就已經少了許多人受害。「例如有人被偷了 iphone，不只自己損失金錢，連家人朋友知道了都不開心，有些會同情他，有些會責備他，不開心的情緒愈積愈多。如果懲教署能令一個偷竊慣犯在獲釋之後、再次感受到引誘時，意志堅定的拒絕犯罪，起碼已經少了十個八個直接、間接的受害者。這不能量化計算，但是阻止壞事發生，是很有意思的工作。」

現在他已接任進度評審委員會主席，每周要去歌連臣角懲教所「坐board」（接見教導所的少年，參與決定他們何時獲釋），當年擔任監督的滿足感，乃至如今的評審工作，均是不思量，自難忘。

「我特別記得在街上重遇這班『細路』的經歷。一次我在鴨脷洲大街遇上一個，很大方地跟我打招呼：『許 Sir！』其實肯叫我的，多數是『乖仔乖女』，已經完全改過自新，但我始終是他們當年院所的監督，不能表現得太過熱情。我板着臉問他：『要去哪裏做壞事、去威嗎？』他說：『沒有，我才剛下班呀。』他現在是水喉匠了，奉公守法。每次重遇他們，我都覺得很滿足。」

陳淑莊
的使命與柔情

香港執業大律師，立法會議員，前中西區區議會（山頂選區）民選議員，公民黨創黨黨員。香港大學法律系學士。持有香港大學專業進修學院貪污研究證書。曾任旅行代理商諮詢委員會委員、市區重建局董事會非官方執行董事、香港按揭證券有限公司董事。早年曾於澳紐投資銀行工作。1992 年首次參與舞台演出，曾參與進念・二十面體的製作的《東宮西宮》第一至六回、第八回及第十回。2012 年自編自演慈善 talk show《講女烈傳之戴錯野夫人》。2013 年再接再厲，完成一連七場的《講女烈傳貳之出得嚟還》。

現屆立法會（2016—2020 年）議員陳淑莊，在香港大學專業進修學院（HKU SPACE）研究過兩門學問：貪污、跳舞。

有被前者嚇到嗎？「當年我跟老闆說我要讀貪污研究深造證書（Certificate in Corruption Studies，CCS），他也大吃一驚，笑我居然去學怎樣貪污。其實這課程是研究怎樣防治貪污！」

珍貴傳統 教育傳承

CCS 是為期三星期的密集式課程，2003 年開辦，畢業生至今已超過 300

人,來自全球數十個國家、地區。陳淑莊說,2004年她剛成為大律師不久,有志從事商業法律工作,又有感廉潔社會可貴,於是決定暫停業務,騰出時間,專心進修。「香港這個小城市,很早就厲行防貪,成績斐然,跟世界各地相較,亦堪稱為奇蹟。這個課程,可以把香港的防貪經驗和專業知識傳承下去。」香港人廉潔觀念極重,尤其自廉政公署1974年成立以來,防治貪污一絲不苟。公署不但嚴正執法,還注意教育市民,例如定期出版《拓思》德育期刊、中學通識教材,還有供各行各業參考的防貪手冊。不懈追求廉潔,守護公義,防貪打「鱷」,這一段光輝歲月,足以教每個香港人引以自豪。

HKU SPACE 的證書課程,與公署一樣肩負傳遞正確價值觀的神聖使命。「組織內不同層級的制度、做法,諸如政府運作、商業營運、法律知識,我們都會涉獵。導師還會介紹常見的貪污陷阱、如何避免。」陳淑莊記得其中一位導師沈仲平博士曾任職廉政公署、律政司的高層職位,給他們傳授了許多實戰經驗。「沈博士真的很有心。星期六、日還給我們補課,因為課程太多,教不完!其實我們已經星期一至五全日上課了!」

「同學中不止有香港人,我記得有一位來自尼日利亞的同學——還有許多不同國籍,都對貪污恨之入骨,渴望可以學習香港的經驗。」除了在課室裏「研究(如何防止)貪污」,學生還得一起出外參觀。「連Ombudsman(申訴專員公署)我們都參觀過。我們要學習如何設計、建立制度,才能防止貪污。」

陳淑莊語重深長:「有公權力者,必須明白權力的限制,也要接受法律規管。廉潔奉公不能口講無憑,要有制度、有規矩。」不過她也指出,貪污可以在不同層面出現,只要有權勢者立意要鑽制度空子,貪污就難以防治。「所以唯有教育,才可以從根本改變風氣。正如課程亦重視廉潔的價值觀,不只是紙上的知識而已。」

她說:「我真希望香港這可貴的廉潔傳統,不會有一朝破壞殆盡。」

談談情 跳跳舞

談完正經八百的防治貪污，陳淑莊急不及待要講她在 HKU SPACE 學跳舞的故事。

一切從《談談情跳跳舞》開始。「這套電影我已經看了好多次，你們一定要看。我就是深受它感動而渴望學習社交舞的。」故事講述男主角受美麗的舞蹈老師吸引學舞，舞蹈卻改變了他本來渾渾沌沌的人生。

跳舞對陳淑莊意義重大。當時她正在修讀 PCLL（法學專業證書），想學跳舞，心想自己還未談對象，也沒有舞伴，怎樣學呢？打算放棄時，有位姨姨出言勉勵：「跳得好，什麼舞伴都有！」一言驚醒夢中人，陳淑莊下定決心圓夢。

「我就開始搜集資料，什麼地方最正統，又最『穩陣』（妥當）呢？一定是香港大學的 SPACE。」她覺得，會來港大學藝的人，人品總不會太差，而且 HKU SPACE 師資一定嚴謹。「我在雜誌上見過那位老師，知道她很有名。課室又在銅鑼灣，很方便。」

第一日上課，她發現自己全場最年輕。「許多同學已經 40 多歲、50 多歲。」她笑說，學跳舞不必介意自己的年齡，因為老少皆宜，好處多不勝數。「你會學懂如何控制自己的肢體。」原來愈慢的舞愈難學。「因為慢舞加倍講求這種控制。跳舞也會令你意識到自己是否姿態優美。」

當時的舞蹈老師姓游，個子不特別高，「可是一跳起舞來，總覺得她身段修長，姿態優雅。」定期跳舞，也有助保持運動量，身形怎會不好？

組團黑池 真正圓夢

她與老師同學結下深厚情誼。「老師對學生很好，真的很好。」後來她繼續跟老師學舞，還與同學結伴，到處參加舞蹈派對。最難忘一行人組團去英國黑池舞蹈節（Blackpool Dace Festival）觀賽。「那簡直是⋯⋯

一個聖地，我們是去朝聖。老師說她第一次帶這麼多人去。其實我們哪裏是那個水平呢，黑池裏都是非凡的舞者啊。」她憶述，又一次心動，又一次神往。

黑池舞蹈節是標準舞界歷史最悠久的比賽，決勝者都是各地頂尖舞者。當年陳淑莊一行人只買到企位門票，已經興奮得心跳。有同學要上洗手間，大家就手拉着手，恐怕位置被人佔了。「其實只是遠遠俯瞰他們跳舞。哪怕只是如此，都好。」

「去過這一次，我就真的圓了《談談情跳跳舞》種下的那個夢想了。」

這是一個女孩子寄情舞蹈的浪漫歲月。不只浪漫，也很刻苦，其實刻苦亦是浪漫。「我每晚溫習好了，等到夜深家人睡着，就獨自在客廳練舞，播着買回來的錄影帶，研究精英的舞步。那些錄影帶都很昂貴啊。」一邊讀 PCLL、一邊學舞，不辛苦嗎？她說，正因如此，知道自己「中毒」已深，無藥可救。

「那時候，羅湖商業城開業不久吧。跳舞也講求衣裝華美，我和同學會一起去買衣服、買鞋，很投入。」

但跳舞的價值不只來自物質。「也令我更加了解自己。原來我很沒有安全感，很難真正信任舞伴……」回想起來，不無遺憾：「我從未學懂接收 signal（舞伴的訊號），舞步總是死記硬背，這事我一直擱在心頭……（訪者：有機會可會繼續學舞？）現在實在沒有時間，因為做了議員……將來可能會吧！」訪問尾聲，她慨允訪者請求，擺出優美舞姿讓攝影師拍下。拍得幾張，只見她笑了笑，覥腆起來，沒有音樂的曼舞遂告一段落。有緣再續。

對陳淑莊來說，跳舞是浪漫的夢。

香港大學附屬學院及國際學院―
創造多元升學之路

香港大學校外課程部（香港大學專業進修學院 HKU SPACE 前身）創立於 1957 年，一直堅守傳揚高等教育的使命，提供晚間及周末兼讀式課程，將知識帶入社會各個階層及界別，亦為已離校及在職人士打開進修方便之門。

2000 年香港大學附屬學院（CC）成立，開辦副學位課程，為中學畢業生創造多元化升學之路，不僅在 HKU SPACE 里程史上寫下重要一頁，也標誌著香港專上教育邁向新紀元。

2003 年，國際學院開始舉辦及發展全日制學位課程，為 CC 畢業同學開拓升讀海外大學的機會，協助不少莘莘學子圓了大學之夢。

走在教育發展前端

「香港回歸祖國以後，特區政府其中一個重要政策就是檢討高等教育的發展。」HKU SPACE 前院長楊健明教授縷述，教育統籌委員會在 1999 年 9 月的《教育制度檢討：教育改革建議》中提出，香港教育制度在「培養少數，淘汰多數，製造大量失敗者」，故有必要建立統一而靈活、開放而多元化的高等教育體制，「為每個人創造新的學習機會」。

他解釋：「當時只有三分之一的中五畢業生可以升讀預科班，當中又只有一半人成功考入大學，以致高等教育參與率維持在約 29% 的低位，遠遠落後於發達國家的正常水平。」

HKU SPACE 一直走在教育發展的前端，時任院長的楊教授率先回應教統會建議，在同年 10 月設立專責小組，研究推行副學位課程；4 個月後，完整計劃書出爐，先後在 HKU SPACE 董事局及香港大學教務委員會獲得通過。2000 年 3 月 14 日，正式宣布成立香港大學附屬學院。整個過程，由醞釀概念至落實計劃，只用了短短 5 個月時間。

楊教授笑說：「全賴我們具備了教室、課程基礎和財力等資源及對教育充滿熱誠。現在回想，這個速度還是相當驚人，堪稱是絕無僅有的例子。」

迎接高等教育新時代

十年樹木，百年樹人，辦學是嚴肅的工作。楊健明教授指出，CC 以三大原則履行此神聖任務：第一，為中學畢業生提供大學以外的升讀選擇。第二，課程內容創新，深度與廣度並重，為畢業同學未來就業或繼續升學做好準備。第三，推行全人教育，除了傳授學術知識之外，也重視通識教育與文化的培養。

接下來就是要解決教室、講師和課程設計三大問題。HKU SPACE 的金鐘及統一教學中心是現成校舍，只在晚間使用，白天可作為 CC 學生的教室。「20 多位新入職老師，由我親自評選，他們面試時須試講一節課，以其表現及學歷作為聘用標準。」至於課程設計方面，楊教授認為最花心力。「為了讓畢業同學順利銜接至本地或海外大學，在編寫課程的過程中，我們邀請了港大不同學系的教授擔任學術顧問，商議內容；另一方面與各地大學聯繫，爭取學歷認可。結果，在開學一年內，已有 34 間包括香港、英國、美國、加拿大及澳洲的大學認可在 CC 完成的學分。」

一切就緒，最後就是宣傳招生，楊教授不遺餘力，親身去到各大中學做講解。正式接受報名時，反應之熱烈遠超想像。「第一年 740 個學額，我們收到 6,600 個申請，超額 9 倍之多。」

2000 年 9 月 27 日，香港大學附屬學院在港大陸佑堂舉行開學典禮，見證香港教育進入新時代。

為普及專上教育作重要貢獻

同年 10 月,行政長官在施政報告公布政策目標,期望在 10 年內讓 60% 本地高中畢業生接受高等教育。

「CC 的誕生,正好對此作出重要貢獻。我們開創了自資專上課程的先河,為中學生新闢升學途徑。往後數年,其他大學陸續加入行列,開辦社區學院,副學士及高級文憑學額逐步增加,大大提升了高等教育的參與率。」

根據教育統籌局在 2008 年 4 月發表的《專上教育界別檢討:第二階段檢討報告》,由於副學位教育界別蓬勃發展,專上教育普及率由 2000/01 學年約 33% 增至 2005/06 學年的 66%。換句話說,教育界只以 5 年時間超額完成政府目標。

「2005/06 學年的副學位學額共 2 萬 3 千多個,當中超過 5,700 個由 CC 提供,約佔總數四分之一。」

楊教授指出,CC 的成功,在於教學質素的保證。「創院之初,我們已成立了一個由香港大學、HKU SPACE 及 CC 代表組成的學術委員會,負責監察課程質素。」此外,鑑於學生都是未能順利升讀大學的會考落榜生,教學團隊投放了大量資源提升他們的英語水平,包括:規定英國語文為必修科;以英語為主要教學語言,鼓勵課堂討論;開辦語音學、翻譯等選修課程;組織學生會籌辦各項英語為主的課外活動等等。

為同學打造理想學習環境

CC 創院時,以金鐘及統一教學中心為院址,雖然地理位置佳,但楊健明教授認為長遠還是要建一個永久校園,讓同學有更舒適的學習環境,也可提高他們對學校的歸屬感,便向政府反映意見。

「政府認同副學位的理念,同意透過撥地及免息貸款,支援院校辦學。2003 年,我們獲批九龍灣地皮及 2 億 8 千萬元貸款作建校之用;2007 年 2 月,九龍西分校正式落成。」

在此之前，HKU SPACE覷準時機，在 2001 年 10 月購入英皇道 494 號全幢大廈，翌年啟用，作為高級文憑學生的校舍；與此同時，又租用佔地 5 萬平方呎的灣仔教學中心，供副學士生上課及活動之用。

2006 年，HKU SPACE 與保良局合作，興辦香港大學專業進修學院保良局何鴻燊社區學院，既使保良局教育擴展至專上程度，也為回應社會對專上教育學額的大量需求。

2000年9月27日，香港大學附屬學院舉行開學典禮，時任律政司司長梁愛詩太平紳士擔任主禮嘉賓。

為學子圓大學夢

副學位是銜接中學與大學及準備學生就業的課程，但由於本地大學學位有限，HKU SPACE 便積極為 CC 畢業同學開拓升讀海外大學的機會，在 2002 年與英國密德薩斯大學（Middlesex University）合作推出第一個全日制及由副學位銜接的學士學位課程 BA in Media and Cultural Studies。

為更好管理及發展全日制學位課程，HKU SPACE 於 2003 年成立國際課程發展中心（Centre for International Degree Programs），後易名 HKU SPACE 國際學院，並在同年購置了統一中心 6 樓，作為行政及教學用途；學院提供校園轉讀計劃，學生可按個人意願和情況留港或赴海外上課，兩者課程相同，學位皆由海外大學頒發。

CC 的優質教學為畢業生開啟了廣闊出路。根據學院年報資料 *，2016 年的副學士及高級文憑畢業生，分別有 82% 及 70% 成功升讀本地或海外大學學位課程，成績令人鼓舞。至於選擇就業者，他們成為社會上一股新動力，在香港閃爍耀眼光芒。

* 不包括普通護理高級文憑（登記護士）及牙科衛生護理高級文憑。

郭恩成：
由 CC 重新出發，
成就理想

現任公開大學教育及語文學院高級講師。劍橋大學休斯學院哲學碩士（教育）、香港大學文學士及教育學士。研究範疇及課題：教育社會學、知識社會學、教育改革、課程知識研究、教育政策、通識教育。曾在報章及網上平台就教育政策及社會議題發表文章。

高考落榜後，郭恩成讀了一年副學士，再進入最高學府。他認為自己不但沒有比別人走了遠路，反而是吸收了很好的養分，領得一張更順利適應大學生活的門票。他多番強調：「沒有香港大學附屬學院（CC），就沒有港大到劍橋到今天的我。」

作出人生最正確的決定

自中學開始，郭恩成已立志要升讀大學，將來做教師；可惜，2005 年高級程度會考失手令他頓感徬徨。幸好，她姐姐是過來人，曾有類似經歷，結果讀了兩年副學士再轉升港大。

「我打算再走一次姐姐的路，報讀 CC，這是我人生中最正確和最重要的決定。」

在 CC，他學會如何建立良好人際關係、運用邏輯及批判思考、以正面態度傳達負面訊息等等。「課程設計新穎多元，由博入專，通用技能實用性強，同學可以活學活用；專門科目則學術性強，讓我受用至今。」

他明白，若希望由副學士轉升大學，成績必須排在前幾名。開課以後，他的每個細胞無時無刻都在努力，白天上課，晚上備課，周末及假期與同學做小組作業，他形容副學士是他讀書生涯中最用功、最有動力，也是最吃力、壓力最大的一年。「沒有旅行、沒有娛樂，有的只是捱更抵夜，通宵溫習。」

有志者，事竟成。郭恩成的付出沒有白費，兩個學期完結，他以接近 3.9 的高學分取得最佳成績榜（Principal's Honours List）之榮譽，順利入讀香港大學四年制雙學士學位課程，主修英國語文及教育。

「今天回想，入讀 CC 是我人生中一個重要里程碑。假如當年沒有這個決定，我想像不到今天的我會如何。」

發現人生最大的興趣

從社區學院走入最高學府，郭恩成完全沒有適應新學習模式的恐懼。「CC 培養了我的獨立思考能力，讓我輕鬆迎接大學時代。」

這四年是他的重要成長期，除了學問上的增長外，他認識了一些對社會很有熱誠的同學，也有很多機會接觸社會時事議題，一起參與討論。他自言性格也有不少改變，盡量嘗新，做了很多人生以前從沒做過的事情，例如在不同學會擔任委員、參加語常會資助的海外遊學團。不過，最重要的發現是，他找到人生最大的興趣。

「我在大三時學泰拳，一開始就愛上了。」中學時什麼運動都不碰的郭恩成，最狂熱的時候，逢單數日到拳館練習，雙數日則游泳練體能，往後幾年又到不同拳館跟不同國籍教練學習，簡直到了瘋狂狀態。

泰拳絕不是輕鬆的運動，他在拳館見到很多師兄，既要遵從教練的地獄式訓練方法，又要承受肉體上的痛楚。「雖然每次練習的過程都相當辛苦，但能夠克服得到，就好像戰勝了自己。我很喜歡這種感覺。」泰拳訓練讓他明白到紀律生活的重要性，也體會到新的人生道理，原來從不同人身上學習同一件事，竟有截然不同的經驗，因此，凡事不會只有一個結果。

不過，鍛煉不忘學習，郭恩成以驕人成績畢業，雙學位各門課程除一科以外，其餘全取 A 等。「我只差那麼一點點就考得一級榮譽學位了。」他沒有引以為憾，反而對大學的一切十分感恩。

打開人生事業第一課

2010 年，郭恩成完成大學階段後，再次走入中學校園，打開事業第一課。「我負責教授英國語文和通識科，前者於我沒有問題；但後者在 2009 年才被納入高中課程，沒有既定框架，對老師是一項重大挑戰。」

翌年，他轉到另一間較近住處的中學，任教英國語文、經濟及公共事務和通識科。他漸漸發現通識科在課程發展、教學執行和成績評估方面都有改善空間，但在深入探討之前，他希望首先擴闊自己在這個學科的知識領域。

機緣巧合，他得悉劍橋大學休斯學院（Hughes Hall，Cambridge University）有一個教育學哲學碩士課程，主修政治、發展及民主教育，涵蓋很多社會理論，切合通識教育的方向，學院與港大並為課程設立了獎學金。在雙重吸引之下，郭恩成馬上申請，至 2012 年 3 月獲通知取錄，6 月獲頒 Doris Zimmern 港大—劍橋休斯學院獎學金；9 月整裝出發。「坦白說，收到消息時，感覺就如當年在 CC 得知獲港大取錄，那種興奮和喜悅，今天仍然忘不了。」

伸開雙手，迎向未來

在英國的一年學習，郭恩成形容是長見識和體驗生活。他說課程內容非常紮實，但不算艱深，而且不用考試，只要緊貼課程進度，備課充足，畢業論文寫得好，便可順利畢業。

「這一年，我其中一個重要得着是認識了來自五湖四海的同學，澳洲、美國、希臘以至馬其頓共和國，在與他們的相處中體會到不同國家的文化，也算是一種另類學習。」

完成課程後，郭恩成的導師表示可取錄他繼續念博士，但他卻婉拒了。「我在想，我接受了獎學金，學成後應該回饋香港，對教育作點貢獻。」不過，導師的臨別贈言卻讓他銘記於心。「他對我說，你仍年輕，回港繼續教書，當然沒問題，但當你 40 歲仍是中學教師時，有同齡人卻在大學裏當教授，試想想，兩者情況不是相差天與地嗎？你早晚也要念博士的。」

無論如何，郭恩成在 2013 年 8 月返港，同年底正式加盟公開大學，在教育及語文學院擔任講師；兩年後升為高級講師。「張國華博士是學院院長，我們都喜歡研究香港教育政策，曾在這段期間一起就這個議題在報章發表文章。」

不過，從英國回港數年來，他沒有忘記碩士生導師的叮嚀，一直在找尋合適機會繼續進修，直至最近終於將一切落實。他報讀了澳洲布里斯本的格里菲斯大學（Griffith University）的兼讀制博士課程，研究教育政策，導師是張國華的學術界朋友。如有需要，他將會全時間逗留澳洲。「在未來，我仍會以教學為事業，但希望能在各方平台上多參與教育政策討論，並將這個議題帶入社會。」

郭恩成認為，做任何事或應付任何挑戰，最重要是個人的心理狀態。相信他正以最佳的心理狀態，伸開雙手，迎向未來。

馮錦強：
最佳銷售員
初創企業家

2004—2006 年香港大學專業進修學院副學士，選修電腦科。2009 年中大計算機科學與工程學系畢業。任職寬頻公司時，連續三年成為最佳推銷員。2014 年憑獨創的手機應用程式 iSafe 奪得香港資訊及通訊科技獎、最佳流動應用程式（流動企業應用方案）銀獎、亞洲智能手機應用程式大賽 Hong Kong App Startup Award 金獎。iSafe 長期在 iOS 下載榜穩守頭五位，至今下載量已經超過 1,300 萬。

馮錦強説，父母從未教導他一定要如何讀好書，如何出人頭地、飛黃騰達，他本來亦沒有特別宏大的志向。他當年重讀中五之後，未能原校升讀預科，因而轉到另一所學校，應考預科電腦，這才開始有興趣鑽研學問。「電腦科比較特別，主要靠自學，可以在網上討論區鑽研別人分享的學問。」後來他甚至開始自行架設討論區。

高考放榜，他未能升讀大學，且因一向擅長的中史科失手，十分傷感。中史老師開解他説，既然中英文合格，不妨考慮報讀副學士，將來仍有機會升讀大學。他雖然聽從此議，入讀香港大學專業進修學院（HKU SPACE）的副學士課程，不過第一年他其實沒有野心考入大學，過得

優哉悠哉，樂天知命，成績一般亦不介懷。只是不久就發生了一件大事，猶如五雷轟頂，迫使他「洗心革面」。

「我的女朋友（現在已是妻子）與我同年入讀 HKU SPACE。她只讀了一年副學士，成績便好到可以直升大學護士學系，而且是香港最高學府香港大學，這是多大的差距啊！我害怕失去她，不得不檢討自己，下決心追趕她的步伐。」

副學士第二年，他每日接女朋友放學，兩人一起埋首讀書。在香港大學馮平山圖書館，女朋友溫習課本，他則研究和編寫不同的程式碼，結果第二年 GPA 高達 3.8，升讀香港中文大學，總算與女朋友「門當戶對」。

香港中文大學的計算機科學與工程學系，主要並非教授他擅長的程式編寫。他當時的成績僅夠畢業，並不出眾，唯獨是畢業習作（Final Year Project）寫的手機程式備受讚賞，參與北京一個大學生挑戰盃時，還引來投資者主動注資（他與拍擋在考慮過合作條款之後，婉拒對方）。

讀書以外，他亦闖出了一番驚人的事業。「中六那年開始，每年暑假我都會做寬頻公司的銷售員。到大學時，我試過 3 個月賺得 30 多萬。」他覺得做這一行如魚得水，畢業之後希望全職從事，可是東家竟然不錄取他。「因為我填報了大學學歷，所以他們不聘用我。之後我用較低學歷報考，才成功入職。後來大老闆親自接見我，翻查我的訪問，才知道我是大學生。」

天道酬勤 和氣生財

其後他連續三年當選最佳銷售員，直至離職那一年，亦因而一直派駐人流暢旺的地區。他說，最初在屯門工作，適逢有新的住宅區落成，勢頭本來就已不錯。不過屯門畢竟不止他一個銷售員，何以他能夠鶴立雞群？原來他懷着企業家的態度工作，總是比別人勤奮。合約工時是上午

10時至下午1時、下午2時至10時，但他總是9時許就到達崗位，以求守住有利位置，到深夜才休息。「我就當是公司給我一套生財工具，讓我做我自己的生意，賺我自己的錢。」

「很多銷售員都抱着賺夠就可以的心態，有些人每日簽到一張單就休息、玩樂。但我如果當日運氣不錯，反而會延長工時，希望多賺一些。有很多潛在客戶深夜11、12點才下班，那段時間總是沒有人跟我競爭。」

他勤奮之餘，亦懂得如何與客戶互惠互利，長期合作。客戶的網絡連線有問題，他會上門協助，但客戶要給他封「利是」答謝時，他卻分文不取。「我跟他們說，不必付我費用，只要有朋友需要安裝上網時，介紹給我就可以。」客戶果然樂於介紹親朋戚友，這些生意又多數水到渠成，他的業績受惠不淺。

有些同事曾用上種種手段與他競爭：「有些人會給客戶現金當作分成，利誘他們簽單，又有些人合作將簽到的生意轉入同一個銷售員的帳上，希望可以趕過我。」

他倒是用不着這些手段，更加不用欺哄客戶。「我加入該寬頻公司之前，已經研究過所有服務提供者，確信他們的服務在當時是最好用、最穩定的。即使佣金不是全行最高，但我起碼不用欺騙客戶，可以真心誠意地推銷。」

回歸程式 白手興家

財源廣進之餘，他並未荒廢在 HKU SPACE 和大學練就的好本領。平日開檔，他會帶着電腦在身邊，一有時間就寫手機程式。他曾用三日時間，寫出一個適用於香港、台灣的倉頡程式，一星期就賺了 20 多萬。後來一位同事的話，又啟發他寫出 iSafe。這是一個用兩組密碼保護手機資料的程式，用家可以選擇將其中一組密碼交給別人，讓別人有限度瀏覽手機內的資料。「我寫好了放上 app store（手機程式虛擬商店），想不到第一個月就賺得 60 多萬，在日本、德國大賣。」

當時他正在思考前途。「我已經 30 多歲，準備與女朋友結婚。以前我不太介意別人對寬頻銷售員的看法，但是我在拜訪她在內地的親戚時，發現始終要顧及她家人的感受。」於是他決定用寫 app、打工賺得的收入，破釜沉舟，一次過創業、買樓、結婚。

他創業之時，手機程式市場已經開始轉變。過往單人匹馬亦可以寫一個出色的程式賺錢，現在卻有很多資本雄厚的公司，爭相以鋪天蓋地的宣傳壟斷市場。他說幸而自己起步得早，當時尚未有太多會寫手機程式的能手。

創業之後，他曾面對管理困局。「我發現近年畢業的年輕人，鬥心、野心都不夠。可能因為沒有家庭負擔，當年我讀書工作那種努力，在他們身上已很少見。其實我不比他們年長多少，我不但不介意長時間工作，就是打風下雨、八號風球，我依然開工賺錢。後來我實在太失望，就一次過解僱了幾個員工，嘗試自己一個人承擔所有編寫工作。」

他說，年輕人要成功，就不能當自己是打工，要有鬥志、肯拼搏。「其實我太太曾經說過，如果我肯繼續賣寬頻，現在可能已經賺了幾層樓。可是我從小就受爸爸啟發，始終想擁有自己的事業。」他的父親一生經營自己的小店面，供養一家人。「現在不放手一搏，難道等老了才來創業嗎？我想趁着還年輕。」

劉健樂：
逆境自強，
願以法律知識助人

現任國際知識產權商品化促進會的聯繫經理（Relationship Manager）。香港
大學社會科學學士（政治學與法學）及法學士雙學位畢業。香港大學附屬學
院文學士（法學士），並躋身年度最佳成績榜（Principal's Honours List）；
在讀期間獲學院 English Speaking Competition 及 English Writing Competition
冠軍。

因經歷家庭巨變而導致高考成績不盡己意，劉健樂憑着不屈不撓意志和
精神，通過副學士之門最終進入夢想的香港大學。對於比別人多走了彎
路，他無怨無悔；對於未來的事業，他沒忘初心，正朝着當律師的目標
默默向前衝。

跨越痛苦與迷惘

2008 年是劉健樂人生中極度灰暗的一年，他先後經歷父親離世及高考
落榜，感到前所未有的痛苦和迷惘。「兩者相比，最重要的打擊是失
去了父親。考試不成功可以再次爭取，但至親離世卻是無法逆轉的事
實。」原來在這之前兩年，自小與他和父母同住的祖母先撒手塵寰；

而同年其外祖母因痛失嬌婿，不堪打擊，亦駕鶴仙遊，傷痛可謂接二連三。

身為家中獨子的他帶着沉痛心情，用心盡力照顧陷入情緒抑鬱的媽媽。他很感謝親戚、長輩、老師和朋友的關懷，在這段艱難日子陪伴他與母親一起走過來。「心底的傷口沒法一下子癒合，但我們終於再次站起來。」他特別感激伯父、伯娘和爸爸生前一些好友對他們母子關懷備至，並在他整個法律求學過程中給予莫大的支持和指引。

另一方面，面對着茫茫前路，他得到中學老師 Mrs Wong 為他疏導情緒並提供升學意見，最後他報讀了香港大學附屬學院（CC）的文學副學士（法律學）（Associate of Arts in Legal Studies, AALS）。「選擇 CC 的原因是 AALS 在當年有 3 個成功例子，三位師兄姐只念了一年就獲港大錄取。」

他坦言，當時只有一個想法，就是視副學士為進入大學的踏腳石。「對於 CC 的學習生活，我沒有任何寄望，事實上也沒有這種心情。」不過，無心插柳柳成蔭，他在校園認識了一群同具鬥心、目標一致的同學，大家互相砥礪；也體會到老師的認真教學，將艱深及專門的知識去蕪存菁，有效濃縮，讓同學學得更加得心應手。

苦讀兩年後，他以 3.9 平均績點驕人成績獲港大取錄，入讀社會科學學士（政治學與法學）及法學士雙學位（BSS〔GL〕& LLB）課程。他說：「人生有起有落有傷痕，繞過彎路之後終於可以圓夢，對我是努力以後的回報，對母親則是一份安慰。」

助人為快樂之本

劉健樂是已故前區議員兼電視藝人劉志榮之子，被問到會否步父親後塵加入政圈，他表示曾經閃過一絲念頭，但馬上有了否定的答案。

與母親梁淑莊攝於社會科學學士
（政治學與法學）畢業典禮。

「從前與父親曾討論過這個話題，他說從政要花大量精神、時間和心血處理很多複雜的人事關係，未必可以隨心所欲地伸展個人政治抱負，認為並不適合我的性格。」他十分認同父親的分析，他希望每天每時都在做自己真正想做的事，而不是浪費精力於掌握權力和優勢的漩渦之中。

至於選修政治學的原因，他的解釋是：「我父母都是很關心社會的人，在我小時候就鼓勵我多看報章社評，多留意時事新聞。中學辯論比賽的題目，也都離不開時事政局。漸漸地，我就對政治產生興趣了。」

他認為，政治、經濟與法律在很多時候都是環環相扣的，多學習政治知識，將來發揮空間更大。相比修讀政治學，他更早已決定要走法學之路。「自小開始，我的語文成績都比數理強。文科的專業出路，律師幾乎是不二之選。」

中學時代的他是中英兩文辯論隊的隊長；高中時任學生評議會主席，策劃起草及修改學生會憲章，這些活動和服務在技術上與法律工作有點相近，而他也做得很投入，所以更確定要朝着投身法律界這個方向努力。

談到當律師的原因，大部分人都覺得不外乎為了金錢或公義，但劉健樂則說只有兩個字：「幫人」，真誠、客觀、不偏不倚地幫助每一個向他諮詢法律意見的人。「念法律的人都知道，法律有一個最重要的原則，就是平等。律師被視為專業人士，社會地位崇高，但其實法律並沒有賦予律師高人一等的地位。相反，律師的角色是法律服務提供者，要為人服務，為人排解法律上的疑難。」他說，父母希望他可以像他的名字一樣健康快樂，而助人就是快樂的根本。

千禧年代 —— 香港大學附屬學院及國際學院

目標清晰，未忘初心

2015 年，劉健樂港大畢業，沒有按原定計劃報讀法律專業證書（PCLL），卻被一位在港大任兼職講師的美籍律師羅致加盟國際知識產權商品化促進會（IIPCC）。

他解釋，IIPCC 是史上第一個全球性非政府組織而基地植根於亞洲，在聯合國得到很深的認可，擁有永久列席（permanent observer）地位，分會遍及東南亞及美洲；會旨是推廣知識產權的重要性，有律師、法官、教授、企業家、會計師，以至文化創作人參與工作。「我想嘗試將所學知識應用於法律界以外的層面上，也藉此見識一下超地域組織的運作。」

在 2017 年 3 月舉辦的香港亞洲電影投資會，劉健樂代表 IIPCC 出席歡迎午餐會擔任主講嘉賓，分享知識產權與演藝的關係。他笑說：「剛好，就是我與父母的工作結合。」

其實，念法學的他一向關注知識產權的重要性，他的其中一篇畢業論文 *Latecomer and Pioneer* 就是關於版權修訂條例，就着現行機制提出改善建議，既可以保障市民言論自由的權益，也可兼顧作品版權持有人的經濟利益；該

於首爾世界知識產權領袖論壇2016與前美國聯邦上訴法院首席法官Randall Ray Rader合攝。

論文與他另一篇以中英文本在港法定權威為主題的學術文章〈有待商榷的同等真確〉，同被港大選刊於 Student Scholarship Blog《學生文翰薈萃》平台。

無論如何，劉健樂工作之餘一直不忘初心，同時在進修英國 BPP 大學的法律畢業文憑（Graduate Diploma in Law）遙距課程；2017 年 5 月完成畢業試後，9 月就會回到港大母校念 PCLL。「在此一刻來說，我仍是朝着當律師的目標前進，望能實踐以法律知識助人的心願。」

劉智仁：
台上十年功，
最愛成人之美

現任專業旅運集團婚禮品牌 Take My Hand 總經理，認可婚禮統籌師、資深婚宴司儀、課程導師。香港婚宴司儀協會創會會長、給力社企有限公司 Gimme Five Social Enterprise 創辦人、東華三院旗下婚禮社會企業義務顧問、環保團體護鯊行動的婚禮界護鯊宣傳大使。2014年於「香港企業的社企精神大獎頒獎禮」榮獲得獎企業家。著作包括：《完美婚禮籌備天書》（2013年）、《婚享・愛——夢想婚禮完美籌備手冊》（2011年）。

由副學士至大學，由義務至兼職，由創業至公司被收購，一路走來，劉智仁從來不怕吃虧，不管工作有償或無償，他都全力以赴。今天回望大學及事業之路，他説：「雖然有點崎嶇，但沿途風景很美；時間的確多花了，不過獲益良多。」

不一樣的學習生活

2000年，高級會考程度成績未如理想，無法升讀大學，劉智仁一心一意打算要找工作時，遇上一位同學建議兩人一起報讀香港大學附屬學院。在尚未弄清何謂副學士時，他抱着姑且一試的心態，於最後一個

招生日遞了報名表，結果上演了經典戲碼——他被取錄，同學則名落
孫山。

由中學步入副學士階段，由穿校服在新界返學變成便服一族在金鐘上
課，劉智仁迎來了不一樣的學習生涯——學院校舍尚未落成，沒有固定
上課地點，學生只能遊走於香港大學專業進修學院設於海富中心及統一
中心的課室。課程是通用學科，學術科目包括英文、數學、統計、歷史、
文化研究等，覆蓋廣泛；體藝課有拳擊運動（kick boxing）及壁球。設
備方面，學生可以利用港大圖書館，而劉智仁就在這裏度過了無數個傍
晚。「當時學院剛剛成立，校方在有限資源範圍內為我們提供無限發展
空間，十分難得。」

「我們是第一屆學生，沒有壓力要達致過去的成績標準，講師教得靈
活，我們讀得輕鬆。我特別記得教授文化研究的黃樨，他是很具魅力的
講師，現在我們仍保持聯絡。」

劉智仁形容自己好動、外向、愛說話，在校內是活躍分子，喜歡透過不
同形式為學院服務。適值學院舉辦第一屆開放日，他就協助籌備工作，
由零開始直至圓滿結束，全程參與，並擔任大會司儀。學院製作新一年
度課程概覽時，他與另外幾位同學更成為了封面人物。

「屈指一算，我在學院讀書不足一年，但由於我參與了很多活動，所以
建立了深厚感情。當年點滴，至今仍在心頭。」

由社區學院過渡至大學

度過了一年難忘的學習歲月，劉智仁再次以高級會考程度成績報考大
學，終於成功獲嶺南大學中文系取錄。「港大附屬學院推行全人教育，
這與嶺大的博雅教育模式很相近，讓我可以毫不費力過渡至大學生活。」

嶺大是劉智仁離開中學以後的第二個家。在那裏三年，他一直扮演着領
袖角色，例如宿生會主席、推廣大使、活動司儀等，又參與了許多義務

設計及撰寫工作，當中最令他感到最鼓舞的是，他為學校校徽文字定了標準規格。「一直以來，嶺大的圓形標徽旁邊的字樣沒有統一標準，每次使用時都會出現不同式樣。公共事務總監知道我對設計有點心得，便叫我把它規範化，以後便有『法』可依了。」

將義工經驗轉化成事業

嶺大畢業後，劉智仁在母校工作了一段日子。「校長陳坤耀教授與學生很親近，他知道我是由港大副學士轉到嶺大，又見我常常為學校服務，所以特別開了一個新職位，讓我繼續留校協助公關事務，其中一個重要任務是為學校籌辦畢業盛典。」

後來，他轉到公關公司工作，工餘兼職做婚宴司儀。「我自中學開始已經擔任比賽司儀，在青年會及救世軍做義工時是活動司儀，讀副學士時又為開放日做司儀。朋友知道我有這方面的經驗，便找我幫忙。」漸漸地，兼職愈來愈多，收入愈來愈豐厚，甚至超過了正職收入，劉智仁便決定自立門戶，在 2006 年開設婚禮統籌公司，自己任司儀，自己當老闆。

2010年，港大附屬學院出版十周年特刊，劉智仁擔任主筆。

成功在於開心付出

由副學士至大學，由義務至兼職，由創業至公司被收購，一路走來，劉智仁從來不怕吃虧，做義工付出不思回報，服務學校盡心盡力。「工作時，我全心全意為客人籌劃婚禮，真心替他們高興，客人都感受得到，自然樂意給我

介紹新客戶。」

他 26 歲創業時是一人公司，經過數年拼搏，得以在尖沙咀開設屬於自己的辦公室。「2006 年，香港政府修訂了結婚條例，實行婚姻監禮人制度，新人可以自選時間和地點舉行婚禮。新例引起了結婚潮，繼而催熱了婚慶市場，我正好把握了這個機遇，賺到人生第一桶金。」

結婚潮過後，劉智仁將業務推向多元化，加入攝影、化妝、證婚律師等範疇。直至 2015 年一次機

緣巧合，專業旅運的老闆找他談合作，深深覺得這位婚禮達人就是業界的代表人物，馬上提出收購建議；雙方一拍即合，用了半年時間就完成整個收購過程。劉智仁將公司易名為 Take My Hand，為公司重新定位，成為專業旅運旗下一站式愛情、婚禮、生活品牌公司，也是香港目前唯一一家被上市公司收購的婚禮統籌公司。

「公司被看中的另一個賣點是，我們的構思比較新穎，也貼近現代年輕人的想法，例如，我們曾將 4D 音樂會的概念帶到婚禮上，為客人舉辦有香味的婚禮。」劉智仁腦筋靈活，他認為主要得益自陳坤耀教授所提倡博雅教育的 ABC（適應能力 adaptability、思考能力 brainpower、創意能力 creativity）訓練。

劉智仁覺得，他與公司一起走過十年，若希望再向前發展，就要走向企

業化。他坦承自己不是這方面的料子,忽然機會來到面前,兩者合作既可以將婚禮業務推廣至海外,又可帶動旅遊生意,他認為是雙贏局面,便答應了收購建議。

圓了夢想,賺了教訓

對傳媒工作一直很感興趣的劉智仁,在大學選擇主修中文,但他一直念念不忘要出版一本雜誌。當上了老闆賺到第一桶金後,他就把夢想付諸實行,先聘請一個小隊負責排版、設計,雜誌以招登廣告形式出版,每期印製數千本免費派送讀者。結果,廣告收入抵銷了印刷開支,但卻蝕了人工。

「我是處女座人，是典型完美主義者，一味追求品質，卻忽略了成本計算。雜誌出版了五期便要忍痛停刊，但今天回想，這個經驗既苦也甜。」他勇於嘗試，讓自己夢想成真，輸了金錢，但賺了教訓，他明白到，經營一盤生意不能只顧理想，不看數字。

寄語年輕人，不要怕吃虧

每年中學文憑試放榜，有人歡喜有人愁。成績好的可以進入心儀大學；成績差的就要湧到不同院校報讀副學士。後者即使成功被取錄，但當中難免有人自怨自憐，覺得自己比不上其他同學。劉智仁是過來人，相信「寧為雞口，不作牛後」，寄語大家要自強不息：「入讀較次等的學院，可能有更多發揮機會。」他自忖，假若當年勉強躋身最高學府，說不定只會寂寂無聞，未必能夠參與不同活動，作多方面嘗試。

他又忠告年輕人不要追求贏在起跑線。「副學士成績好，也有機會升上大學，只是步伐比別人慢，沒有什麼大不了。況且，每個人在社會上都有一個位置，切忌與人比較。只要認真讀書，培養興趣，發掘自己的長處和魅力，即使不再升讀大學，將來去到社會未必是輸家。」他坦言，作為老闆，他寧願僱請副學士或專業教育學院畢業生，因為他們更力爭上游。

「凡事都要退一步，不要事事計較回報，不要怕吃虧。不管在學校或社會，多參與就可以長見識，就是累積經驗，對自己有百利而無一害。」以他自己為例，小時候已開始服務坊眾。「媽媽常常帶我去附近青年中心一起做義工，街坊來借書、借玩具，我就為他們蓋日期。七歲時，我獲得了人生第一個獎項——傑出義工獎。」劉媽媽以身作則，智仁終身受益。

蔣方峻:
年輕領袖
活出真我

西澳洲大學 UWA 策略傳播碩士、傳播與媒體文學士。2016 年 12 月以國際學生代表身份出席澳洲全國學生聯會。2015 年成為首位華人國際學生出任 UWA 學生會幹事。2011-12 年度香港大學專業進修學院學生大使。

「末代會考」生蔣方峻,當年因成績未如理想,選擇了副學士之路,再銜接學士學位,繼而完成碩士課程。6 年鍛煉,他經歷了精采的學習人生,把自己由少不更事的小伙子琢磨成充滿自信的年輕領袖。

塞翁失馬,焉知不是好安排?

2010 年中五會考落第,就讀喇沙書院的蔣方峻無法在原校升學,最終入讀香港大學附屬學院(CC)的副學士先修班;一年後升讀法律學副學士(Associate of Arts in Legal Studies,AAL)。

「在 CC 的學習生活是我人生中的轉捩點。除了知識上的增長之外,最大的收穫是我發現了一個新的自己。」在副學士先修班的一年中,他出席迎新營及參加不同類型的學會結識了很多新朋友,發覺人與人的相處和交往可以很有趣。

升讀副學士後，他變得更加活躍，參加學生會，參演話劇、舞台劇、音樂劇，亦參與學生義工服務。「我又擔任學生大使，透過協助學院推廣形象及籌辦活動，學習建立團隊精神，也訓練了自己的領袖才能。」他笑說，上課很開心，但更期待下課後的活動，慢慢認識到原來自己是性格非常外向的人。

AAL 畢業後，他順利銜接至香港大學專業進修學院─國際學院（HKU SPACE IC）與西澳洲大學（UWA）合辦的傳播與媒體文學士（BA in Communication and Media Studies）。「副學士選修 AAL，主要是參考父母的建議。大學念傳播學，更多是出於自己的興趣，我希望透過這個學科，深入了解溝通與交流的真諦。」

他坦言，選擇在 HKU SPACE 升學的另一個原因是，他們的國際學位課程中心提供校園轉讀計劃（On-Campus Transfer），學生可按個人情況留港或到海外上課，而他因得到父母的支持，在 2014 年 2 月完成第一個學期後，便赴笈澳洲柏斯。

克服障礙，融入新生活

初到 UWA，環境、語言、文化、校制、同學一切既陌生又新鮮，蔣方峻承認內心難免戰戰兢兢。但性格樂觀的他不但沒有惶恐不安，反而期待更精采有趣的學習生活。「在迎新日，我結識了其他的國際學生，大家都以英語為第二語言，同樣帶着思鄉病來到新地方，彼此間的友誼就是這樣建立起來。」

他亦明白，要融入新生活，首要衝破語言障礙。「於是，我採取在 CC 學習時的策略，參加不同學會，逼使自己以英語與人溝通，藉此提升語言技巧。」他憶述，印象最深刻是參加辯論學會，步入迎新課室時，影入眼簾全都是澳洲人面孔，簡報過程十分嚴肅，自己說話又不流利，不期然萌生離開的念頭，但另一個想法卻令他最後選擇留低。「學期初時我選修了一科叫藝術實務（Art Practicum），教授給我的作業，就是去

蔣方峻（前排右四）與UWA學生會幹事合攝。

探討國際學生與本地學生在學校的投入程度（student engagement）。我覺得留在辯論學會，可以讓我更好地與本地生互動。」

在接下來的技巧訓練中，他發覺原來人人都很親厚友善。他第一次嘗試做開場白時，自知表現不夠好，但卻得到大家的讚許，獲得很大的鼓舞。他笑說：「這次經驗讓我領悟到，做事要有決心，說英語要不怕『瘀』。」

初試選舉，創造零的突破

隨着每個學期過去，蔣方峻的英語能力愈來愈好，認識的朋友愈來愈多，對學校的歸屬感也愈來愈大，學習生活十分愉快。兩年學士課程轉眼結束，他的依依不捨之情愈來愈強烈，幸好最後得到父母首肯，以暫借形式資助他留澳一年攻讀策略傳播碩士（MA in Strategic Communication）。

「碩士班開課之前，我參與競逐來年學生會（Student Guild）內閣，由全校超過 2 萬學生投票選出 13 個席位。」他鋪天蓋地宣傳兩大政綱：鼓勵同學走出舒適區、促進更優質的師友同行文化（Mentoring Culture），爭取國際生與本地生的選票，結果在 170 多位候選人中以第 9 名勝出，成為 UWA 學生會有史以來第一位華人國際學生幹事，為華人創造了零的突破。「這是我人生第一次選舉，讓我吸收到很多寶貴的經驗。」

學生會的權責，除了作為 UWA 全體學生代表與學校、政府及社區之間的橋樑，也有義務為同學提供學術、財務及福利等支援，以及舉辦大小不同類型校園活動。「要做的事情很多，但非常充實，過程中使我學到如何成為一個年輕領袖。這是我一個重要成長過程。」不過，蔣方峻沒有忽略學業，念碩士時的成績比過去都好。

一年轉眼又過，在他倒數離澳的日子時，他再次獲邀競逐全國學生聯會代表席位。「這個代表的職責是，出席 2016 年 12 月底在墨爾本舉行的全國學生聯會會議，在會上審議通過未來一年在全澳洲實施的專上學生政策。」結果，他再次順利獲選。

「回想初到澳洲時，我一方面惦念家人和朋友；另一方面要面對溝通、住所、交通等基本問題，不知何去何從，害怕自己成為被遺忘的一群。我深深體會到國際學生身處異鄉的情緒困擾，便將這議題帶到會上，提出要特別照顧國際學生的情緒健康，給予更全面的支援。」蔣方峻的議案獲得贊同，會議通過未來在全澳洲大學專為非本地學生舉辦迎新支援活動。他謙稱，這是他離開澳洲前，為國際新生所作的一點貢獻。

六年雕琢，成器成才

訪談期間，蔣方峻多番提到希望深入了解自己，讓自己成長。他解釋，「曾幾何時，發覺原來我並不認識自己的長處或弱點，我便決定要走出過去的舒適區，把握機會嘗試一些從前沒有做過的事，找出限制，啟發潛能。當然，這需要勇氣。」

中學畢業後，由 CC 到 UWA，經過 6 年鍛煉，他把自己由少不更事的小伙子琢磨成充滿自信的年輕領袖。「我最感激父母，沒有他們的支持，我不會找到機會，更不會經歷如此精采的學習人生。」不過，他也明白到隨着個人能力愈高，所肩負的責任愈大，而自我意識也愈強。「我會努力克服，不讓它發酵。」

羅曉騰：
朝陽破曉
展翅飛騰

平面設計師，BLOW 設計室創辦人及設計總監。2010 年獲國際設計界權威雜誌 *Perspective* 選為「亞洲四十驕子」。2011 年勇奪維港標記設計比賽冠軍；同年被時尚媒體 *Time Out* 譽為「必需認識的 25 位著名香港設計師」之一。2005 年獲香港設計師協會頒發「設計學生年獎」金獎。現為香港設計師協會執行委員。BLOW 在香港設計師協會環球設計獎 2011 及 2013 中分別贏得 20 個及 33 個獎項。

在公屋斗室成長的羅曉騰，小學成績卓越，順利考入傳統名校聖保羅書院，自此每天要花近兩小時從將軍澳家乘車到港島上學。拖着疲倦的身軀，加上愛玩基因爆發，他的成績雖未跌破合格警誡線，但已由名列前茅降至全級排名 100 以外。

「我無法投入傳統學科，最愛是星期六的視藝課。其中一位老師說我有潛質做平面設計師，並鼓勵我朝這方向發展。」

念念不忘，必有迴響

自小已喜歡美術設計的他，在 2001 年高考只獲 4 個 E，無緣進入心儀

大學念設計，也沒法在其他學院找機會。「媽媽的想法是，設計出路窄，要讀就要進大學。」他無可奈何，唯有去連鎖式室內遊樂場當見習主任管理禮品機，研究抓公仔的技巧。

在遊樂場工作一年，羅曉騰一直念念不忘自己的理想，不斷尋求方法踏上學習設計之路，直至發現香港大學附屬學院（CC）開辦視像傳意高級文憑（Higher Diploma in Visual Communication）課程，最後成功游說母親讓他入讀。「我跟她說，不把握這個機會我會後悔一生，答應她白天上課，晚上繼續在遊樂場做兼職；並向她承諾，第一年考不上第一名的話，就會放棄。」

他知道自己沒有退路，過着半工讀的生涯，拼盡了洪荒之力去學習和做作業，結果，他不僅在第一年以首名升班，在 2005 年更以首名畢業，並獲香港設計師協會頒發「設計學生年獎」金獎，是 CC 第一個獲此殊榮的學生。「媽媽在台下看着我領獎，笑不攏口。我則有更深一層體會，我並非畢業於頂尖大學，卻能贏到獎項。我想說，英雄莫問出處。」

設計師遇上人生交叉點

羅曉騰在二年班時毅然辭掉遊樂場工作，暑假時自薦入 Co-Design 任實習生，開學後轉為兼職。「老闆十分欣賞我的工作表現，主動給我加人工，並着我畢業後不要找工作，直接轉為全職。」

他回憶念 CC 時，母親見他每晚畫線畫圈，做功課至深夜，擔心他將來是否真的可以憑這些東西賺到生活。他說：「直至我畢業後正式上班，她才總算放下心來。」

2006 年，他加盟陳幼堅設計公司任職設計師，從文化藝術設計圈走入商業設計世界，在大師身上吸收經驗。入職後，他參與多個香港品牌革新及設計，表現令人眼前一亮。「老闆在一年之內加我三次人工，一年之後提升我為高級設計師。我亦在公司認識了現任太太。」

不過，形容自己坐不定的羅曉騰，過了一段時間後，對工作的掌握雖

崇光30周年櫥窗設計。

已游刃有餘，但卻無法完全滿足自己。當他發覺自己的熱誠在慢慢冷卻下來時，便決定要自立門戶。「其實在念設計時，我已立志將來要有自己的公司。這個目標十分清晰，從未動搖過。」

2010 年，他終於儲了一筆足以維持新公司營運大半年的資金，但媽媽卻報上另一喜訊──為他抽中了居屋，但要交付首期，讓他在開公司與買新樓之間做抉擇，他毫不猶豫選擇了前者。「當年大女兒已經出生，我們仍與家人住在公屋單位，生活環境的確不理想，但我儲錢的目的是用作開辦自己的公司，從不含糊。」

他很感謝母親和太太，她們義無反顧地支持他的決定，讓 BLOW 設計室順利誕生。

讓大風吹向全世界

為新公司取名 BLOW（大風吹）是羅曉騰讀設計時早已想好的。他希望公司名脫離傳統風格，聽起來有點頑皮。「BLOW 這個字很有動力，是一種動作、一種持續的力量，與做設計很相似，與我的願景也很接近，我希望自己的作品可以 blow people's minds，將創意吹到世界各地，影響不同的人。」

身兼老闆及設計總監的他，在公司開業數月後迎來第一個客戶 K11，負責品牌設計。「我坦白表明我是一人公司，對方也不介意。9月談妥，兩個月後面世，外界反應很好。」幾乎在同一時間，他又為 Detour 藝術活動做視覺形象（visual identity）及標誌設計。

他說，這兩個項目在當年藝術設計界吸睛無數，甚獲好評。當大家發現竟都是出自他一人之手時，各方媒體爭相約訪他，而他有幸被國際設計

界權威雜誌 *Perspective* 選為「亞洲四十驕子」。

2011 年年初，他參加維港標記設計比賽，結果在近 900 份作品中脫穎而出，勇奪冠軍。他笑說：「收到電話通知得獎時，手都在抖。」他獲獎的消息被傳媒廣泛報道，隨之而來又是一個接一個的媒體訪問，時尚媒體 *Time Out* 更譽他為「必需認識的 25 位著名香港設計師」之一。

東方明珠，閃耀國際

在香港設計界打出了名堂的羅曉騰，念念不望將創意「吹」到全世界。他將作品上載到 behance 網上專業設計平台，吸引了無數讚好和轉載。「我開始收到一些世界性雜誌的訪問邀請，接着而來就是海外客戶的查詢。」

2015 年，他獲全球設計資訊交流雜誌 *HOW* 邀請，出席在芝加哥舉行的一年一度、為期 7 天的 How Design Live 大型會議。「這是設計界的大事，我相信我是有史以來第一位香港設計師獲邀擔任主講嘉賓。」他說，最初他被安排在一個容納百人左右的會議室做講座，但當天卻獲大會通知要移師至大台，原來他們收到 2000 個觀眾登記出席。

羅曉騰坦言這是他人生大事簿中不可不記的事。「我從未受過外國培訓，而可以站在國際設計舞台上與同業分享經驗和心得。老實說，作為土生土長的香港人，我頗感驕傲。」

2017 年 3 月，他出席了在泰國曼谷舉行的 Wallpaper Design Talk 季度設計會議，擔任唯一講者，為他的大事簿再添一筆。

2011年，羅曉騰的設計在近900份作品中脫穎而出，勇奪維港標記設計比賽冠軍。

今天的羅曉騰已是兩個女兒的父親，並在兩年前為家庭購置了一個舒適安樂窩。這位出色的年輕設計師，回顧一路走來的跌宕起伏，慶幸自己的堅持沒有白費，亦寄語年輕人要為自己訂立清晰目標。「沿途充滿荊棘和誘惑，必須保持專注，才有望達到終點。」

二零一零年代

中國內地課程—
沒有圍牆的學習生活

香港教育機構到中國內地提供持續進修課程，香港大學專業進修學院（HKU SPACE）堪稱是先行者，早期的合作夥伴有復旦大學、清華大學、浙江大學及中山大學。

直至 2010 年，為了提供更符合內地商管市場需求的課程，HKU SPACE 在北京正式註冊成立香港大學 SPACE 中國商業學院（港大 ICB），致力培養品學兼備、擁有國際視野及開放思維的優秀企業領袖。

向內地提供持續教育的先行者

香港大學專業進修學院自創校以來，一直致力為中國內地、香港以至亞太地區提供專業而優質的持續教育。

2000 年，上海復旦大學打算將香港式的持續教育概念引入內地，遂與 HKU SPACE 合作創立上海港大—復旦繼續教育學院，奠定了 HKU SPACE 向內地教育發展的重要里程碑。

學院剛成立時，HKU SPACE 將香港課程複製至內地，主要提供兩個碩士學位及一個會計文憑兼讀課程。現任香港大學專業進修學院常務副院長（商學及中國發展）暨中國商業學院總監劉寧榮教授說：「碩士學位深受內地在職人士歡迎，而會計文憑因可能銜接到港大的會計學士學位，也是報讀者眾。」

此外，HKU SPACE 又引入全新的整合行銷傳播研究生文憑（Postgraduate Diploma in Integrated Marketing Communication，IMC），課程內容涵蓋品牌戰略、行銷管理、市場分析、推廣策略、公共關係等。劉教授解釋，當時中國與歐盟已就中國加入世界貿易組織達成雙邊協議，外商逐漸打入內地市場，各行業生態將出現變化，消費產品更着重品牌及推廣，市場學、傳播學及廣告學等行業勢將在內地冒起，IMC 正好應時而生。

中港學府攜手協作

2003 年，中國、香港、澳門及台灣的教育專家和學者出席了兩岸四地持續教育研討會。在會上，清華大學認同 HKU SPACE 推廣持續教育的理念。為深入了解辦學方法，清華副校長在會後親自來港取經，並與 HKU SPACE 達成合作協議，開辦會計文憑及 IMC 課程。前者由 HKU SPACE 獨立運營；後者是兩個單位的協作項目，清華負責招生及提供上課地點，HKU SPACE 則負責課程內容、講師授課，並頒發文憑。

後來，HKU SPACE 又相繼與浙江大學及中山大學合作辦學，仍採取合作營運模式開辦 IMC 課程。

2005 年，HKU SPACE 落戶蘇州，在江蘇省興辦當地唯一中外合作的大專學院——蘇州港大思培學院（HKU SPACE Global College，Suzhou），將香港大學附屬學院的副學士學位課程引進國內。

全新中國策略

2008 年，除了與中山大學繼續保持合作關係，HKU SPACE 與復旦、清華和浙江等學府合辦的課程已大致結束，於是重新部署中國策略。由於當時中國已經入世，容許中國以外國家或地方在內地成立教育機構，領取培訓牌照。HKU SPACE 遂於 2009 年在北京註冊成立了港大思培（北京）諮詢有限公司（HKU SPACE Beijing Consultancy Company，BCC），代表 HKU SPACE 在內地處理必要財務及員工招

ICB學員從環球遊學中考察美國的創新潮流。前排中為劉寧榮教授。

聘事宜。BCC 屬外資全資擁有性質,按內地法規設立董事會,獨立運營,自主性強。

「課程仍以 IMC 為主,2009 年春季招生,9 月開課,在北京開了兩班;又為上海同學作出特別安排,在那邊開了一班。」劉教授補充,BCC在往後數年分別在上海、深圳及成都設立分公司,為不同城市人士提供更方便的學習途徑。

沒有圍牆的學院

HKU SPACE 的中國策略成功，反映內地對企業領袖需求甚殷。為了更有效推廣持續教育，以及更靈活發展符合內地市場要求的課程，SPACE 在 2010 年 2 月成立了全新的學術單位 —— 香港大學 SPACE 中國商業學院（港大 ICB），劉寧榮教授擔任總監。「港大 ICB 以創新型專業商管學院為定位，走一條與傳統商學院不同的發展道路。」

港大 ICB 定位清晰，深信「專業深度決定未來高度」、「高度源於專業」，並據此推出一系列專業管理型課程，目前 16 個研究生文憑課程分或六大領域：管理與創新、營銷管理、財務與投資管理、人力資本領導力、新興產業管理、企業與金融培訓；內容以切合企業需要為主，堅持 4P 教學理念：professional（專業）、prospectus（前瞻）、practical（實用）、problem solving（實效）。

教書育人，教育除了傳授知識，育人也是核心課題。港大 ICB 既推崇專業訓練，也強調 8i 育人理念：imagination（具想像力）、innovation（勇於創新）、independence（獨立思考）、interdependence（相互協作）、interaction（互動交流）、internationalisation（具國際化）、integrity（誠信至上）、impact（具影響力）。

自 2010 年創校開始，港大 ICB 相繼在北京、上海、深圳和成都設立了四個教學中心，並在廣州與中山大學合作設立聯合教學中心，至今已為中國內地培養了過萬位知識與品格兼備的一流商界人才。

2016 年，港大 ICB 舉辦了首屆傑出校友評選活動，20 位校友分別獲頒社會影響力卓越貢獻獎、創業與創新卓越成就獎。

「學無涯，習天下，知識的空間永無邊界。港大 ICB 正朝着建立一所沒有圍牆的商業學院的目標而努力，不僅是沒有校牆的學院，還有就是打破我們心裏的傳統界限，迎接嶄新學習方法和溝通模式。」

王建平：
為企業設計
最適切的法律方案

北京德恒律師事務所全球合夥人。德恒所代理的中國首例人身傷害精神賠償案等多個著名案例，均已收入最高法院公報或被最高法院評為年度最具社會影響力。王氏自 2012 年起連續五年榮登錢伯斯（Chambers）推薦中國勞動法律師排名榜，獲評為勞動法領先律師和訴訟專家。曾獲全國優秀律師、北京傑出貢獻律師等榮譽。所領導的勞動法業務團隊及律師獲錢伯斯和威科（Wolters Kluwer）多項提名獎。2015 年被 CCH 中國人才評選為優秀勞動法律師服務機構、優秀勞動法律師。

2013 年畢業於香港大學 SPACE 中國商業學院（港大 ICB）組織與人力資源管理（OHRM）研究生文憑課程，王建平在學院去年舉辦的首屆傑出校友評選活動中，獲頒社會影響力卓越貢獻獎。他一個人同時飾演律師、法律研究者及大學教授，對社會貢獻良多，得獎實至名歸。

薪火相傳，讓學問一代代地傳下去

1984 年中國政法大學法律系畢業的王建平，畢業後留校任教超過十年，先後擔任經濟法系副主任兼公司法教研室主任、教授、經濟法專業研究生導師。他認為教育是一項神聖任務，教學工作是他人生中一段非常精彩的經歷。

十年樹木，百年樹人。雖然培育人才的道路漫長而艱辛，但王建平卻覺得這是一份使命。「我的很多授業恩師已經鬢眉斑白，甚至已經與世長辭。薪盡火傳，我覺得要延續老師的精神，將他們教授給我的，連同我自己所學的，傾囊傳授給下一代的學生。」偶然走在街上，遇上有人突然叫他一聲「老師」，原來是他曾教過的畢業生，王建平形容那種喜悅和滿足感是任何東西無法代替的。

身為教師，他也很享受與年輕學生在一起。「他們進取、有抱負、有活力，我時時受到他們的感染，因此在學習和生活上有了更多的理想。這也是一種得着。」

邁出校門，走入社會為勞動者服務

度過了十多年教學歲月，王建平毅然邁出校門，轉行當律師，走入社會，服務群眾。「律師這個職業更加社會化，自由度也相對較高。這是我轉行的原因之一。」

王建平自 1985 年開始在大學講授《勞動法》，成為律師以後，他積極在這個領域上服務勞動者。「讀大學之前，我在工廠裏打過工，對基層勞動者有一份特別感情，我願意為他們爭取合法權益。」

王建平每天與來自不同背景的人物交流，聽取他們的困擾和訴求，通過法律途徑為他們伸張正義。在接近 20 年律師生涯中，他代理過北京市訴訟標的額最高的中法合資經營企業勞動爭議糾紛，以及多個被稱為全國「首例」的案件，判決收錄於最高人民法院公報，例如：1996 年曝光的卡式爐爆炸人身傷害案，開中國「人身傷害精神賠償」的先河；2014 年，某上市公司小股東股權爭議案，最高人民法院將之列為年度「全國十大經典案例」。

除了是律師，王建平也是法律研究者，曾參與國內《勞動合同法》、《勞動爭議調解仲裁法》、《勞動保障監察條例》、《工傷保險條例》等，以及其他領域立法的起草、論證、修訂以及研究等工作。他說：「勞動法的其中一個精髓是，在法律上給予勞動者必要的保障。」

回到課室，了解人力資源管理思維

王建平是律師事務所合夥人，為很多大型企業及跨國公司擔任常年法律顧問，經常與企業的法務部門接觸，但當牽涉勞資爭議時，也有必要跟人力資源部門溝通。

「我們為企業服務，往往是在勞資雙方出現爭議以後，甚至是要打官司，我們才開始介入。」他覺得，這從組織管理角度看，效率並不理想，所以希望往上找原因，到底為什麼會出現爭議？然後設計可行方案，預防問題發生。

「我們與法務部的溝通都很順利，容易達到一致的看法；但奇怪的是，每當與人力資源管理部門探討問題時，就會出現意見相左的情況。這令我很困惑。」後來他發現，兩個部門存在不同想法的原因在於，彼此看問題的角度不一樣。前者追求法制上的公平，後者強調企業文化及人性化。

王建平希望了解企業人力資源管理的思維，從而為兩個部門找到共識。恰好遇到上海一位同事推介 OHRM 這個課程，發覺北京也有開班，所以就重新回到課室。他說課程令他獲益不淺：「講師都是國際著名企業的人力資源專家，他們的實戰經驗豐富了我對勞資關係的理解，所提供的實際案例，對我有重要參考價值。」

獲HKU SPACE主席陳坤耀教授頒授港大ICB
傑出校友－社會影響力卓越貢獻獎。

攝於韓國高等法院。

知己知彼，為企業設計適切可行的法律方案

「經過 OHRM 課程的洗禮，我的管理角度和視野都改變了。最大的收穫是我明白了人力資源管理人員的想法，曉得從人文角度、管理心理及經濟角度去為企業設計最適切可行的法律方案。更重要的是，我與他們的溝通變得非常順暢，在很多議題上容易達成共識。我們不再需要透過法務部門傳話，處理法律問題變得更快更直接。」

王建平認為，作為律師，他要維護勞動者的權利，而更好的辦法是，讓勞資雙方和諧相處，避免爭議發生，減少社會矛盾，這才是最理想的共贏方案。

在 2012 年就學期間起，王建平連續五年上榜錢伯斯（Chambers）中國律師排名，獲評為勞動法領先律師和訴訟專家，證明其專業能力、職業操守、客戶服務、商業機敏、敬業精神、顧客承諾等專業質素及客戶所認同的其他核心價值，都得到頂級評價。

一個課程，兩種得着

過去，王建平在校園裏啟蒙了無數莘莘學子。今天，他已是北京最優秀的律師之一，工作之餘仍然兼任大學教授。30 年來一直在台上講課，回想數年前換了角色走到台下做學生，除了獲得新知識外，也有另一種得着。

「教案方面，老師們利用各種圖表表達統計數據，善用形象，便於學生記憶，也讓我們更容易理解及掌握。教學方面，採用的是互動模式，老師提出論點，同學可以積極發言，互相切磋和討論。這種講課方法對我的教學工作有非常大的啟發。」

他解釋，內地的教育方式比較傳統，都是我講你聽單向式的。「雖然過去我也曾了解過互動教學的好處，但當自己身為學生去親身體驗時，那種感覺更加真實。」對於王建平來說，這個發現是一份意外收穫。

王琦：
21世紀的今天，
學習與工作
已經分不開

現任香港長江實業（集團）有限公司北京辦事處首席代表，並為北京東方廣場有限公司董事、副總經理兼首席公司事務官，累積 30 年業務發展經驗。經濟學學士，管理科學碩士。2011 年獲第六屆中國酒店星光獎「中國酒店業最佳業主代表」（北京東方君悅大酒店業主代表）。

在長江集團工作 20 餘年，王琦曾協助公司開通內地光纖傳輸系統，在北京地標東方廣場擔任重要領導職位。離開校園多年的他，機緣巧合下，在 2016 年又回到課堂上，解開了他與香港大學結緣的情意結，實現了他追求有系統在職進修的期望。

接通內地天地線

1991 年 9 月加入香港長江集團的王琦，現在是集團北京辦事處首席代表，負責統籌集團的中國業務，代表集團與內地政府、合作夥伴或其他相關機構聯絡協商，先後參與過不同重要計劃的發展工作。

初期，他協助集團旗下和記電訊在內地發展光纖通訊業務。「當時內地電訊基建未臻完善，國際長途以至一般通訊都不發達，集團打算夥

同外國公司在內地興建終端站，我便與各城市電訊局商討合作方案。」2000 年，和記率先與中國電信集團合作開通了穗深港環網光纖傳輸系統，在內地電訊史上豎立了一面里程碑。

王琦補充，固網電話網絡在內地發展了接近 20 年，後來家居電話普及，人人都能撥長途，手提電話更將通訊模式推向新紀元，業務才逐漸轉入數據通訊。

除了擴大地面通訊之外，和記亦將衛星通訊引進中國。「我們與日本一家衛星天線生產商合作，將其生產的衛星電話系統介紹予中國營運的航空公司，自此中國航機上的乘客便可以與地面通話接觸了。」

打造北京地標

房地產是長江集團的主要業務之一，自 90 年代開始已在中國不同城市進行投資，例如上海、福建、廣州、北京等。當中最觸目、最重要的項目要數千禧年開幕、座落於長安大街的東方廣場，佔地 10 萬平方米，總建築面積超過 80 萬平方米，包括了 1 間五星級北京東方君悅大酒店、8 幢甲級寫字樓、2 座豪華服務式公寓和 1 座 12 萬平方米的大型購物中心。王琦參與了整個專案發展過程，既要參與前期建築工作，也要掌管後期營運和管理事務。

「以目前來說，這是唯一在閱兵典禮上看得到的外商投資項目，既是北京的地標，也是亞洲最大的商業建築群。」他補充，過去內地發展物業都是分期進行的，但東方廣場則是史無前例地 11 幢建築物同時建起來，以 18 個月時間全部完成；地盤施工時，每天最多有

王琦榮獲第六屆中國酒店星光獎「中國酒店業最佳業主代表」。圖為獎狀和獎杯。

擔任重慶大都會東方廣場有限公司總經理期間，接受當地政府頒授傑出外商投資企業貢獻獎。

超過 1 萬人在工作，對國內就業作出了重要貢獻。「同時也為集團凝聚了一個非常專業的管理和營運團隊。」

持續進修保持競爭力

擁有學士、碩士學位的王琦，在社會工作了數十年，深知與時並進的重要，故一直念念不忘學習，但因工作實在太忙碌，時間根本安排不到，只能偶然去聽聽講座，無法參與有系統的在職進修。

直至 2016 年，他在網上發現香港大學 SPACE 中國商業學院（ICB）正在招生，當中的全球運營與管理（GOM）研究生文憑課程內容非常吸引，完全符合他的要求，便於同年 6 月成為 ICB 學員。

「我有一個情意結，就是希望與人才輩出、世界排名前列的香港大學結緣。適逢 GOM 的上課時間和地點與我的工作幾乎無縫配合，機會難得，我覺得絕對不能錯過。」王琦指出，長江集團在全球超過 50 個國家都有業務，GOM 正好符合他希望學習全球化相關知識的期望。

他解釋，時代進步改變了讀書的觀念。從前是先讀書後到社會工作；21 世紀的今天則是一面工作一面進修，學習與工作已經分不開。「人

的思維方式也在進步，從前的研究和發展工作均由專人負責，但隨着全球科技進步，現在幾乎每個人都掌握到互聯網上的資訊寶庫，具備研發的能力。持續進修是保持競爭力的不二法門，縱使我們不能藉此脫穎而出，但起碼可以跟得上潮流，與社會同步，不被淘汰。」

學習創新與溝通

儘管王琦在 ICB 上課只有數月時間，但對於教授、同窗和學習氣氛等，已深有體會。「教授們來自不同行業背景，專業知識和工作經驗豐富，竟全部均與內地相關，這是令我頗感意外的。」他表示，教授對中國內地企業的了解甚深，加上其專業知識，在課堂上與學生分享，使大家受益不淺，同窗之間的友好和無私互助精神難能可貴，也令他深受感動。

「坦白說，經濟、金融等理論在大學時已念過了，但整套 GOM 課程着重探討、分析和研究企業個案，這對於任職領導層的同學來說，十分實用。」他舉例，「收購與合併戰略」的單元講解企業全球化及打入新市場的捷徑，很配合當前內地企業及長江集團的發展模式。

「過去一年，已有過百宗內地向外收購的紀錄，長江也有很多這類型的業務，課堂中講及的創新收購合併計劃和執行方案，可為企業在成長過程中節省大量時間、資金和技術，所以特別有用。」

王琦說，重回課室的另一個重要收穫，就是學會與下屬加強溝通。「數十年前，創新和研究是辦公室裏的嚴肅話題，但現在與同事聊天之間已經可以擦出火花，年輕下屬會在無意中提出令人耳目一新的意見。」他指出，領導人不管如何精明，也只有一個腦袋，每天只得 24 小時；但 10 個不同的人可以有多元想法，是相加效果。

雖然距離完成 GOM 課程只有數月之遙，但王琦認為畢業並非學習的句號。「以後是實踐階段，將學到的知識運用於工作之上，累積經驗，也要繼續看書增值。」他表示，實體出版物多如恆河沙數，互聯網上資訊包羅萬有、日新月異，往後的學習之路仍然很漫長。

李東林：
HKU SPACE
辦學嚴謹
獲益良多

開元酒店集團副總裁、董事會秘書，首席投資官。1995 年大學畢業後，從企
業財務會計基礎工作做起至財務會計部門負責人。加盟開元酒店集團前，先後
任職於杭州興源過濾機股份有限公司、華孚集團國內行業領先企業財務負責
人。在 20 多年的工作中，其在集團財務管控、內控建設、企業資訊化規劃、
投融資管理等方面積累了豐富的經驗，並有諸多成功案例 ，為其服務企業做
出了積極貢獻。

李東林是地產與酒店集團的首席投資官，2016 年入讀香港大學 SPACE
中國商業學院（ICB）的企業財務與投資管理（CFIM）研究生文憑課程。
「每工作了一定時間之後，就要求自己需要去進修，在北京一個活動上
看到海報，介紹 ICB 這個課程，讓我心生嚮往。」

李東林大學時讀會計專業，畢業後在會計、財務、投資領域工作達 20
年，專業知識相當豐富。不過他認為，即使已是專業人士，甚至已經晉
身高層管理，進修依然是必經過程。「雖然我的工作經驗誠然有所增
加，但是往往接觸到更多的新資訊、擁有了更多新經歷之後，就會發現
自己所懂得的，相對整個專業裏的知識，還是不夠充足，有一些不到位
的地方。」

他在 ICB 讀書之前，曾經在內地多所大學讀過商業管理和其他課程。相比之下，他覺得 ICB 對學生要求高，授課更嚴謹。「老師準備的講義相當充分，每門課都很充實，而且因為課業要求高，考試也嚴格，所以學風很好，這給我的印象最深。」在 ICB，李東林學到不少企業財務與投資管理的歷史與理論，他自覺可以融入日常工作的體會，更深刻地思考如何管理所在企業的資產。

課程讀了一年，他的成績還算不錯。CFIM 採用課堂分組討論方式教授，每次組合都不同，確保學生有機會向來自不同背景的同學學習。李東林笑說：「我的工作畢竟與這個學科有關，所以我可以提供的案例也特別多，很多同學都喜歡和我分到一組。我們大家都喜歡聽案例，因為是寶貴的實戰經驗，是真正的學習。」

12 門課，需時一年才上完，每一門課教師都會就課堂表現評分。「每科都有作業、考試，和內地大學 MBA 的做法很不一樣。同班同學因此多少會感受到一點壓力，我們也特別有紀律，認真對待。」

看好內地未來金融發展

他目前在杭州工作，所在機構旗下既有房地產，也有酒店，這幾年他主要負責酒店版塊的投資和財務管理工作，包括發行 IPO（首次公開募股），在香港以房地產信託基金形式上市。下一步的工作，則是在內地建立旅遊酒店專項基金。「內地本來沒有房地產信託基金的制度，因而我們先在香港上市。現在衡量過後，我們覺得應把部分在香港的投資收回，改為投放到內地，這對公司更為有利。」他指出，內地的分紅要求比香港略低，估值亦較高。「這個項目，就是我目前最想做好的工作。」

李東林經常思考應該把公司帶去哪個方向、建立一個怎樣的公司。「怎樣為公司創造更多價值呢？我覺得需要為公司建立一個投資平台，以便公司日後有需要時，可以進行併購。資本市場的運作有一定規律。在

給公司董事、監事、高級管理人員講解IPO的注意事項。

ICB 學習財務管理時,要務之一,便是學會創造價值。利用不同的方法,獲得投資的最佳回報。」

李東林說,內地仍然需要破除一些對金融業限制。「目前內地的法律體制是大陸法,與金融體系的發展,確實有一點不匹配。在掃除金融發展的障礙方面,大陸法確實還不及香港推行的普通法。」

「此外,內地的政治氣氛,對金融發展也會有一些影響。國家考慮到大環境,重視體系的穩定,有時候會管制一些金融投資。不過,其實內地一直也向其他金融體系包括香港,學習如何改善投資環境。事實上,中國的交易市場還有市場的配套,很多都仍是跟香港在學。」

「還有一點就是法治精神。內地文化,對於法、理、情的先後次序如何理解,可能與香港和其他國家,會有一點不同,但這個目前也在改變,我覺得中國的法治正在進步。」他對金融業發展,整體而言仍是頗為樂觀。

內地酒店業 需求趨向理性

李東林觀察酒店業和房地產業發展十餘年，覺得中國經歷了一段不理性消費與投資的時期，目前正向健康的理性消費與投資轉型。「經濟發展前期，資金流竄，酒店方面的投資太多，比如經濟型的酒店供應就過剩，而且整個酒店消費都是非理性的。2013 年國家經濟調控之後，酒店業的消費開始從官方流向民間。如今的酒店業，要面向全國的消費者、投資者。進入中產小康的社會後，相信日後大家都會更理性、更純粹從商業考慮去投資。」

他希望未來繼續幫助所供職的企業，同步發展酒店與房地產。「完成內地的 IPO 後，我希望能把公司提升到一個地步，業務和投資都能好好配合、發揮。房地產與酒店，是平排相輔發展的兩塊業務。房地產有升值的潛力，而酒店服務的一部分，又可以與房地產管理互相配合。」

李東林對工作相當認真，即使 CFIM 課程已經完成，仍然不時閱讀相關書籍。「12 門課，用一年上完，可是許多老師都推薦了不同的參考書，我還是很想盡快看完。可以說，那次的學習經歷，給了我更多增廣見聞的動力。」

人生發展到這個階段，他自覺學習、經歷、工作、對未來的想法，都配合得宜。或者正因如此，他在工作以外，開始有餘暇重視跨學科的體會和知識。「我會讀歷史、哲學。我覺得可能小時候讀過的歷史，或許會

與歷史的真相有距離，我希望可以更加瞭解這些真實的事件，以史為鑒。至於哲學，工作了 20 年之後，也算有不少人生體會，是時候把各家的觀念都讀讀，整理一下自己的想法。」

郭良：
醫院設計的
人文關懷

醫療產業集團董事長。全國醫院建設大會專家、英國皇家特許建造師／建築工
程高級諮詢師、國際醫療健康產業聯盟（IAIC）成員、國家老齡委醫養產業
建設顧問、同濟大學 EMBA 設計協會理事、《醫院建築工程》雜誌顧問、《醫
養環境設計》雜誌終身理事。1997 年曾擔任華西醫科大學附屬第三醫院基建
部主任。

郭良 2015 年入讀香港大學專業進修學院（HKU SPACE）中國商業學
院（ICB）醫療管理研究生文憑，並於翌年畢業。2003 年起，郭良已
在全國各地擔任醫院建築及醫療工藝設計課程的講師，不過這卻是他第
一次接受全面而有系統的醫療管理訓練。「它給了我全新的視角與高
度，涵蓋的範疇包括營運管理、產業經濟分析、財務管理、法律規管、
數碼化管理、危機處理等等，非常實用。」他說當時從事醫院建築設計
已經 20 餘年，初時精力集中於建築與工藝設計，後來卻發現醫療管理
才是醫護服務質素的關鍵。

醫療管理研究生文憑的學生來自全國各地，於上海、北京、香港三個城
市輪流授課，課堂安排於星期五、六、日。郭良說，開課初時雖然不習

慣，但因為已有心理準備，要將上課放在第一位，所以並未因為時間安排不周缺席課堂。「我學習到最先進的醫療管理經驗，通過醫療管理的頂層設計來倒推我之前做的醫院設計。我還學懂如何高瞻遠矚，讓我們團隊所設計的醫院壽命更長。」他除了感謝劉寧榮副院長和各位授課老師外，還特別感謝香港大學陳斌博士、楊仕名先生，他們的公開課程使得他在專業課外獲得了更多的知識。還有林昆博士在文憑的課程設計上與他交流，聆聽他的建議。

香港經驗 中國設計

郭良說同學能在文憑課程中學習到香港的醫療管理經驗。「不但香港的老師會來內地授課，校方還會請來國外專家講學，讓我們借鑒不同的經驗。雖然這些地方的法規與內地不同，但我們並非只了解相關的措施，而是會涉獵背後的理論和經驗。典範看多了，我們才會知道內地醫療管理的問題出在哪裏。何況目前所有行業都正經歷全球化，參考其他地方行之有效的做法，重新看待內地的現況，總是很實用的。」

當屆的同學來自私立醫院、公立醫院、建築界，畢業之後仍然保持聯絡，在朋友圈子裏互相激勵學習，既在自己企業內推行新的管理方法，也承擔在國內傳播相關知識的重任。

郭良後來獲頒港大 ICB 首屆傑出校友創業與創新卓越成就獎。他說，很多人都正在終身學習，只是方式不同。有人喜歡遊歷，有人喜歡閱讀，他則喜歡在教室中與老師同學切磋交流。「學無止境，學習為我開啟了很多窗戶，使我的設計想法、專業知識更加完備。」

究竟醫院建築有多重要？郭良的團隊曾認真研究過 40 家醫院胸痛病人從送抵醫院到開始救治的所需時間。最短的一間醫院需時 42 分鐘，最長的卻竟然需要兩小時。調查顯示，原來時間都浪費在病人在醫院裏的運轉流程上。心血管病人有搶救「期限」，如果一、兩個小時得不到及時救治，就會有生命危險。合理的醫療工藝設計，能夠盡可能縮

短院內耗時，盡快拯救生命。

郭良早於1997年，已經開始開始思考如何將醫療管理與建築相結合。當時他與工作伙伴正着手建設國內第一家股份制三甲醫院，設計工作委託了美國的專業設計院。他是醫院建設團隊的

郭良在內地出席醫院建設講座，擔任嘉賓。

負責人，有份參與建院的前期策劃。「在美國工作期間，我得以參觀過美國的很多醫院，發現中國的醫院建設，需要改善之處不少。」

他說，醫院建築以功能為主，外觀並不重要，設計必須能讓針對該院的功能，例如有何大型設備、治療中心如何運作等，盡量令醫院空間妥善支援醫療工作。遠在醫院開始興建之前，每一項功能在建築中的運作方式，都已經過審慎考慮。他回憶，當年覺得美國的醫院設計比較着重前瞻，不但要求醫院設計可以容納目前的科技與儀器，還須顧及未來發展。「現在我們設計醫院時，都會與院方反覆研究，哪些設備可能不久就會淘汰，哪些設備目前只有一間廠房還在生產，哪些設備將來可能會改進，還有可能會出現哪些新的設備等。我們會與院方商討如何容納這些改變。」

顧及病人尊嚴與情緒

郭良亦深信，醫院不僅可以救死扶傷，還可以讓病人在醫院舒適而有尊嚴地生活。「許多病人不僅承受病痛的折磨，情緒壓力也很大。診治期間應該如何關懷他們？如何尊重與保護他們的隱私？他們可以如何得益於科學的醫療功能，在醫院裏像正常人一樣生活？重症

患者的家屬有沒有足夠的陪伴和休息空間？這些都至關重要。要有這樣的功能，就要有良好的醫療工藝設計。」

「我參觀美國醫院時看見不少病房，可以按需要轉換為深切治療部（ICU），亦鼓勵家屬時時留在患者身邊。其實這種情感支援，對患者幫助很大，甚至大於許多控制病情的措施、方法。我希望中國設計的醫院，同樣有這種人文關懷。」

遊歷美國之後，他更加感到醫療工藝設計的意義，堅信它能夠造福世界，事業方向亦從此改變，成立了專門從事醫療工藝設計的企業。不過醫療工藝設計當時在內地還未成氣候，也缺乏相關的經驗傳承。郭良開始推廣醫療工藝設計理念時，發現許多醫院負責人都不了解它如何服務醫療專業，心生抗拒。

他並未因此意興闌珊。「只有當中國市場意識到醫院建築是一門重要的專業，建築設計成本才可以下降，病人才可以受惠，所以我很努力，希望成為行業的標竿。20 年來，我們堅持在每次會議與實踐中，不斷向醫療從業員解釋醫療工藝設計對醫院的幫助，真可說是百折不撓、矢志不渝。如今業內人士已經十分認同醫療工藝設計的地位，大學也終於有了這一門專業課程。」

2015 年，醫療工藝設計寫入中國《綜合醫院建築規範》第一章。當日受人忽視的專業，今日在中國的醫療系統裏，已經不可或缺。

郭良是國際獅子會390區會員，四川區2016—2017助殘委員會執行主席。

曾遠東：
帶領學習型團隊
創立優良醫療服務

深圳愛視健康產業集團股份有限公司董事長。中國和平統一促進會理事、深圳
市羅湖區政協常委、深圳市遵義商會會長、深圳市商業聯合會副會長、深圳羅
湖醫院集團監事。1997 年創建自家品牌，員工近 2000 人，拓展了全國近 90
家眼科網點，與海外十餘家醫療機構建立為戰略合作夥伴。2011 年，與台灣
眼科的專家聯合發起關注貧困山區白內障患者的「海峽兩岸同心光明行」慈善
活動。2012 年向深圳政協提交《關於構建下一代視力健康體系》提案。

曾遠東先生在選擇進修香港大學 SPACE 中國商業學院（港大 ICB）
醫療管理專業時，已經擁有自己的事業。「我們 1997 年成立公司，
2001 年開始從事醫療和醫療產業的一些相關投資和服務。在醫療管
理運營中更應該學習香港台灣的醫療制度管理，最後決定報讀港大
ICB 的課程。

「入讀文憑課程時，我畢業離開學校時間已經比較久。我本科學的是
會計，後來又在清華大學進修商業管理、 MBA 等商業相關課程。但
是就這個專業課程而言，我覺得港大 ICB 在創造知識和對教學的建樹
上，有自己獨特的位置。」

他在此學到先進英國制度下所建立的醫療衛生體系，亦了解到授課老師在多年實戰管理經驗中所累積的案例與心得。「我覺得這個非常重要，是在課本上學不到的。給我們講課的老師，不少都非常優秀。比如羅志強老師、曾文生老師、蔣秀珠老師諸位就都很好。」

他也認識了很多同學，當中不少後來結為事業上的好朋友、好伙伴。「課程可說是一個平台，我們在這個平台上，雖然沒有深入的一些項目合作，但是大家都在一起朝夕相處。一年多以來，建立了很好的友誼。這跟我們在商業上直接去敲門，或者通過其他商業活動去建立起來的友誼，是不一樣的。這個橋樑我認為非常有意義。我們也願意持續的在未來的生活和工作中，再回到我們港大 ICB 這樣的一個學習氛圍中去，繼續和大家一起分享、吸收新的知識。」

學習型團隊 不斷進步成長

曾遠東的愛視集團既治療白內障，也從事年輕人的激光手術、小朋友的視覺康復，也關注包括眼鏡等工具對光學和精準的一些消費需求，尤其是高端的視覺消費需求。

「比如說很多年輕人會戴隱形眼鏡，怎樣能讓他戴得更安全、度數更準確呢？如何做好眼部的衛生防護呢？幫助更多人去了解，然後更科學的去使用這些先進的醫療技術、醫療服務，我們覺得很有意義。」

他覺得現時自己所帶領的公司團隊非常優秀。「我們在港大 ICB 學習到管理、組織團隊的知識，包括公共衛生管理核心的人文要素，這些使我們更堅信在事業發展過程中，建設團隊、建立團隊文化有多麼重要。我們也通過這些文化的理念，團結了非常多的年輕人，投身於這個事業之中，為這個事業不斷努力，希望可以解決大家在眼部健康、預防醫學和保健上的困難。」

身為港大 ICB 傑出校友，曾遠東強調學習，期望員工有紮實的專業知識，並且願意不斷進步。他曾鼓勵很多工作伙伴、後起之秀、願意學

港大ICB醫療管理研究生文憑畢業照，右六是曾遠東。

習的同行參加這個文憑課程。「我覺得港大 ICB 的學習環境非常優秀，我們在這裏深造、進一步學習，有望能成為一個對社會、對行業有作為、有貢獻的人，在自己的職業生涯中找到意義。」

學習也可以改進工作方式，解決職場上遇到的問題。「我們會學習到一些很優秀的企業背後怎麼成長，怎麼去擔當在整個行業裏面的社會職能，甚至怎麼引領行業的發展。對我們這樣一個正在成長的公司而言，學習就更加重要。這非常值得中國企業的組織與管理者關注，所以我很鼓勵年輕人學習。」

真誠服務 關注公義

曾遠東亦期許團隊中的年輕人以真誠服務的態度完成工作、同業和醫生都能夠關注社會公義，整個行業可以自發提高醫療水準。

「特別像中國近 20 年的經濟發展，固然很值得自豪，也離不開英明的決策和一整代人的努力。不過，我們發現在整個醫療衞生的建立、管理過程中，仍然有很多不足，而人口過度密集也導致很多資源分配錯置。作為一家負責任的公司，一定要為整個社會的發展，還有我們行業的進步，作出一定貢獻。」

他自 2011 年起，與台灣的眼科專家合作，發起「光明行」慈善活動，在中國各地乃至國外，為有需要的基層人士進行眼科手術。

「曾有一個病人，他一隻眼睛失明，日子過得甚是艱難，只能賣點小東西維生，連小攤販都算不上。他手術康復以後，應我們邀請拍了一張照片，協助我們的推廣工作，可以説是跟我們互相幫助。現在每年有幾十個甚至上百個病人接受我們的白內障手術，很多病人我都印象深刻。」

曾遠東（左三）與港大ICB同學合攝。

劉瑞麒：
錶壇老大哥，
學習創新演繹經典

台灣武祥貿易有限公司董事長（百達翡麗台灣地區總代理）、台灣世盤股份有限公司董事長（范思哲、帝后、瑞士卡達筆台灣地區總代理）、台灣鐘錶商會常務理事、台北市進口商會鐘錶小組召集人、弗賽鉅國際貿易（上海）有限公司董事長（范思哲精品中國地區總代理）、上海麗致娛樂有限公司董事、廈門伯特尼房產有限公司董事。台北市國際昇陽扶輪社創社社長。

70年代在台灣開始經營鐘錶代理，至2000年打入中國市場，劉瑞麒現已成為兩岸三地行內最成功及最資深的「老大哥」。已過花甲之年的他，數年前回到教室，修讀香港大學SPACE中國商業學院（港大ICB）開設的零售管理與購物者營銷（RMSM）研究生文憑課程。他說：「作為企業經營者，必須要不斷學習新知識，充實自己，才能掌握社會脈搏，避免遭時代淘汰。」

定位高消費品市場，只賺有錢人的錢

劉瑞麒是土生土長的台灣人，70年代在大學念市政環境規劃系，畢業後，眼見當時最火紅的行業就是國際貿易，就再修了一年多相關的課程，然後踏上他接近半世紀的鐘錶事業。

「當時的台灣就像中國內地改革開放初期，經濟開始復蘇。我心裏在想，希望自己能夠將高級精品引進台灣。我不喜歡賺不太有錢的人的錢，只喜歡賺有錢人的錢，所以我就選擇代理最高檔次的瑞士鐘錶產品。」他解釋，那個時候，台灣的貿易公司不多，要做品牌代理的話，都要從香港分公司分貨過來。但劉瑞麒認為這種做法不夠靈活，也太被動，所以就與品牌總廠聯絡，直接從瑞士進貨。「結果，我們達到了所預期的市場目標，他們都很高興，覺得我們做得並不比香港差。」

浪琴錶（Longines）是劉瑞麒引進台灣的其中一個品牌，70 年代時在亞洲寂寂無聞。他向浪琴亞洲分公司的行銷經理提議，又厚又大的腕錶只適合歐洲人，亞洲人卻喜歡中型薄薄的款式。「雖然現在我們都能接受厚重的歐洲錶款，但 40 年前的情況並非如此。」對方接受了他的意見，專為亞洲市場設計新款式，新產品受到消費者熱烈追捧，市場佔有率愈來愈大，數年間便成為亞洲無人不識的世界名錶，劉瑞麒實在功勞不少。由 1975 年一直做到 2006 年浪琴錶集團被併購，他不僅是浪琴錶全球最後一家總代理，也成為了他們的永久顧問。限量生產的世界頂級名錶百達翡麗（Patek Phillippe），也是由劉瑞麒引進台灣的。這是一個被譽為「有錢不一定買得到」的品牌，它的定位一直很明確，就是最頂端的腕錶，數十年來持續在亞洲發光發熱。

最高峰的時候，劉瑞麒在台灣一共引進了十個名錶品牌，被譽為最會賣錶的代理商。

走到台灣對岸，開拓更大市場

業務站穩了陣腳後，劉瑞麒開始想到要開拓更大市場。「2000 年開始，中國內地實施貿易改革開放政策，外商可以進入內地獨立經營，所以我就進去了。」他表示籌備過程十分複雜，由申請公司牌照至辦理銀行戶口，共花了半年時間，才正式開業。「我們用了兩、三年了解和適應市場，調整經營策略，慢慢就做得很順利。」他解釋，當時上海市出國旅遊的人不算多，要買高檔次精品的話，都會在國內找。

與劉寧榮教授（右）攝於傑出校友頒獎典禮。

獲HKU SPACE主席陳坤耀教授（右）頒授港大ICB傑出校友一社會影響力卓越貢獻獎。

不過，劉瑞麒觀察到，社會在近十年來出現了變遷，富有的人愈富有，貧窮的人愈貧窮。「這情況造成了品牌市場走向兩極化。頂級產品及具收藏價值的東西繼續受到有錢人鍾愛。價錢不太便宜、沒有歷史背景、銷售服務不夠貼心的中間路線品牌，市場萎縮最厲害。至於廉價產品，還是有人為了它的實用價值而願意購買的。」由始至終，他都將業務定位於最高端的品牌，縱然經歷經濟衝擊，也能屹立不倒。

學習無分界限，只是為了跟上時代

走入神州大地，劉瑞麒不但開闢了一條嶄新事業路，也展開了新一頁的學習之旅，他先後念過北大、清大等的課程。「作為台商，我去到中國工作，就要多讀一些中國相關的課程，才能了解並融入當地社會。」

數年前，他走進 RMSM 課程的教室，學習零售管理及行銷知識。「做了數十年總代理，我在行銷方面已經有一定經驗。不過，時代不斷進步，相應的策略也在不斷變遷，作為企業經營者，必須要不斷學習新知識，充實自己，才能掌握社會脈搏，避免遭時代淘汰。」

RMSM 招生，劉瑞麒第一個報名。「過去我的課程都很輕鬆。但來到港大 ICB，發現是真正在學習。這裏的要求十分嚴格，上課遲到會被記錄，每一門課程都要寫報告，還要考試，不合格就要重考，可能要延後畢業。」他形容自己彷彿回到大學念本科的日子，對學習不敢怠慢。

將創新融入經典，讓經驗與智慧傳承下去

有歷史印記的鐘錶才能成為經典，經典就是永恆，可以代代相傳。劉瑞麒認為，不僅是鐘錶，寶貴經驗和智慧也需要向下傳承。

「RMSM 課程讓我了解到，未來是以消費者購物經驗的好壞來決定企業的成功或失敗。簡單來說，就是先了解顧客需求，再透過提供貼心服務以培養忠誠的顧客。」他將這個經營概念灌輸予公司員工及合作夥伴，並開始運用到業務管理上，與員工一起學習，一起實踐。

除了獲得了新觀念、新知識外，課程給他另外一個收穫是，結識了許多非常優秀的老師和同學，建立了一個新的人脈網絡。「我現在是上海校友聯誼會的會長。畢業後，我們經常保持聯絡，每一兩個月就有聚會。」

取諸社會，用諸社會

馳騁鐘錶界 40 多年，劉瑞麒已成為兩岸三地行內最成功及最資深的「老大哥」。今天的他自言已不太在乎賺錢多少，反而希望可以多做公益事務。「我覺得人生不管在哪個行業發展，當你豐裕起來以後，便要取諸社會，用諸社會。」

現任國際昇陽扶輪社社長的他，30 年前已經開始在台灣為長者、兒童及醫療方面提供援助服務。十年前，他開始在中國偏遠山區捐建希望小學，幫助貧困小孩走入校園。他又為貧瘠的黃土高原開鑿水井，為他們解決水源問題。「看到他們展露的笑容，一切付出都變得非常有意義。」

施比受更為有福，他認為人生應該就是這樣。「既然自己有能力幫助有需要的人，為什麼不去做呢？」

劉瑞麒是港大 ICB 開課以來年紀最大的「老大哥」，是班上同學心目中德高望重的前輩。他認為學習沒有年齡界限，生命不止，學習不止，在未來仍會找機會念書。「我打算學習中醫或養生課程。畢竟，擁有健康身體，才有能力管理事業，為社會服務，幫助更多的人。」

李經文

這是一場接力賽

HKU SPACE 是香港大學的延伸，一直致力傳揚優質教育，拓展終身學習機會，協助學習者改善人生。

1957 年，香港大學專業進修學院（HKU SPACE）創校時，前香港大學校長賴廉士爵士（Sir Lindsay Ride）的賀辭中說：「覆蓋社會各個階層及界別；並把知識由少數人的手中發揚開去。」

我們做到了。HKU SPACE 與香港攜手走過 60 年，目前已累積逾262 萬報讀人次，這些校友都是與 HKU SPACE 一起成長的夥伴。本書介紹了 60 位出色人物，當然，還有更多精采故事等待我們去發掘。

然而，時代在變，科技、知識，以至社會期望都在變，我們必須在固有架構、平台及運作模式上發展新思維，才能應付競爭帶來的挑戰、把握挑戰產生的機遇。

香港：提供適切課程，提升夥伴關係

香港是我們的基地，未來的工作是繼續與社會保持廣泛聯繫。除了提供不同興趣班外，更重要的是為學生及在職人士設計適切的課程，讓他們考取學位或專業資格，學以致用，從而得益。毫無疑問，經濟是最實際的課題。為培養更多商業專才，HKU SPACE 將以發展 ABCD 四大支柱課程作為指標：A（Aviation 航空）、B（Building 建築）、C（Care 護理）、D（Data Science 數據科學）。

學習之路是一座金字塔。由基礎的副學位，上升至專業文憑或學士學位、深造文憑、碩士、博士。HKU SPACE 奠定基礎平台，與海外大學合辦學位，建起層層階梯，助你踏上青雲。

往後，我們與海外大學的合作關係將進入更高層次，由過去直接採用對方的課程演變至合作開發適合香港需要的新課程，並建立長遠策略夥伴關係，並肩迎接未來的變化。

內地：增加優質課程，購置教學中心

HKU SPACE 在十多年前已在內地領得培訓牌照，成為一所獨立運營的教育機構，目前在北京、上海、廣州、深圳、成都設有教學中心。中國地理遼闊，發展空間極大。政府近年銳意發展中西部地區，HKU SPACE 正好把握此機遇，擴闊教育版圖。在未來大約五年時間，我們打算在另外六個新城市辦學。

為了更深地紮根於中國內地，HKU SPACE 正計劃在深圳興建教學中心，期望可在 2018—2019 年落成，屆時，除了既有的商業文憑課程，也會引進營養、護理、語言以至社福等新學科，以擴大學員層面。

亞洲：藉電子教學走入亞洲市場

HKU SPACE 在亞洲教育界頗負盛名，如能打進這個市場當然是好事，但我們會循序漸進，第一個目標是在越南或印尼成立虛擬教學中心。在此之前，我們先要提升硬件及軟件，前者是科技配套，利用互聯網技術提供網上學習平台；後者是改變教學模式，由在課室面對面講學轉到電子平台授課。與此同時，針對該地的工業及成人教育發展狀況調查，也是不可或缺的工作。我們期望在三至五年的時間軸上，踏入亞洲地區的門戶。

HKU SPACE 每一個向前的步伐都是重要的里程，而院長的工作就像一場接力賽，棒棒相傳。我在兩年前接棒，目標是在未來七至十年跑出漂亮的成績，再交棒給下一位選手。HKU SPACE 擁有一支優秀而專業的隊伍，我深信，只要我們堅持服務社會、緊密合作、態度專業及追求卓越的信念，未來必將更加璀璨耀眼。

李經文教授
香港大學專業進修學院院長